반란의 원초적 형태

반란의 원초적 형태

저자 E・J・홉스보옴
역자 진철승
초판1쇄발행 1993년 8월 5일
2판1쇄발행 2011년 2월 10일
2판2쇄발행 2021년 3월 25일

펴낸이 김용항
펴낸곳 온누리
주소 충북 청주시 수동 90-4
서울사무실 마포구 합정동 444-7
전화 02-324-4790 팩스 0505-115-6287
출판등록 1982년 12월 6일
등록번호 제아-20호

ISBN 978-89-8367-303 03920
값 20,000원

반란의 원초적 형태

자본주의 발전에 따른 유럽소외지역 민중운동의 제형태

E、J、홉스보옴 지음

진 철 승 옮김

온 누 리

지은이의 말

몇년 전 로마대학의 암브로지오 도니니(Ambrogio Donini) 교수는 투스카니(Tuscany)의 라자레티스트(Lazzarettist)와 남부 이탈리아의 종파주의자들(Sectarians)에 대해 여러 가지 이야기를 해주었다. 그 이래로 나는 본서가 다루고 있는 주제에 대해 많은 관심을 갖게 되었다. 마침 1956년에 막스 글루크만(Max Gluckman) 교수가 맨체스터대학에서 본 주제와 관련된 세 개의 시몬강의(Simon Lectures)를 맡도록 주선하여 주었다. 나는 이 기간 동안 글루크만 교수와 일단의 일류학자·역사학자·경제학자·정치학자들과 이 주제에 관하여 광범위하게 토론할 수 있었는데, 특히나 피터 워슬리(Peter Worsley) 박사나 노만 콘(Norman cohn) 교수와 같은 천년왕국운동에 관한 전문가들을 만날 수 있었던 것은 행운이었다. 이 책은 그와 같은 강의를 정리한 것이다. 그 외에도 원래 강의에 포함시키려고 했으나 사정상 그렇게 할 수 없었던 몇가지 문제에 관해서도 따로이 지면을 마련했다. 이 기회를 빌어 맨체스터 대학에 감사를 드리며 특히나 글루크만 교수에게 감사를 드린다. 그의 도움이 없었더라면 이 책은 도저히 쓰여질 수 없었을 것이다.

도움을 받은 사람이 너무 많아 여기에 일일이 열거 할 수 없으나 가능한 한 각주에 명기하려고 노력하였다. 도움을 받은 많은 책들도 역시 같이 취급하였다. 나와 같은 생소한 외국인에게 극진한 친절을 베풀어 준 여러 나라의 도서관이나 연구소 직원들에게 감사드린다.

그들은 다음과 같다. 영국박물관 도서관, 캠브리지대학 도서관, 영국 정치학 도서관, 런던 도서관, 그라나다대학 도서관, 암스텔담의 국제 사회사 연구소, 로마의 지우스티노 호르투나토 도서관, 스페인 카디스 지방도서관, 그리고 이탈리아의 코센자 지방도서관.

본서가 다루고 있는 주제는 결코 문서에 의존해서만은 연구할 수 없다. 대상지역이나 주민과의 직접적인 접촉이 필수적이다. 왜냐하면 그들은 런던대학의 강사가 알지 못했던 많은 것들을 이해하고 있기 때문이다. 원초적 사회 반란에 관한 고전적 명저인 유클리데스 다 쿠나(Euclides da Cunha)의 『Rebellion in the Backlands』를 읽어본 독자라면 누구나 저자가 브라질 오지의 주민과 그들의 세계에 대한 아주 직접적이고 일차적인 지식과 느낌을 토대로 저술했음을 분명히 느낄 수 있을 것이다. 본서가 다룬 지역이나 주민들을 과연 훌륭히 이해했는지는 자신있게 이야기할 수 없다. 그러나 만약 나의 이해가 잘못된 것일 때 나에게 많은 도움과 가르침을 베푼 사람들에게는 전혀 그 책임이 없다. 그들을 일일이 열거 할 수는 없지만 특히 고마움을 표하고 싶은 사람이 몇 명 있다. 시칠리아의 피아나 데에리 알바네시의 면장이면서 지방의회의 의원인 미첼레 살라경, 칼라브리아성 산 지오반니 인피오레의 플로라읍 아보트 요아힘의 구두수선공 지오반니 로페스와 농부인 루이지 스파다포로, 한때 농부였으나 지금은 칼라브리아성 코센자의 공산당 부녀부장인 리타 피사노, 아폴리아성 산 니칸드로의 수의과의사 라파엘로 마로콜로 박사와 농장주인 프란세스코 스티코찌씨, 그리고 상황 때문에 익명으로 정보를 준 안달루시아의 많은 사람들 등이 바로 그들이다. 그러나 이 책에 개진된 견해는 그들과 전혀 무관하다. 아마도 그들이 그런 것에는 거의 신경을 쓰지 않을 것이기에 차라리 마음이 편하다. 그들은 결코 본서를 읽지 않을 것이다.

마지막으로 본서가 학문적 깊이와 폭을 갖추지 못했음을 고백하고

자 한다. 어떤 장도 완벽하거나 명료하지 못하다, 비록 몇가지 1차 자료를 훑어 보고 약간의 현지답사도 있었지만 어느 것도 완전하지 못했다. 전문가라면 본서가 2차 자료 조차도 완벽하게 섭렵하지 못한 상태에서 집필되었음을 그리고 많은 실수와 오류가 있음을 알 것이다. 그러나 또한 본서가 결코 완전한 학문적 체계를 목표로 저술된 것이 아님을 첨언 하고 싶다. 1장은 캠브리지 저널Ⅶ(Cambridge JournalⅦ, 12, 1954)에 수록된 논문이며, 다른 것은 1957년의 광범위한 토론과 강의를 정리한 것이다. 색인작성을 도와준 썰바이군에 감사한다.

버크벡 대학에서

1958년 7월

E. J. 홉스보움

목 차

제 1 장서 론

본서는 사회적 반란(rebel)의 원초적 형태 혹은 원형적(原型的) 형태라고 할 수 있는 주제에 관한 연구이다. 로빈훗 유형의 의적행위, 농촌의 비밀결사, 천년왕국운동의 형태를 띤 농민들의 여러가지 혁명운동, 전(前)산업사회의 도시군중과 그들의 폭동, 종교적 속성을 지닌 몇몇 노동조직과 초기의 혁명적 노동조직에서의 의례(儀禮) 등에 관한 연구로 본서는 이루어져 있다. 그리고 본서에서 취급한 운동에 참여할 대중의 사고형태를 보여주는 자료들이 대중 자신의 생생한 언어로 제시되어 있고 그에 대한 약간의 설명이 부연되어 있다.

연구 대상 지역은 주로 프랑스혁명을 겪은 이후의 남서부 유럽 특히 이탈리아와 스페인에 한정되었다. 본서는 호기심 많은 독자들에게 지금까지 거의 알려져 있지 않은 흥미로운 몇몇 사회현상에 대한 설명으로 읽혀질 것이다. 또한 당연히 영국학계의 이에 대한 연구가 미흡함이 비판될 것이다. 그러나 이 책은 그러한 사회현상에 대한 설명임과 동시에 분석이다. 이는 이 책의 목적에 대한 적절한 설명이 될 것이다. 또 본서에는 이 방면에 관한 전문가들이 잘 알지 못하는 사실은 전혀 수록되어져 있지 않다.

사회운동의 역사는 일반적으로 크게 두 시기로 나누어진다. 그 하나는 중、고세(中、古世)의 사회운동이며, 이에는 노예반란, 이교도의 종파운동, 농민소요 등이 포함된다. 그러나 이러한 여러 운동은 사실 거의 정확하게 이해되어져 있지 않다. 그것은 이 운동들이 인류 역사의 진행과정에서 지니는 중요성이 과거의 역사가들에 의해 간과되어지고 단지 자그마한 에피소드로만 이해되어졌기 때문이다. 그러나 현대에 이르러 그러한 여러 소요는 모두에게 선구적 운동으로 간주되어지고 있다.

다른 하나는 근대의 사회운동이다. 이에는 18세기 이후의 유럽 및 지구상의 여러 지역에서 발생한 운동이 포함된다. 이러한 근대의 사회운동은 오랫동안 매우 합리적인 분석의 대상이 되어 왔다. 역사가들은 몇가지 분명한 이유로 인하여 노동운동과 사회주의 운동 및 사회주의의 틀을 지닌 사회운동에 관해서만 관심을 집중시켜 왔다. 이러한 운동은 일반적으로 장인결사(Journeymen's societies), 기계파괴운동(Luddism), 급진주의(Radicalism), 쟈코뱅주의(Jacobinism), 및 공상적 사회주의 등의 선행 형태를 보여주고 있으며 궁극적으로 근대적 운동 형태로 발전되어져 왔다고 간주된다. 근대적 운동 형태는 물론 각 지역에 따라 상이한 점이 많으나 대체로 한 범주로 묶어 볼 수 있는 공통적 특성을 가지고 있다. 이 노동운동은 점차 노동조합, 상호협동조직, 대중정당과 같은 정치조직의 형태로 발전되었으며, 세속주의적 사회주의와 같은 나름의 이념도 형성하게 되었다.

이 책의 주제는 위에 언급한 두 범주 중의 어떤 것과도 꼭 일치하지 않으나 표면상으로는 고·중세의 사회운동에 속하는 것처럼 보인다. 바르다렐리(Vardarelli)나 마피아(Mafia)같은 단체, 혹은 천년왕국운동 등이 중세 유럽에서 발생했다면 결코 놀랄만한 일은 아니다. 그러나 유의할 것은 그와 같은 운동이 중세가 아니라 19세기에서 20세기에 걸쳐 발생했으며, 지난 150년간 폭발적으로 증가되었었다는 점이다. 구시대의 역사가들이 그 합리주의적, 근대적 편견으로 인하여 종종 이러한 운동을 주변적이고 사소한 현상으로 취급하는 경향이 있었지만 그것은 결코 온당치 못하다. 왜냐하면, 첫째 그러한 운동의 정치적 동향이나 성격이 매우 불투명하고 모호하며(심지어는 외견상 매우 보수적인 경우도 있다), 둘째 이러한 운동을 취급하는 역사가들이 거의 도시출신의 교육받은 인텔리로서 그들과 전혀 다른 생활권의 대중을 이해하기 위해 최근까지 충분한 노력을 하지 않았기 때문이다.

사실 카르보나리(Carbonari, 이탈리아에서 19세기 초엽 급진적 공화정 수립을 요구하며 조직된 정치적 비밀결사의 구성원들; 역주) 유형의 의례적 결사단체를 제외하면 본서에서 거론된 모든 현상은 거의 문맹 대중의 세계에 속한다. 그들은 친구 외에는 누구에게도 이름이 알려져 있지 않고, 별명으로만 알려져 있다. 또 그들은 보통 정확한 의사표시를 못하며, 의사표시를 하여도 다른 사람들에게 잘 이해되어지지 않는다. 그들은 자신의 바램을 표현할 언어를 갖고 있지 못한, 혹은 이제 막 그 언어를 발견하기 시작한 전(前) 정치적 대중인 것이다. 따라서 그들의 운동은 현대적 관점에서 볼 때 많은 점에서 몽매하고 초보적인 단계에 속한다. 그러나 결코 비중이 없거나 주변적인 운동은 아니다. 진정 본서가 취급하고 있는 대중은 오늘날까지도 대다수의 지역에서 다수를 점하고 있으며, 그들의 정치적 각성이야말로 이 시대를 역사에서 가장 혁명적인 시기로 돌입시킨 원동력이다. 이러한 이유로 인해서 그들의 운동을 연구하는 것은 단순한 호기심의 대상이나 흥밋거리, 혹은 인간의 운명을 근심하는 자들의 감상물이 아니라 실제적으로 중요한 작업인 것이다.

이 책에서 다루고 있는 대중은 결코 자본주의 세계에서 태어나지 않았다. 그 점에서 4세대에 걸친 노동조합운동(trade unionism)의 전통을 지닌 타인(Tyne)강변의 노동자와 다르다. 그들은 자본주의 세계에 처음으로 편입된 세대이며, 그 상황은 열악하기 그지 없었다. 자본주의는 외부에서 그것도 암암리에 그들에게 접근하였다. 그들은 그들에게 작용한 경제적 힘을 결코 알 수 없었고 통제할 수도 없었다. 또 정복·혁명·근본적인 법체계의 변동 등을 이해할 수 없었다. 그러한 상황은 그들이 그러한 변화를 돕고 있을 때조차 마찬가지였다. 그들은 결코 근대 사회와 더불어, 혹은 그 속에서 성장하지 않았다. 시칠리아의 중산층 출신 강도들처럼 스스로 근대 세계에 뛰어든 예외적인 경우도 있기는 하나, 일반적으로 그들은 갑자기 현대에 편입된 것이다. 따라서 그들의 문제는 바로 이 근대적 상황, 그 삶과 투쟁에 적응하는 방식인 것이다. 이 적응 과정 혹은 적응에 실패하는 과정이 본서의 주제라고 할 수 있다.

그러나 한편 '원초적(primitive)'、'원고적(archaic)'과 같은 낱말의 의미를 좀 명확히 해야 할 필요가 있다. 왜냐하면 이 책에서 논의되는 운동들은 주목할 만한 역사적 진화 과정을 보여주고 있기 때문이다. 그 운동들은 오랫동안 국가(즉 군인, 정치가, 죄수, 세리, 공무원 등)의 형태를 띤 세계, 그리고 계급분화와 지주、상인자본 등에 의한 착취가 있고 심지어는 도시가 형성된 세계에서 발생해왔다. 다른 한편, 이들 운동에는 통상 원시 사회의 주요 특성이랄 수 있는 친족적、부족적 연대 — 지연(地緣)과 관련되든 안 되든 — 가 상당히 많이 남아 있다. 그러나 그러한 연대의식이 아직 꽤 중요한 비중을 차지하기는 하지만, 더 이상 사회적 환경의 변화에 대한 가장 적절한 대응책일 수는 없다. 원초적 사회운동의 이러한 두 가지 양상 사이의 구분은 그렇게 확연한 것일 수는 없다. 단지 분석의 편의를 위해 구분해 두는 것이 좋다고 생각된다. 그로 인한 문제점들은 본서에서 논의되지 않는다. 아마도 의적행위(social banditing)의 역사를 살펴보면 그 문제점들이 아주 간명하게 설명될 것이다.

일단 탈법자(脫法者, outlaw)의 분석적인 두 유형을 상정해보자. 하나는 고전적인 혈족관계의 복수자이다. 이는 부자와 싸워 빈민을 돕는 의적(義賊)이 아니라, 자신의 혈족(부자를 포함한)을 위하여 다른 혈족(그 빈민을 포함한)과 싸우는 자이다. 다른 하나는 고전적인 로빈훗 유형의 탈법자인데, 이들은 본질적으로 지주, 고리대금업자 그리고 토마스 모어(Thomas More)가 '부자의 음모(conspiracy of the rich)'라고 부른 행위를 하는 전형적 인물들에 대해 반란을 일으킨 농민이다. 이 두 가지 유형의 탈법자가 역사의 진행 과정에서 교차하고 있으나 그에 대한 상세한 분석은 본서의 목적이 아니다.

그 탈법자까지 포함한 친족 공동체의 모든 성원들은 그들을 지배하려는 외래의 약탈자를 적으로 규정한다. 혹은 그들이 습격한 평원의 부유한 부족에 대하여 스스로를 빈민으로 규정하기도 한다. 이와 같이 사회운동의 맹아를 보여주는 상황은 카그네타(Cagnetta)박사가 연구한 사르디니아(Sardinia)의 고산족(高山族)에게서 발견된다.

근대 경제의 내습은(외세의 침략과 관련되어 있든 안되어 있든) 친족사회의 사회적 균형을 파괴하여 각 친족 내의 빈부의 차를 심화시키거나 혹은 친족 자체를 파괴시킬 수도 있다. 이어 혈족 관계의 복수라는 전통적인 탈법행위는 소멸되고 '아주 흉포한 영주'와 '앙심품은 탈법자'의 대립관계가 창출된다. 계급투쟁의 맹아가 형성된 것이다. 1880년대에서 1차세계대전 사이의 사르디니아 고산족의 이러한 변화는 기록으로 많이 남아 있으며 부분적으로 분석되어지기도 했다. 다른 것이 아무리 불변한다 해도 이 사회에서는 궁극적으로 계급투쟁이 격화될 것이다. 물론 그 후에도 로빈훗과 같은 인물이 나타나 개인적인 이유로 — 코르시카인(Corsican)이 탈법행위를 하는 전통적인 이유, 특히 혈족관계의 복수와 유사한 — 고산지대에 근거지를 마련하고 활동할 수도 있을 것이다.

이러한 진화의 최종단계가 바로 의적(social bandit)이다. 그들은 국가나 지배계급과의 마찰(봉건적 세라와의 마찰 등)로 인하여 탈법행위를 하게 되는 인물들이며 농민 반란의 원초 형태라고 할 수 있다. 때로 그 이전의 현상을 살펴보기도 하겠지만 본서의 분석은 바로 여기에서 시작된다. 따라서 위에서 언급했던 '운동의 전(前)역사'는 분석에서 제외된다. 그러나 독자들은 아직도 흔적을 찾아볼 수 있는 원초적 사회 소요에 본서의 관찰과 결론을 적용하려 할 때 그 운동의 전(前)

역사에 대해 유념해야 할 것이다.

본서에서 무분별한 일반화는 되도록 삼갔다. 안달루시아(Andalusia)의 농민운동과 같은 천년왕국운동은 의심할 여지없이 멜라네시아의 적하의례(積荷儀禮, cargo cult)와 어떤 공통점을 보여준다. 또 북부 로디지아(Rhodesia)의 동광(銅鑛)노동자들의 노동종파(勞動宗派, labour sect)는 더럼(Durham)의 탄광노동자들의 그것과 많은 공통점을 보여주고 있다. 그러나 또한 많은 차이점이 있다는 것도 기억되어야 한다. 본서에서 그러한 분석은 거의 하지 않았다.

본서의 전반부에서 거론되는 일련의 사회운동 발생 지역은 압도적으로 농촌이다. 최소한 19세기 말에서 20세기 초까지 남서유럽에서는 특히나 그렇다. 그러나 반드시 농민만이 운동의 성원인 것은 아니었다(예를 들면 마피아는 사회주의로 선회하기 전까지 시칠리아의 유황광산노동자들이 많은 비중을 차지했다. 그러나 그때의 광부들은 아주 초기단계 노동자라 할 수 있다). 이 운동들은 그 엄청난 '변혁에의 열망' 이라는 기준에서 분석되었다.

보편적이고 불변의 현상인 의적행위는 억압과 가난에 항거하는 국지적 농민 소요다. 그것은 부자와 억압자에 대한 복수의 함정이고, 억압자를 짓누르고 싶어하는 막연한 바램이며, 개인적 탈법행위의 정당화이다. 그러나 그 원망(願望)은 매우 온건하다. 그것은 전혀 새롭고 완전한 세계를 꿈꾸는 것이 아니라 사람들이 정당하게 취급받는 전통사회를 꿈꾸는 것이다. 적절한 자기 방어 수단을 알지 못하는 농촌 사회가 비정상적인 긴장이나 파멸에 직면했을 때 의적행위는 국지적 성격을 넘어 보다 광범위하게 확산된다. 그러나 의적들은 어떤 새로운 조직이나 이념도 확보하고 있지 못하며 현대의 사회운동에도 적응하지 못한다. 민족 게릴라와 같은 의적행위의 가장 고양된 형태는 매우 드물게 나타나며, 설혹 그렇게 고양되었다 하더라도 그 자체만으로서는 그다지 유효하지 못하다.

마피아나 그와 유사한 현상들은 의적행위가 복합적으로 발달한 것으로 간주된다. 그러나 그러한 현상이 의적행위의 줄기로 파악되려면 첫째 그 조직이나 이념이 통상 성숙되어 있지 못하고, 둘째 근본적으로 혁명적이 아닌 개량주의적인 성격을 띠어야 하며 — 단 새로운 사회의 침입에 대해 집단적 저항을 하는 경우를 제외하고 — , 셋째 때로는 광역적 현상일 수도 있으나 통상 국지적 현상이어야 한다. 의적행위와 마찬가지로 마피아와 같은 사회운동도 현대의 사회운동에 적응하거나 그에 흡수되는 것은 거의 불가능에 가깝다. 그러나 마피아와 같은 사회운동이 개별적 반항의 수준을 넘어 공식적 법체계를 무시한 나름의 제도적 법체계를 확보하게 될 때는 보다 영속적이고 강력한 운동으로 전환된다. 심지어 극단적인 경우에는 공식적 지배자의 법률이나 권력과 대등한 혹은 보완적인 역할을 할 수도 있게 된다.

의적행위나 마피아는 극히 원초적이고 전(前)정치적이기 때문에 현대의 정치적 용어로 그를 규정하기는 어렵다. 그런 행위에 참여하거나 혹은 그를 이용하는 계급은 아주 다양하다. 그리고 때때로 마피아의 경우처럼 권력의 도구가 되거나 권력욕의 도구가 되어 결과적으로 어떤 의미에서는 '사회적 항쟁(social protest)'의 역할을 수행한다고 할 수 없을 만큼 변화한다.

투스카니의 라자레티주의(4장)나 안달루시아와 시칠리아의 농민운동(5장, 6장)은 개량주의적 운동이 아니라 혁명적인 운동이라는 점에서 의적행위나 마피아와 다르다. 따라서 이 운동들은 보다 쉽게 근대화되거나 근대의 사회운동에 흡수된다. 여기서 가장 흥미로운 것은 이들 운동이 근대화되는 방법과 그 정도이다. 그러나 주의할 것은 이들 운동의 진행이 농민 자신에 의해서만 수행되면 운동의 근대화는 일어나지 않거나 혹은 아주 느리고 불완전하게 일어난다는 점이다. 운동의 근대화는 농민들이 외부로부터 유입된 조직, 이론, 계획의 영향을 받을 때 비로소 완전하고 성공적으로 진행된다. 이 점은 안달루시아의 무정부주의자와 시칠리아의 사회주의자 및 공산주의자를 비교해보면 쉽게 알 수 있다. 즉 무정부주의자들은 그들의 자생적이고 원초적인 운동 방식이 아주 적절한 것이라는 이론의 영향을 받았던 것이고, 사회주의자나 공산주의자들은 그러한 운동 방식을 변형한 이론의 영향을 받았던 것이다.

본서의 후반부에서 다룰 사회운동은 도시 산업사회에서 발생한다. 그러나 본서에서는 도시 노동계급이 벌인 운동 중 그 대부분의 주요한 흐름들이 논의되지 않고 있기 때문에 당연히 비교적 강렬하지 않았던 운동만이 취급되고 있다. 물론 원초적인 혹은 그보다 발전된 단계의 노동운동이나 사회주의 운동, 예를 들면 공상적 단계의 사회주의 운동 같은 것에 대해서도 논의의 여지가 많은 것은 틀림없다. 그러나 본서는 이미 합리적 분석에 의하여 개괄적으로 잘 알려진 주제를 재평가하거나 그를 보완하는 것을 목표로 하고 있지 않다. 본서는 아직 거의 알려져 있지 않고 연구되어져 있지 않은 주제에 관심을 집중시키려 한다. 따라서 주로 '주변적 운동'이라고 알려진 현상들을 다루고자 한다.

도시 군중의 폭동에 관한 연구(7장)도시의 의적행위라고 할 만한 운동, 특히 전(前)산업사회의 거대도시의 빈민이 벌인 가장 원초적이고 비정치적인 운동을 다루고 있다. 폭동은 명료한 언어로 분석하기에는 특히 어려운 현상이다. 단지 확실한 것은 항시 부자에 대한 항쟁(때로 외국인을 대상으로 하기도 하지만)이었으며, 그 도시나 자신들의 상징을 제외하고는 어떤 확고하고도 지속적인 정치적·이념적 기준도 갖고 있지 못하다는 점이다. 통상 도시폭동은 개량주의적 특성을 지닌다고 간주된다. 그것은 도시폭동이 전통적 구질서 내에서 그 비리와 부정을 고친다는 목표에 머물 뿐 완전히 새로운 사회를 건설한다는 것은 거의 생각하지도 못하기 때문이다.

그러나 도시폭동은 비록 그 혁명의 참뜻을 헤아리고 있지 못하더라도 혁명 지도자의 지도 아래 활발하게 움직일 수도 있다. 또한 그 도시적 집단적 성격으로 인해 '권력의 획득'이라는 개념에 보다 친숙하다는 특징이 있다. 도시폭동이 과연 근대적 조건에 적응할 수 있으냐는 질문에 대답하는 것인 매우 어렵다. 이 질문에 대한 어느 정도의 답변은 보다 근대적 산업도시에서 조직화된 산업노동계급이 전혀 다른 차원에서 움직이고 있음으로 하여, 그와 같은 폭동이 점차 사라져 가고 있는 현상에서 마련될 수 있을 것이다. 만약 그와 같은 폭동이 사라지지 않았다면 그에 대해서는 다음과 같은 질문이 가능할 것이다. "정치적 구호를 내걸고 있는 폭동대중이 어느 단계에 가서 전통적 구호(교회와 왕)를 포기하고 보다 근대적 구호(자코뱅이나 사회주의자와 같은)를 제창하게 되었는가?" "대중의 폭동은 근대의 운동에 흡수되었을 때 과연 얼마나 지속될 수 있을 것인가?" 일반적 예상과 같이 나도 그것은 차라리 근본적으로 불가능했고 또 불가능하다고 생각한다.

노동종파(8장)는 보다 분명하게 과도기적인 현상이라고 할 수 있다. 즉 조직의 구성원은 노동계급이지만, 그 열망은 전통적인 이념에 의해 표현되고 있다. 이 현상은 아주 예외적인 것이며 특히 영국제도에 국한된 현상이라고 할 수 있다. 그것은 개신교보다 훨씬 변화를 바라지 않는 천주교지역을 제외하면, 남서부 유럽에서 노동계급의 조직은 철저하게 탈기독교적 집단으로서 출발했기 때문이다. 영국에서조차 노동종파는 원초적 산업주의의 한 현상으로 간주되기도 한다. 종교적 노동운동이 애초부터 혁명적일 수 없는 이유는 없다. 그래서 종종 혁명적 성향을 띠기도 한지만, 노동종파가 일반적으로 개량주의에 치중하게 된 데는 어떤 이념적·사회학적 원인이 있다. 노동종파운동은 근대의 온건한 노동운동에 아주 신속하게 적응할 수도 있었지만, 계속 혁명가를 배양하는 토양이 될 때조차도 혁명적 운동에 적응하기를 거부해왔다. 그러나 이러한 일반화는 아마도 매우 부적합한 것일 것이다. 그것은 19세기에 혁명적 노동운동이 유난히도 미약했던 영국의 경험만을 근거로 한 일반화이기 때문이다.

마지막 장 「사회운동에 있어서의 의례행위」(9장)는 따로이 분류하는 것조차 어렵다. 그럼에도 불구하고 본서에 지면을 마련한 것은 18세기와 19세기 중반 사이의 수많은 운동에서 수행된 의례행위가 분명하게 원초적이거나 원형적(단어의 일반적 의미에서)이기에 그냥 지나쳐 버릴 수 없었기 때문이다. 그러나 그것은 본질적으로 쟈코뱅주의에서 근대의 사회주의나 공산주의로, 그리고 초기의 장인조합에서 근대의 노동조합운동으로 이어지는 근대적 사회운동이라는 주요한 흐름의 역사에 속한다. 그것의 노동조합운동적 측면은 아주 단순하다. 본서에서는 단지 초기 의례행위들의 특징과 그 기능을 약술하려고 했다. 그 의례행위들은 운동이 보다 근대화될수록 퇴색해갔다. 혁명적 의례결사단체에 관한 연구는 본서에서 이례적인 것이다. 그것은 본서에서 다루고 있는 다른 제현상들이 적어도 초기 단계에서는 노동빈민의 세계에 속하는 데 비해, 이것은 본질적으로 중、상 계급의 운동에 속하기 때문이다. 이 현상을 본서에서 취급한 것은 빈민들로 구성된 혁명조직의 근대적 형태들이 적어도 부분적으로나마 이에서 많은 영향을 받았을 가능성이 있기 때문이다.

본서의 관찰로는 원초적 사회운동이(그것을 포함한 더 큰 문제는 제쳐놓고라도) 어떻게 근대적 조건에 적응했는가를 완전히 알 수 없다. 이에 언급한대로 본서에서는 원초적 사회 항쟁의 몇몇 형태가 다루어지지 않았다. 또 본서의 고찰 지역 외의 세계의 수많은 지역에서 발생했고 또 발생하고 있는 유사하거나 동등한 운동들에 대한 분석을 엄두도 내지 못했다. 더구나 비서구지역의 세계에서는 남서부 유럽보다 엄청나게 복잡, 다양한 원초적 사회운동이 발생해왔다. 이 제한된 연구지역에서조차 그저 일별하고 넘어간 운동들이 많다. 예를 들면 보통 소위 민족운동이라고 불리는 것의 전사(前史)에 관해 거의 아무런 논의도 없는데 본서에서 논의된 현상들의 많은 요소가 그것과 어떤 관련을 갖고 있을지도 모른다. 또 마피아도 그 진화의 어떤 단계에서는 그 후 계속되는 민족운동의 맹아로 간주될 수 있는 측면이 있다.

전체적으로 보아 본서는 근대적 노동운동과 농민운동의 전사(前史)를 다루고 있다고 할 수 있다. 좀 넓게 이야기하자면 본서의 모든 주제는 프랑스혁명 이후에 발생한 문제들이며, 근본적으로 대중 반란이나 소요가 근대 자본주의 경제에 적응하는 과정이라고 할 수 있다. 프랑스혁명 이전의 유럽 역사나 다른 여러 운동 형태를 살펴 어떤 유사점을 발견해 보고픈 충동이 컸지만 부적합한 혹은 산만한 논의가 될 듯싶어 그것을 피했다.

이러한 한계를 변명하려고 하는 것은 아니다. 원초적 사회운동의 보다 전체적인 비교 연구와 분석은 아주 절실하지만 그와 같은 작업이 최소한 본서에서 가능하리라고 생각하지 않는다. 그 작업은 현재의 지식수준으로는 불가능하다. 본서에서 다룬 운동 중 가장 잘 문서화된 것에 대한 지식조차 매우 애매하며, 알 수 없는 부분도 엄청나다. 이와 같은 원초적 운동에 관해 알려진 것은 주로 우연히 법정에서 혹은 특종감을 찾는 언론인이나, 역사의 또 다른 동력을 찾으려는 학생에 의해 밝혀진 것뿐이다. 서유럽에서조차 원초적 운동에 관한 파악은 근대의 지도작성법이 개발되기 이전의 세계 지도만큼이나 매우 산만하다. 의적행위에서처럼 어떤 현상은 때로 표준화되어 수많은 자료나 지식의 필요성이 절실하지 않을 때도 있다. 그러나 대개의 작업은 아주 의심스럽고 상반되는 사실에서 일관성 있고 합리적·체계적인 설명을 구하는 미련한 작업이다. 예컨대 마피아나 의례에 관한 연구는 기껏해야 앞뒤 논리가 궁색하게 맞는다는 평을 받을 것이다. 이에 대한 해석이나 설명이 과연 진실인지의 여부는 의적의 경우보다 훨씬 밝히기가 어렵다. 마피아를 연구할 경우 어떤 견해를 밑받침해 줄 합리적인 현상은 거의 발견하기 어렵다. 시칠리아의 경우도 마피아의 초기 발전단계를 제외하면 자료가 극히 빈약하며, 그것도 거의 소문이나 풍문 등의 주민 모두가 알고 있는 것에 불과하다. 더구나 그 자료가 상식에 어긋나지 않고 이런 유의 주제가 쉽게 말려드는 센세이셔날한 풍문이 아닐 때조차도 그 중요성을 판별하는 것은 매우 어렵다. 이런 조건에서 단정적인 혹은 자신 있는 결론을 내리는 역사가가 있다면 그는 바보일 것이다.

본서는 시험적이고 불완전한 것이며, 어떤 단정을 내리려는 의도는 없다. 이 주제와 관련된 모든 이의 비평을 바라며, 아주 소박한 비평도 기대하는 바이다. 또한 완성된 체계적 논문이 아니라 조잡한 스케치에 불과하다는 비평도 달게 받겠다. 그러나 그러한 비평에 대해 한 가지 변명을 하자면 본서에서 다루고 있는 여러 운동들이 그간 단순한 개별적 호기심의 대상으로서 역사의 변두리에 머물다가 이제 바야흐로 현대사에서 그 비중과 중요성을 획득하기 시작하고 있다는 점이다.

1920년대에 그람시(Antonio Gramsci)가 남부 이탈리아 농민을 두고 한 이야기는 근대 세계의 수많은 집단과 지역에 그대로 들어맞는다. "그들은 영원한 혁명의 효소이지만, 그들의 열망과 필요를 보다 집중적으로 표현할 수 없다." 이 효소적 특징, 그리고 이제 막 그들의 열망을 효과적으로 표현할 방도를 모색하는 현상, 그리고 그것이 진화해나가는 여러 방식들, 이것이 바로 본서의 주제이다. 나는 이러한 운동을 사회적 소요의 전사(前史)로서 파악하고자 한 시도를 알지 못한다. 아마도 그러한 시도가 잘못된 것일 수도 있고, 혹은 미숙한 것일지도 모른다. 그러나 비록 그것이 잘못된 것일지라도 어느 누군가가 일단 시작해야 한다고 생각한다.

〈혁명적 사회운동과 개량주의〉

이 보론은 본서에서 빈번히 사용되는 용어들의 의미를 보다 명료하게 밝히기 위해 마련되었다. 잘못 해석될 소지가 있는 용어를 모두 정의하고 시작한다면 그것은 너무 현학적인 것이 될 것이다. 가령 '봉건적(feudal)'과 같은 용어를 내 나름대로 사용할 때 중세학자들의 비판을 받을는지도 모른다. 그러나 다른 용어로 대체하거나 혹은 그 용어를 생략하더라도 본서의 논지가 흐트러지지는 않을 것이기 때문에 학자들의 비평에 대해 내 나름의 용어사용을 변호하거나 설명하는 것은 불필요한 일이다. 반면에 '혁명적(revolutionary) 사회운동'과 '개량적(reformrist) 사회운동'의 명백한 구분 위에서 본문은 진행될 것이다. 따라서 이 용어들에 대해 약간의 설명을 가하는 것이 바람직하다.

원칙은 아주 명백하다. 개량주의자는 제도나 사회조직의 일반적인 틀을 인정한다. 또 악습이나 악폐가 만연할 때 그를 개선하거나 개량하는 것이 가능하다고 생각한다. 그러나 혁명주의자는 그것이 근본적으로 변형되거나 다른 제도나 조직에 의해 대치되어야 한다고 주장한다. 개량주의자는 왕정을 개선、개량할 방도를 구하거나, 상원을 개혁할 방도를 구한다. 반면 혁명주의자는 왕정이나 상원제도의 어느 것으로도 만족할 만한 일을 할 수 없으며, 그 모두를 폐지하는 것만이 유일한 길이라고 믿는다. 개량주의자는 경찰의 자의적인 횡포가 없고 영주나 상인에 의해 제멋대로 판결이 내려지지 않는 사회를 꿈꾼다. 그러나 혁명주의자는 그러한 목적에는 찬성하더라도 방법은 전혀 달리한다. 혁명주의자는 영주나 상인은 차치하더라도 지금 현재의 의미에서의 경찰이나 재판관이 더 이상 존재하지 않는 사회를 꿈꾸는 것이다.

개량주의와 혁명주의라는 낱말은 편의상 사회 나의 특수 제도에 대해서가 아니라 전체 사회의 질서에 대해 나름대로의 확고한 견해를 제시하는 운동을 지시하기 위해 사용되었다. 이러한 구분은 매우 오래된 것이다. 천년왕국론자인 휘오레의 요아킴(Joachim of Fiore, 1145~1202)은 이러한 구분을 효과적으로 한 사람 중의 한명이다. 노만콘 박사는 요아킴이야말로 마르크시즘이 유럽에 등장하기 전에 알려진 가장 영향력 있는 예언 체계의 창시자라고 적절하게 표현했다. 요아킴은 정의와 법의 통치, 그리고 자유의 통치를 구분하여 설명하였다. 그에 의하면 정의와 법의 통치는 본질적으로 불완전한 사회의 사회관계를 평등하게 조정하는 사회이며 자유의 통치는 바로 완전한 사회이다. 정의나 법의 통치는 자유의 통치로 나아가기 위해서는 필수적인 예비 단계일 수도 있다. 그러나 양자는 어떤 의미에서든 결코 동일한 성질의 것일 수 없음을 기억해야 하나.

이러한 구분의 기준에서 보면 개량주의자와 혁명주의자가 서로 다르게 행동하는 경향이나 조직, 전략, 전술 등을 상이하게 발달시켜나가는 경향은 자연스러운 것이다. 따라서 한 사회운동을 연구할 때 그것이 이 양자 중의 어떤 그룹에 속하는가를 판별하는 것이 대단히 중요하다.

그러나 아주 극단적 사례나, 아니면 어떤 일정한 짧은 시기에 대한 판별이 아니라면, 이러한 구분은 말처럼 쉬운 것이 아니다. 그렇다고 이 판별의 어려움을 정확한 구분을 포기할 이유로 삼자는 것은 아니다. 천년왕국운동의 혁명적 열기는 이 현세의 종말이 오기까지 씨뿌리고 추수하는, 심지어는 자식을 갖는 것을 거부할 정도로 현세를 부정한다. 또 19세기 말엽 영국 노동조합회의(Trade Union Congress)의 회담당위원회와 같은 개량주의적 성격의 사회운동도 존재한다. 어느 누구도 이 두 운동의 분명한 차이를 부정하지 않는다. 그러나 통상 상황은 복잡하다. 일반적으로 사람들은 그들이 좋아하지 않는 뜻을 품고 있는 정확한 설명에 동조하기를 꺼려한다. 예를 들면 프랑스의 급진적 사회주의자들은 결코 급진파도 사회주의자도 아니라는 사실을 감추는 후보에 선거상의 이점을 주는 것을 꺼려한다. 그러나 이러한 불분명한 태도에 의해 구분이 어려워지는 것이 아닐 때조차도 상황은 꽤나 복잡하다.

사실 팽글로스 박사(Dr. Pangloss, 볼테르의 풍자문학 「Candide」에 나오는 낙관주의자; 역주)같은 인물이 아닌 사람이라면 혹은 어떤 사회운동이라도 시간과 강도가 차이날지라도 개량주의와 혁명주의의 양성격을 함께 지닌다. 심각한 위기나 혁명이 진행되는 동안 혹은 막 지나간 어떤 드문 순간을 제외한다면, 어떤 극단적 혁경가라도 반드시 그들이 살지 않을 수 없는 현세에 대한 현실적 정책을 마련하지 않을 수 없다. 혁명가가 혁명을 준비하는 동안 현실의 고통을 감내하려면, 그리고 혹은 혁명을 보다 효과적으로 준비하려면 개량주의자가 되지 않으면 안 된다. 그렇지 않다면 그들은 이 세상을 포기하고 사막이나 초원지대에 공산주의의 시온을 건설하고 살거나, 많은 종교단체들이 그러하듯이 죽음으로 해방될 때까지 불평불만하지 말고 이 눈물의 골짜기를 가로지르면서 희망을 전적으로 이승세계에 두고 살아야 할 것이다(후자의 경우에는 혁명주의도 개량주의도 모두 사라지고 보수주의만이 남는다).

그러나 반대로 실제적으로 선하고 명백한 사회에 대한 열망은 매우 강력하다. 세계나 인간의 성격을 변화시키는 것이 불가능하다고 포기하거나 사회적 악폐를 조금 교정하는 정도의 개량에 머물고자 하는 사람들에게도 이러한 꿈이나 열망이 없을 수는 없다. 아주 전투적인 개량주의자 중에도 종종 겸손하면서도 위압적인 혁명가가 있을 수 있는 것이다. 물론 세월이 흐르면서 그 열망이 약화되기는 하지만 그들은 해방을 강렬히 꿈꾸고 있는 것이다. 성공적 혁명의 전망이 전혀 없을 때 혁명가들은 사실상(de facto) 개량주의자로 바뀔 수 있다. 그러나 매혹적이고 황홀한 혁명의 순간에 인간적 열망의 넘실거리는 물결은 몇 가지 정신적인 유보가 있긴 하지만 개량주의자마저 혁명의 진영으로 끌어들이게 된다. 이 양 극단 사이에 무수히 많은 입장이 존재하는 것이다.

이러한 복잡한 상황에도 불구하고 양자의 구분이 부적절한 것이 될 수는 없다. 그 구분은 어느 누구도 부인할 수 없다. 왜냐하면 스스로가 명백히 개량주의나 혁명주의에 속함을 주장하고 또 그러한 가정에 따라 행동하는 대중이나 운동이 존재하기 때문이다. 이러한 구분을 간접적으로 부인하거나 공격하려는 사람들은 주로 사회의 혁명적 전환이 가능함을 부인하거나 혹은 인간의 합리성을 상정하면서 혁명운동이 무엇인지 도무지 이해하지 못하는 사람들이다(19세기 말엽 실증주의적 범죄학자들이 최초로 체계화시킨 고집스런 경향이 있는데, 이들은 혁명운동을 정신병리적 현상으로 간주한다). 이러한 견해에 대해 토론할 만큼 한가하지는 않다. 그렇다고 본서의 독자들에게 원초적 혁명가는 차치하더라도 혁명에 찬성하라고 요구하는 것은 아니다. 단지 그러한 혁명가들이 존재하며 최소한 사회를 근본적으로 변화시킨 혁명이 있었다는 것을 인식할 것을 요구할 뿐이다. 물론 그러한 혁명이 혁명가의 계획대로 진행되거나 애초의 희망처럼 완벽하고 궁극적으로 성취되었다는 말은 아니다. 그러나 근원적이고 궁극적인 변화가 사회에 일어날 수 있다는 인식이 유토피아가 이루어질 수 있다는 믿음에 근거한 것은 아니다.

제 2 장 의 적

산적이나 비적(匪賊)은 경찰뿐이 아니라 사회사가들의 주목도 받는다. 왜냐하면 어떤 의미에서 산적행위란 우리가 아는 한 아마도 가장 원초적 형태의 조직화된 사회적 항쟁이기 때문이다. 여하간 많은 사회에서 이러한 행위를 사회적 항쟁으로 생각하는 자들은 산적을 보호하고 그를 자신들의 투사로 우상화하여 신화 속의 인물로, 즉 의적(義賊)으로 만드는 빈민들이다. 이러한 예로 영국의 로빈훗, 폴란드와 슬로바키아의 야노시크(Janošik), 안달루시아의 디에고 코리엔테스(Diego Corrientes) 등이 있는데, 이들은 모두 실존했던 인물들의 변형일 것이다. 빈민들에 대한 보답으로 산적들은 그 자신이 의식 있는 사회적 반항자가 아닐 때에도 그에게 기대된 역할에 충실하려고 노력한다. 따라서 부자들에게서 취한 것을 빈민들에게 나눠주고, 자기방어나 정당한 복수의 행위가 아니면 결코 살인하지 않으면서 사회적 반항을 했던 인물은 무수히 많이 발견된다. 로빈훗이라는 인물은 단지 원형(archetype)일 뿐이다.

계급사회에서 상민 모두가 걸머졌던 전통적 멍에인 빈곤과 굴종을 견디지 못하는 사람들은 압제자에 반항하거나 혹은 그 압제자에 가담봉사함으로써 그로부터 탈출할 수 있었다. 어느 농민 사회이건 농민산적 외에도 국가도적(state's bandit)이나 지주도적(landlord's bandit)이 있었다. 그러나 농민산적만이 민요나 민담 속에서 칭송된다. 가신(家臣), 경찰, 용병은 종종 이 토적(土賊) 같은 인물들로 충원되기도 한다. 1850년에서 1875년 사이의 남부스페인의 경험이 보여주듯 토적들은 종종 그 사회적 성격을 바꾸는데 신사강도나 밀수업자들은 지방호족이나 지방지주(cacique)에 의해 보호받는 토적으로 변하기도 한다. 개인적 반항은 그 자체 사회적으로는 중립적 현상이나, 결국은 사회 내의 분열과 투쟁을 반영한다. 이 문제는 마피아에 관한 장에서 더 고찰해볼 것이다.

전설은 별도로 하더라도 역사에 기록된 산적들이 여기서 논의하고자 하는 의적행위의 이념형(ideal type)에 반드시 일치하는 것은 아니지만, 그러한 이념형을 상정해볼 수는 있을 것이다. 더구나 안젤로 두카(Angelo Duca: 혹은 Angiolillo) 등의 몇몇은 그 이념형에 일치하고 있다. 의적의 이념형을 묘사하는 것은 결코 비현실적인 일이 아니다. 왜냐하면 의적행위의 가장 현저한 특성은 놀랄만한 통일성과 표준화이기 때문이다. 본장에서 쓰인 사례들은 거의 전부 18세기에서 20세기 사이 유럽에서, 그것도 주로 이탈리아 남부에서 취한 것이다[1) 그러나 18세기 중반과 20세기 중반이라는 시대의 차이나 시칠리아와 카르파토 — 우크라이나(Carpatho — Ukraine)라는 공간의 차이에도 불구하고 우리가 고찰할 사례들은 아주 비슷하다. 따라서 그 일반화는 상당한 신빙성을 확보하고 있다. 이 통일성은 의적신화 — 사람들이 산적에게 부여한 부분 — 뿐 아니라 그의 실제 행동에 모두 적용된다.

이는 몇 가지 대비되는 사례들을 살펴봄으로써 더욱 선명해질 것이다. 사람들은 농민산적을 체포하려는 당국을 돕지 않고 반대로 그를 보호한다. 이것은 17세기 모스크바 농촌에서나 1940년대의 시칠리아 농촌에서나 모두 동일하다. 그러나 어느 산적이든 지나치게 큰 야망

1) 이 지역에 관한 자료로서는 이미 출간된 자료뿐만 아니라 로마의 도니니(Ambrogio Donini) 교수가 제공한 중요 정보도 활용되었다. 교수는 전에 의적이었던 인물들과 접촉하였을 뿐만 아니라 약간의 신문자료도 소지하고 있었다.

을 실현하려 하면 그는 결국 좌절하게 된다(그렇다고 그 지방에서 산적 행위 자체가 소멸되는 것은 아니다). 그리고 그 종말은 대개 배신에 의해 이루어진다. 18세기 카르파티아의 산적이었던 올렉사 도브부쉬(Oleksa Dovbush)는 그 아내에게 배신당했고, 1918~1920년 경에 대단히 활약한 것으로 짐작되는 니콜라 슈하이(Nikola Shuhaj)는 친구들에게 배신당했다[2]) 의적의 가장 순수한 모델이랄 수 있는 1760~1774년 경의 안젤로 두카(크로체가 그의 생애를 거의 완벽하게 분석해 놓았다) 역시 마찬가지 운명이었다. 최근의 산적 중에서 가장 악명 높았던 시칠리아 몬테레프레의 살바토레 지울리아노(Salvatore Giuliano) 역시 1950년에 배신에 의해 종말을 맞았는데, 최근 그의 생애를 묘사한 아주 감동적인 전기가 출판되었다. 로빈훗 또한 이러한 종말의 모델에서 크게 벗어나지는 못했다.

그러나 법은 그 무능력을 감추기 위해 의적을 체포하거나 죽임으로써 그 체면을 유지하려 한다. 경찰은 니콜라 슈하이의 시신에 총을 쏨으로써 자신들이 그를 사살했음을 과시하려 했다. 또 가빈 맥스웰(Gavin Maxwell)의 말을 믿을 수 있다면 지울리아노의 시신 역시 같은 변을 당했을 것이다. 그런 실례는 아주 흔하여 심지어는 '경찰이 산적에게 그러듯 시신에 총을 쏘다니' 라는 코르시카의 속담이 있을 정도이다.

이에 농민들은 의적들이 지닌 전설 상의 영웅적 속성에다 불사신의 속성을 덧붙인다. 안지오릴로는 총탄이 비켜나가게 하는 마법의 반지를 갖고 있었다고 생각되었다. 슈하이 또한 불사신이었는데 그 이유에 대한 이론은 분분하다. 한편으로는 그가 총알을 물리치는 초록색 막대를 가지고 있었다고도 하며, 달리는 마녀가 그에게 총알을 물리

---

2) 이반 올브라하트의 소설 『도적 니콜라 슈하이』는 체코에서 현대의 고전으로 인정되고 있으며, 내가 본 의적 관계 자료 중 단연코 가장 흥미롭고 역사적으로도 견실한 기록이었다.

칠 수 있게 하는 술을 마시게 했다고도 한다. 그가 도끼로 살해된 데에는 바로 이런 까닭이 있었다. 전설적인 18세기 카르파티아의 의적 영웅 올렉사 도브부쉬는 봄밀을 넣은 접시에 1년간 담가두었다가 12성인의 날에 사제의 축복을 받고 이에 12사제에 의해 12번의 미사를 올린 은제 총알로서만 살해될 수 있었다. 유사한 신화들이 다른 많은 영웅의적들에 관한 민담의 일부인 것은 의심의 여지가 없다.[3] 이러한 실례나 믿음들이 상호영향에 의해 형성되어지지 않았다는 것은 명백하다. 의적행위가 발생하는 사회와 그 상황이 매우 유사할 때 이러한 믿음은 아주 상이한 시기에 그리고 멀리 떨어진 지역에서 독자적으로 이루어진다.

의적의 일생을 표준적으로 묘사해보는 것이 편리할 듯싶다. 그 지역의 관습에 의해서는 결코 죄가 되지 않지만 국가나 그 지방 지배자의 법규에 의해서는 유죄로 간주되는 어떤 행위를 했을 때 그는 실직이 된다. 그래서 안지오릴로는 마르티나 공작의 땅지기와 길 잃은 가축에 대해 다툰 후에 산으로 올라간다. 칼라브리아의 아스프로몬타 지역에 소재한 보바(Bova, 우연히도 이 마을은 고대 그리스어를 사용하는 이탈리아의 마지막 마을이다)에서 최근 가장 유명한 산적인 비센초 로메오(Vicenzo Romeo)는 한 소녀를 유괴한 후 탈법자가 되었으나 결국은 그 소녀와 결혼했다. 반면에 델리아노바의 안젤로 마크리(Angelo Macri)는 그의 동생에게 총을 쏘았던 경관을 살해한 후에 탈법자가 되었다. 피의 복수(blood feud)나 유괴결혼은 모두 칼라브리의 이 지역에서 아주 흔하다.[4] 사실 1955년에 레지오 칼라브리아성에서는 줄잡아 160남짓의 탈법자가 보고되었지만, 그 중에 살인죄로 인해 산 속

3) 부적의 효능에 관한 실제적인 믿음(이 경우에는 왕이 내린 임무)에 관해서는 부록3 「부르봉비적의 심리」를 참조하라.

4) 지역 비밀결사의 여타 기능이 쇠퇴하였을 때도 젊은이들은 여전히 애인이 있거나 아니면 정식으로 혼인한 여성을 납치하기도 했다. 론뇨네(R. Longnone)의 보고(Unit 8. 9. 1955) 참조.

으로 도피한 40여명의 대부분이 그 지역에서는 명예로운 살인자로 간주되고 있다.

국가는 정당한 개인 간의 싸움으로 뒤죽박죽이 되고 따라서 그 개개인은 국가의 관점에서 볼 때 범죄자가 된다. 국가는 사소한 법률위반 때문에도 농민에 관심을 보인다. 그리고 그 농민은 그들을 알거나 이해하지 못할 뿐만 아니라 그들이 이해하지 못하는 법률이 그들에게 어떤 일을 행할지 알 수 없기 때문에 산으로 올라간다. 1890년대의 사르디니아의 산적인 마리아니 디오니지(Mariani Dionigi)는 정당한 살인에 연루되어 체포될 우려 때문에 올라갔다. 또 고디 모니 지오반니(Goddi Moni Giovanni)라는 산적도 동일한 이유로 해서 산에 올라갔다. 캄페시(Campeci: 별명은 Piscimpala)는 1896년에 경찰의 경고를 받고 얼마 후 경고 위반으로 체포되어 1년 열흘의 감호를 선고받았다. 또한 살리스 지오반니 안토니오(Salis Giovanni Antonio)라는 사람의 땅에 양을 방목했다는 이유로 12.50리라의 벌금을 선고 받았다. 그는 차라리 산을 택했고, 판사를 총살하려 했으며 채권자를 살해했다. 지울리아노는 보리 두 자루를 암시장에 팔았다는 죄목으로 그를 때리려 한 경관에게 총을 쏘았다고 하는데, 그 경관은 자신에게 많은 돈을 준다는 밀수업자를 봐주고 있었다. 이에 지울리아노의 행위는 확실히 명예로운 것으로 간주되었을 것이다. 이 사르디니아에서 관찰된 것들은 거의 확실히 다음과 같이 보다 일반화될 수 있다.

산적의 생애는 거의 언제나 그다지 심각하지 않은 사건, 그러나 그를 탈법자로 만들어버리는 어떤 사건으로 시작된다. 경찰은 범죄라기보다는 사람들 간에 관습을 둘러싸고 야기된 문제에 대해 과중한 형벌을 내리곤 한다. 그러한 형벌로는 위증, 판결 상의 오류나 모함, 부당한 감금판결, 혹은 부당하다고 느껴지는 것 등이 있다.

산적노릇을 하게된 동기가 대중들에 의해 명예롭거나 비범죄적인 것으로 간주되어야 한다는 것은 매우 중요하다. 왜냐하면 만약 그가 지방의 관습에 어긋나는 짓을 한 것으로 간주되면 그가 전적으로 의지해야 하는 그 지방의 보호를 받을 수 없기 때문이다. 국가나 압제자에 얽힌 사건에 개입한 거의 모든 사람은 희생자나 영웅으로서 혹은 그 둘 다로서 간주되기 쉽다. 그래서 한 인물이 관에 의해 추격당하게 되면, 그는 자연스럽게 그들의 법에 대한 우리의 법 — 관습, 피의 복수 등등 어느 것이든 — 부자들의 정의에 대한 우리의 정의를 상징하는 지역적 관습과 그를 준수하는 농민들에 의해 보호받게 된다. 시칠리아에서라면 그는 아주 골칫거리가 아닌 한 소위 명예결사(Onorata Societ)[5]의 남부 칼라브리아에서 마피아의 도움을, 그리고 그 외의 어디에서든 여론의 도움을 받을 수 있을 것이다. 사실 그는 그의 마을 안에 혹은 근처에 살 수 있으며 아마 거의 그러할 것이다. 거기에서 그는 마을의 도움을 받으면서 살아간다. 예를 들자면 로메오는 그의 처자식과 함께 보바에서 정상적인 생활을 했으며, 거기에 자신의 집을 짓기도 했다. 지울리아노 역시 그의 마을 몬테레프레에서 로메오와 똑같은 방식으로 살았다.

보통 의적이 일반적으로 그가 태어난, 그리고 그를 보호하는 사람들이 살고 있는 지역과 맺고 있는 유대는 매우 인상적이다. 지울리아노는 몬테레프레 지역에서 살다 죽었으며, 그보다 먼저 시칠리아에서 의적행위를 했던 발보(Valvo), 로 키케로(Lo Cicero), 디 파스칼(Di Pasquale) 역시 한 지역에서 살다 죽었다. 의적에게 일어날 수 있는 최악의 사태는 그의 근거지로부터 단절되는 것이다. 왜냐하면 그 때

5) 론뇨네의 보고(Unit 8. 9. 1955) : 예를 들면 한 인물이 어떤 마을에서 불명예스러운 행위를 하고 산으로 도주했을 때, 그 지역의 비밀결사는 그가 성원이 아니더라도 그의 도주를 돕고 피신처를 마련하며, 그와 그 가족을 보호할 의무를 느낀다.

엔 진짜 강도나 도둑질을 해야 하고, 이는 다시 말해서 그의 사람들(도움을 준)의 것을 훔치고 그럼으로써 경멸받는 범죄자가 되기 때문이다. 그의 동네 오두막에서 사는 산적들에게 정기적으로 밀과 포도주를 제공했던 코르시카의 관리가 한 말은 이러한 상황의 일면을 보여준다. "이렇게 그들을 먹여 살리는 것이 그들이 필요한 것을 훔치지 않을 수 없을 정도로 궁지에 몰아넣는 것보다 낫다."

바실리카타에서의 토비들의 행위는 이와 또다른 일면을 보여준다. 이 지역의 토비들은 겨울철에는 마을에 폐가 되는 일은 결코 하지 않으며, 몇몇 토비들은 일자리를 구해 딴 지방으로 이주해가기도 한다. 그것은 탈법행위로서 식량을 구하기가 어렵기 때문이다. 봄이 되어 다시 식량 구하기가 수월해지면 토비들의 활동이 시작된다. 힘이 있으면 확실히 그리했을 루카니아의 이 험상궂은 인물들은 왜 빈민들에게 식량을 강요해서는 안 되는지를 잘 알고 있다. 1950년대에 스페인 당국은 안달루시아 산맥에서 활약하던 공화파 게릴라들의 활동을 종식시켰는데, 그것은 각 촌락에 있던 공화파 지지자들이나 물자 제공자들과 게릴라들의 사이를 이간시키는 방법에 의해 이루어졌다. 즉 이 게릴라들이 식량을 훔치지 않을 수 없게 만들고 또 비정치적 목동들과의 유대를 파괴함으로써 목동들이 게릴라에 관한 정보를 제공하게끔 만들었던 것이다.

몇마디 더 첨가하여 산적들의 생활방식에 대한 서술을 끝맺고자 한다. 보통 산적은 젊고 독신이며, 얽매이지 않으려고 하는데, 그것은 일단 가족에 대한 의무를 지게 되면 권력기관에 대항하여 싸우기가 훨씬 어려워지기 때문이다. 1860년대에 바실리카타와 카피타나타의 산적 중 2/3가 25세 이하였다. 탈법자들은 물론 독신으로 남아 있을 수 있다. 사실 관례에 따라 결국은 완전히 정당한 것으로 인정받을 수 있다. 전통적 범죄(혈족간의 복수행위나 유괴)를 범한 경우 대개는 독신으로 지내기 마련이다. 남칼라브리아에 현존하는 160여명의 탈법자

중 대부분이 이러한 유형의 외로운 인간들이라고 한다. 즉 그들은 마을의 변두리에 살면서 친족관계나 보호라는 끈으로 묶여 있지만 다른 한편 마을 사람들의 적의와 경찰에 의해 매우 외로운 사람들인 것이다.

만약 탈법자가 무리를 구성하거나 가담하여 경제적으로 상당한 규모의 강도짓을 한다 해도 그것은 경제적인 이유로도 조직적인 이유로도 그다지 큰 문제는 아닐 것이다. 왜냐하면 그런 유형의 무리는 단지 그 리더의 개인적 위신에 의해 결합되기 때문이다. 그런 예로 마렘마(Maremma)에서 체포당한(말할 필요도 없이 배신에 의한 체포) 3명으로 이루어진 작은 무리가 있다. 19세기 안달루시아의 토비들 가운데에는 60여명으로 구성된 아주 큰 무리가 있었다고 한다. 그러나 이들은 자신을 가신으로 고용한 지방지주(caciques)의 도움을 받았기 때문에 본장의 논의에 해당되지 않는다. 이러한 토비의 무리가 역동적인 게릴라 부대로 변모하는 혁명기에는 심지어 몇백명으로 이루어진 대규모의 그룹이 생겨났으나 이탈리아 남부에서는 이들 역시 부르봉 당국으로부터 재정적인 도움을 비롯한 여러 지원을 받았던 것이다.

토비-게릴라 무리는 일반적으로 작전 수행의 편의를 위해 수많은 소단위로 나누어진다. 요아힘 무라트의 지도 하에 있던 카피타나타에는 70여개의 무리가 있었고, 60년대 초기의 바실리카타에는 39개, 아풀리아에는 약 30여개의 무리가 있었다. 바실리카타에서 무리의 평균적 구성원은 20명에서 30명 정도였으며 통계적으로는 15~16명으로 추정된다. 나폴레옹과 왕정복고 시대의 여러해 동안 후리아(Giuseppe de Furia)는 30여명으로 구성된 비적의 무리를 이끌었는데 이는 조직화나 훈련 없이 보통의 지도자가 통제할 수 있는 한계일 것이다. 토비들의 두목 중 이보다 더 큰 단위의 무리를 유지하거나 분리시켜 이끌 수 있는 자는 거의 없었다(이는 또한 1870년대에 교회마다 평균 30여명의 인원을 가졌던 「서부지역 성서 기독교 West Country Bible Christians」와 같이 쉽게 분파되는 개신교 계통의 여러 종파에서도 발견된다).

하나의 무리가 얼마나 오래 지탱했는지는 정확하게 알 수 없다. 이는 그 무리자체에 얼마나 많은 골칫거리가 있는가, 사회적 상황이 얼마나 긴박한가, 혹은 국제상황이 얼마나 복잡한가 — 1799~1815년 사이에는 부르봉과 영국이 여러 해 동안 지방 토비들을 지원했기 때문에 그들은 오랫동안 활약할 수 있었다 — 그리고 그 무리가 얼마나 보호받고 있느냐에 따라 달라진다고 생각된다. 많은 보호를 받았던 지울리아노는 6년을 지탱하였으며, 야망이 큰 로빈훗 같은 인물이라면 추측컨대 2~4년 정도 살아남는 것이 행운이었을 것이다. 18세기 초엽 카르파티아 의적의 전형이었던 야노시크와 슈하이는 2년간 활동하였으며 아풀리아의 로마노상사는 1860년 이후 30개월간 지탱하였다. 남부의 가장 집요한 부르봉 토비들도 5년 이상 견딜 수는 없었다. 그러나 라티움 변경의 티부르치(Domenico Tiburzi)와 같이 커다란 허세 부리지 않는 외떨어진 지역의 소규모 무리는 20년간(1870~90)이나 유지될 수 있었다. 만약 국가가 토비를 방임할 경우 그는 살아남아 정상적인 농민 생활로 돌아갈 수 있을 것이다. 토비들의 행위를 범죄행위라고 생각하는 사람은 국가와 귀족들뿐이므로 이전에 토비였던 사람들은 쉽게 사회 속에 동화되기 때문이다.

경찰과 정부에 대항하여 불만을 품은 지울리아노처럼 준정치적 이유로 하여 그 생활이 시작되었는가, 아니면 보통의 탈법자들처럼 단순히 강도행위를 하는가는 그다지 중요한 문제가 못 된다. 그들은 여러면에서 로빈훗 원형에 일치하고자 노력한다. 즉 '부자에게서 취해 빈민들에게 나누어주며, 자기방어나 정당한 복수가 아니면 결코 살인하지 않는 사람' 이 되고자 한다. 사실 그들은 달리 할 수가 없는데, 그것은 빈민들보다 부자들에게서 취할 것이 많고, 만약 그가 빈민들의 재물을 취하거나 불법적인 살인을 할 경우 그의 든든한 자산인 대중들의 지지와 동정을 잃게 되기 때문이기도 하다. 또 자본주의 이전의 사회에서 그 사회적 지위와 위신을 과시하는 것은 일반민중에 대한 작전이기에 그는 그가 얻은 재물을 크게 선심쓰기도 한다.

비적이 자신의 행위를 사회적 항쟁으로 생각하지 않을 때에도 대중은 그들을 완전히 전문적인 범죄인까지도 포함하여 자신들의 상상대로 의적으로 간주하기도 한다. 1790년대 후반 리네란트(Rhineland)에 횡행했던 갱두목 중에 활약이 대단하지는 않았지만 꽤나 유명했던 쉰더하네스(Schinderhannes)는 어떤 의미에서도 결코 의적이 아니었다. 그의 이름에서 알 수 있듯이 그는 지하세계와 전통적으로 관련된 하층 계급의 상인 출신이었다. 그는 유대인들, 즉 악덕상인이나 고리대금업자만 턴다고 선전함으로써 대중들의 그에 대한 이미지를 개선시킬 수 있다는 것을 깨달았다. 그리하여 그에 대한 일화나 통속적인 책에서 이상화된 로빈훗 영웅의 속성 — 즉 넓은 도량, 잘못된 것을 바로잡는 능력, 깍듯한 예의, 유머감각, 지혜와 용맹스러움, 보이지 않을 정도로 도처에서 나타나는 신출귀몰함(모든 의적들은 일화 속에서 결코 꿰뚫어볼 수 없는 가면을 쓰고 신출귀몰한다) — 을 그에게 부여했다. 그러나 그는 이러한 영웅적인 속성을 모두 갖춘 인물은 아니었다. 사람들의 호감은 전적으로 이 갱들을 소탕했던 공공안전위원회의 구 멤버인 앙드레(Jeanbon St. Andr)에 대한 것이었다. 그럼에도 불구하고 쉰더하네스는 어느 시기까지는 자신을 '빈민들의 보호자'로서 생각했던 것 같다. 범죄자들은 대개 빈민 출신이며 어떤 일에 대해서는 상당히 감상적이다. 빌리 힐(Billy Hill, 그의 자서전은 사회학적 연구에 많은 소재를 제공한다)같은 전문적 사기꾼은 그의 사람들, 즉 캄덴타운(Camden Town)에 사는 수많은 아일랜드계 비숙련 노동자의 가족에게 돈을 나눠주기 위해 도적노릇을 계속해야 하는 자신의 운명을 설명할 때 감상적인 자기 연민 속에 빠져든다. 산적들이 믿건 안 믿건 간에 로빈훗 정신은 그들에게 유용하다.

그러나 많은 경우 그러한 역할을 그들에게 억지로 강요할 필요는 없다. 그들은 사르디니아의 파스칼라 탄테두(Pasquala Tanteddu, 그의 관점은 다소 공산주의의 영향을 받았다. 이는 부록에서 충분히 다루어질 것이다)처럼 자발적으로 그 역할을 수행한다. 1914년 이전에 한 선봉적인 칼라브리아의 의적은 사회주의당에 정기적인 기부를 했다고 한다. 또 로빈훗과 같은 의적행위를 조직적으로 수행한 인물들도 여럿이 알려져 있다. 아풀리아의 바르다렐리는 왕에게 용서받은 후 다시 배반당해서 1818년 살해당했는데, 그는 소금을 거저 나눠주거나 토지관리인들에게 대량학살의 고통을 지닌 그 지역의 일꾼들에게 빵을 주도록 명령했으며, 또한 지방지주들로 하여금 빈민들이 그들의 땅에서 이삭을 주울 수 있도록 허락하게 함으로써 가난한 이들에게 자신의 노획품을 나눠주고 있었다(그의 몇몇 행위가 부록에 소개되어 있다).

안지오릴로는 퍽 예외적으로 행동했는데, 그는 사소한 선물이나 개별적인 중재에 의해 정의를 추구하지 않고 보다 일반적인 정의를 조직적으로 실현하려고 했다. 그는 어느 마을이든 도착하면 법정을 개설하고 소송인들의 주장을 들은 다음 선고를 내리는 식으로 완벽한 사법권을 행사하였다고 한다. 심지어 그는 불문율이나 관습을 어긴 자는 처벌하였다고 전해진다. 그는 곡가를 내리도록 명령하였으며 부자들이 소유한 곡물가게를 몰수하여 곡물을 빈민들에게 분배하기도 했다. 달리 말하자면 그는 농민들을 위하여 정부와 대등한 권리를 행사하였던 것이다. 훗날 1884년 마을 사람들이 주요 도로를 그의 이름에 따라 명명하고자 했던 것은 결코 놀랄만한 일이 아니다.

1799~1815년과 마찬가지로 1860년대 남부 이탈리아의 비적들은 보다 원초적인 면에서 자신들을 귀족 및 외국인에 대항한 민중의 투사로 생각하였다. 이 시대의 남부 이탈리아에서는 비적들이 주도한 대중혁명 및 해방전쟁에 관한 생생한 실례들을 찾아볼 수 있다. 외국 정부들이 혁명 게릴라를 묘사하는 습관적 용어로 산적(bandit)을 사용하게 된 것은 바로 이 때문이다. 전문적인 연구 덕분에 이 시대 의적

행위의 본질이 이제는 보다 정확히 알려져 있다. 연구가들은 중류계급의 자유주의자들이 의적행위를 단지 대중범죄만으로 파악한 몰이해, 더글라스(Narman Douglas)의 『Old Calabria』에 나타나는 몰이해 그리고 남부지역의 인종차별은 아닐지라도 그 야만성 등을 잘 이해하고 있다. 카를로 레비(Carlo Levi)는 『에볼리에 멈추신 예수(Christ stopped at Eboli)』에서 의적영웅들에 대한 남부지역 농민들의 기억이 얼마나 뿌리깊은 것인지를 설명하고 있다. 농민들에게 있어 '의적의 시대'는 생생하고 실감나는 역사의 한 부분인 것이다. 그 역사는 왕이나 전쟁과는 달리 바로 농민들이 간직하고 있는 역사이다. 부르봉의 장미장식이 달린 다 떨어진 농민의 옷이나 혹은 조금 더 멋진 옷을 걸쳐 입은 의적들은 농민들의 복수자요 투사였다. 그들의 길이 어둡고 좁은 길이었을지라도 그들을 움직였던 자유와 정의를 향한 열망은 결코 부인할 수 없다.

따라서 의적들이 겨냥하는 주요한 표적은 본질적으로 빈민들의 적이다. 민간 전승에 기록되었듯이 그들은 언제나 법률자(로빈훗과 딕 터핀 Dick Turpin), 고리대금업자와 장사꾼(안지오릴로와 쉰더하네스), 그리고 농민들의 전통적 생활을 혼란시키는 외국인에게 미움을 산다. 전산업, 전(前)정치적 사회에서 그들은 멀리 떨어져 있는 군주의 간섭을 거의 받지 않으며, 정의를 상징한다. 사실 많은 전설 속에서 군주들은 의적을 추격하지만 그를 억압하지 못하며, 이어 그를 법정에 초대하여 평화를 맺고, 결국은 그와 의적의 관심사인 정의가 동일한 것임을 인정한다. 로빈훗과 도브부쉬가 그러하다.[6)]

---

6) I. Olbrcht, 전게서 ; 황제는 어떤 무력으로도 항복시킬 수 없는 인물이 있다는 말을 듣고 그를 비엔나로 오게 하여 평화협정을 맺도록 명령했다. 그러나 이것은 계략이었다. 도브부쉬가 가까이 왔을 때 황제는 그의 전군졸들을 보내 그를 살해하려 했다. 그리고 창가에서 구경하고 있었다. 그러나 총알은 빗나가 오히려 총잡이들을 사살했다. 이에 황제는 사격을 중지시키고 그와 화해했다. 황제는 도브부쉬에게 그의 병졸과 싸우지만 않는다면 어느 곳에서든

의적이 특히 강한 사명감으로 충만하지 못하고, 또한 부유하게 생활하며 그의 부를 과시하더라도 그와 대중의 연대가 약화되지는 않는다. 오히려 1790년대 남부이탈리아에서 반프랑스 의적들이 치장했던 사슬과 장식, 그리고 지울리아노가 지녔던 외알보석이 박힌 반지 등은 농미들에게 부자와 권력에 대한 승리의 상징이었을 뿐만 아니라 그들을 보호하는 의적의 능력을 증명하는 것으로 간주되었을 것이다. 의적들이 지닌 주요한 매력 중의 하나는 그가 가난을 뚫고 훌륭하게 된 소년이었다는 점이다. 즉 의적은 자신의 가난과 무력, 미약함으로부터 탈출하지 못한 대중들의 심리를 위안해주었던 인물인 것이다.[7] 그러므로 세계 복싱 챔피언이 된 가난한 소년의 다이아몬드 박힌 치아나 금으로 장식된 캐딜락처럼, 의적의 화려한 소비생활도 역설적으로 그를 숭배자들과 연결시키고 소원하게 하지 않는 고리가 된다. 그러나 대중이 그에게 부여한 영웅적 역할에 크게 어긋나는 행동을 했을 때는 물론 사정이 달라진다.

지금까지 묘사한 바와 같은 의적행위의 기본형태는 어느 상황에서나 거의 보편적으로 발견된다. 그 지역은 물론 도시가 아니라 농촌이다. 의적이 발생하는 농민사회는 빈곤함과 부유함, 강력함과 유약함, 그리고 지배와 피지배의 관계를 안고 있으나, 여전히 근본적으로 그리고 끈질기게 전통적이며 전(前)자본주의적 구조로 남아 있다. 그러

원할 때 싸울 수 있는 자유를 주었다. 그리고 이를 증명하기 위해 목쇄가 찍힌 문서를 주었다. 도브부쉬는 황제의 궁전에서 3일 밤낮 극진한 귀빈대접을 받았다.

7) I. Olbrcht,, 전게서 ; '그렇게 된 경위는 다음과 같다. 그는 힘없고 가난한 목동이었으며, 절름발이였고 바보였다. 예언가와 성경의 말씀을 전하는 사람들이 얘기했듯이 하나님께서는 이 불쌍한 목동의 사려를 통해 주께서 하시려고만 한다면 이 세상의 모든 두려워하고 미천하고 가난한 사람들이 위대한 일을 할 수 있음을 증명하려 하셨다.' 전설적 의적단에서 그 무리에서 가장 힘세고 건장한 자가 두목이 된 경우는 거의 없었음을 주목하라.

나 19세기의 동부 영국이나 노르만의 그리고 덴마크 같은 농업사회에서는 의적을 찾아볼 수 없다(의적의 원형으로 세계적 명성을 지닌 로빈훗을 창조한 영국에 16세기 이후 그런 종류의 주목할 만한 행위가 발견되지 않는 것은 바로 이와 같은 이유에서일 것이다. 그리하여 터핀이나 맥히스 같은 '도시'의 범죄자들도 전통적 대중에 의해 이상화되었다. 반면 불쌍한 농촌의 노동자들은 특히 용맹스러운 밀렵꾼들을 매우 숭배하게 되었다).

전통적 토비들이 있는 후미진 사회라 하더라도 의적들은 빈민들이 어떤 수준의 정치적 자각에 도달하거나 사회적 항쟁의 보다 효과적인 방법을 습득하기 이전에만 출현한다. 의적은 전(前)정치적 현상이며 그의 힘은 조직적인 농촌혁명이나 사회주의, 공산주의의 그것과 반비례한다. 칼라브리아의 실라(Sila)에서 의적행위는 사회주의와 농민연맹이 등장한 1차세계대전 이전에 소멸하였다. 위대한 무솔리노(Musolino)와 많은 다른 유명한 영웅들의 고향인 아스프로몬테에도 의적행위가 잔존하였는데 여성들은 그들을 위해 감동적으로 기도하였다. 그러나 그곳은 농민조직이 크게 진전을 보지 못했던 곳이다. 지울리아노의 마을인 몬테레프레는 1893년 전국적 농민봉기 동안에도 팔레르모성에서 비중있는 농민연맹이 없었던 몇 안되는 곳 중의 하나이며, 오늘날의 주민들도 다른 곳과 달리 발달된 정당보다는 무정부주의자나 시칠리아의 분리주의자와 같은 열광적 극단론자에게 더 많은 표를 던지고 있는 지역이다.

그런 사회에 있어 의적행위는 국지적 현상이다. 그러나 사회의 전통적 균형이 깨어졌을 때, 즉 기근이나 전쟁처럼 비정상적인 곤경에 처한 동안과 그 이후, 또는 근대 세계의 동적인 인간들이 이 정적인 사회를 파괴하거나 변형시키기 위해 손을 뻗치는 때에는 로빈훗의 정신이 되살아난다. 농민사회의 역사 중에 19세기나 20세기에 이런 현상이 일어난 이래 우리 시대는 어떤 면에서는 전통적인 의적의 시대인 것이다. 18세기 말엽 혁명적인 변화와 전쟁의 시기에 남부 이탈리아와 리네란트에서 의적행위가 크게 일었음이 — 최소한 국민들의 바램으로라도 — 관찰된다. 특히 남부 이탈리아에서는 통일 후 자본주의적 법률과 경제 정책이 도입되면서 큰 격랑이 일었다. 칼라브리아와 사르디니아에서 의적들이 크게 활동을 시작한 시기는 근대경제 그리고 농업공황과 이민의 충격이 와닿은 1890년대였다.[8] 외떨어진 카르파티아의 산악지역에서는 1차세계대전의 영향으로 의적행위가 크게 성했다. 이의 사회적 요인은 이미 올브라하트가 정확하고도 섬세하게 지적했던 바이다.

그러나 이러한 사실이야말로 의적들의 비극을 여지없이 드러내준다. 농민사회는 그들을 위해 싸워줄 투사와 보호자가 필요할 때 의적들을 창조하여 도움을 청한다. 그러나 이미 그때는 의적에게는 농민들을 도와줄 힘이 없다. 의적행위란 미온적이고 비혁명적인 저항이기 때문이다. 의적들은 농민들의 가난함과 억압상태 자체에 대해 저항하고 있는 것이 아니라, 때로 농민들이 지나치게 가난하고 억압받고 있음에 대해 저항하는 것이다. 의적 영웅들은 평등한 세계를 꿈꾸지 않는다. 그들은 단지 과오를 수정하고 때때로 억압에 저항하여 그를 부술 수 있음을 증명할 뿐이다. 더구나 그들은 사르디니아 마을에서 몇몇 사람이 수많은 가축을 소유하게 되고, 그나마 몇가지의 가축을 소유했던 사람들이 결국 빈털터리가 되는 일이 발생했을 때 그것이 무엇을 의미하는지 잘 이해할 수 없다. 칼라브리아의 마을사람들이 미국의 석탄광부가 되고 카르파티아의 산간이 군인들과 총, 그리고 빚으로 그득할 때 의적들은 그것이 왜 그렇게 된 것인지를 이해할 수 없

---

8) 이탈리아 백과사전 중 「Brigantaggio」 참조. 스페인에서도 의적들은 부분적으로 자유무역의 희생자들이었다. 그들의 보호자는 다음과 같이 푸념한다. "보시오, 여기에 밀수로 돈을 벌기 위해 노상강도가 되곤 하는 가난한 이들이 수없이 있소. 그러나 이제는 더 이상 그 짓을 할 수도 없게 되었고, 이 빈민들은 그들이 먹고 살 식량을 어디에서 구해야 되는지조차 모르고 있소."

는 것이다.

의적들이 실제적으로 할 수 있는 일은 고작해야 무법, 살인, 강탈의 아픔으로 전통사회의 전통적 억압에 어떤 한계를 부여하는 것이다. 의적은 이 일조차 충분히 해내지 못하는데, 그것은 몬테레프레레를 한번 관찰해보기만 하면 쉽게 알 수 있다. 더구나 그는 세월이 언제나 평안하면 얼마나 좋을까 하고 꿈꾸는 자에 불과하다. 카르파티아의 농부들은 도브부쉬에 대해 다음과 같이 말한다. "그는 칠년 동안 우리 마을에서 투쟁했다. 그가 살아 있는 동안은 모든 일이 우리에게 유리하게 진행되었었다." 이는 강력한 희망이다. 그리고 그것이야말로 결코 죽지 않는 지난날의 위대하고 정의로운 왕들이 누렸던 초인간적 능력과 불멸성을 의적들에게 부여한, 그리고 그들은 잠자고 있을 뿐이고 다시 돌아올 것이라는 신화가 만들어진 이유이다. 도브부쉬는 그의 매장된 도끼가 매년 양귀비 씨의 숨결에 의해 땅 위로 솟아나려 하는 동안 잠자고 있다. 그리고 마침내 이 도끼가 땅 위로 솟아날 때 또 다른 영웅이, 국민의 친구이고 군주에겐 공포의 존재이며 정의의 투사이자 불의의 복수자가 출현하게 되는 것이다. 독립의 의지를 지닌 소수의 인물들이 거인과 그의 합병야욕에 대항하여 싸웠던 — 필요하다면 세계노련(IWW)처럼 테러에 의해 — 지난날의 미국에서조차 의적 제임스(Jesse James)가 결코 죽지 않았으며 단지 캘리포니아로 가버린 것이라고 믿는 사람들이 있었다. 그들의 투사가 돌이킬 수 없는 죽음을 당했을 때 그들에게 무슨 일이 일어나기 때문일까?[9)]

그래서 의적들은 이해할 수 없는 새로운 힘 앞에선 무기력하다. 기

---

9) Lucarelli, Brigantaggio dopo 1860; '또다른 얘기에 따르면 진정 기이하고도 환상적으로 발라타에서 살해된 사람은 로마노가 아니라 그를 닮은 다른 사람이었다고 한다. 그것은 말하자면 대중의 상상력이 고조되어 로마노상사가 교황의 은총으로 인해 결코 상해받지 않는 불멸의 몸을 지녔다고 생각했던 때문이다. 그리고 가스탈디는 로마노상사가 그 이후 수년동안 마을 근처를 홀로 은밀하게 걸어다니는 것이 목격되었다고 보고하고 있다.'

꺼해야 그는 그것에 대항해 싸워 파괴시키려고 할 수 있을 뿐이다.

> 불의에 복수하기 위해, 군주에게 철퇴를 내리기 위해, 강탈해간 부를 다시 찾기 위해, 불과 칼로써 공동의 선을 멸망시키기 위해, 즉 기쁨과 복수를 위해, 그리고 미래에 대한 경고로서 — 그러나 한편 아마도 그들에 대한 공포 때문에……

이것이 바로 살인의 정당함과 절제를 주장하는 신화의 범위를 벗어나서 의적들이 파괴적이고 거친 행위를 하는 이유이다. 혁명적 시기에 복수는 더 이상 사적인 문제일 수 없으며, 계급간의 문제로 전화한다. 따라서 복수는 피를 요구하며, 폐허에서의 불법행위의 광경은 사람들을 황홀하게 만들 수 있다.[10] 올브라하트가 올바르게 보았듯이 파괴는 결코 허무주의적 방종이 아니다. 파괴는 작고 안정된 농민공동체의 건설을 방해하는 모든 것, 즉 사치품, 정의와 공정한 거래를 가로막는 거대한 적들을 궤멸시키기 위한 무모한 시도이다. 왜냐하면 파괴가 결코 무차별적인 것이 아니기 때문이다. 가난한 이들을 위해 유용한 것은 모두 골고루 나누어진다.[11] 1860년대에 루카니아읍을 정복했던 남부의 의적들은 감옥문을 열고, 문서를 불태우고, 부자들

---

10) Gamal Woolsey의 『Death's Other Kingdom』은 스페인의 어떤 도시에서 상가가 불탈 때 그것이 대중의 심리에 미치는 영향을 잘 묘사하고 있다.

11) "그들은 과학적으로 정리가 잘 된 과수원과 경작농토를 쑥밭으로 만들었고, 과실들을 모두 잘라버렸다. 그러나 이러한 행위는 영주들이 소유한 모든 것에 대한 무조건적인 분노로 인한 것만은 아니었다. 그것은 오히려 계획적인 것이었다. 그들은 모든 영토를 골라 평탄하게 만든 다음 그것을 공평하게 분할하려 한 것이다. 아름다운 화폭과 가구 그리고 온실의 가치에 대해서는 무관심하지만, 농원과 과실 그리고 경작농토의 가치를 잘 알고 있는 이 사람들이 모든 것을 무차별하게 파괴, 방화하고 약탈한 것은 바로 이러한 이유 때문이었다." 1905년 체르니고프의 구베르니아촌락에서 벌어진 약탈에 대해서는 R. Labry, Antout de Moujik (Paris, 1923)을 참조하시오.

의 집을 약탈하여 주민들에게 나누어주면서 마을을 휩쓸었다. 그들은 어쩔 수 없이 거칠고 야만스럽고 영웅주의적으로 행동했던 것이다.

이러한 상황에서 사회운동으로서의 비적행위는 모든 면에서 비능률적이었고 지금도 그러하다. 그 첫째 이유는 효과적인 게릴라 조직화가 불가능하기 때문이다. 비적들은 북부의 정복에 대항하여 봉기한 부르봉조직(이들은 적에 의해 단순한 정치적 파르티잔으로 불려졌지만 순수한 산적이다)의 출범에 성공하였다. 그러나 스페인의 부르봉계 군인인 베르예스(Berjes)가 그들을 효과적인 게릴라 운동으로 만들고자 시도하였을 때 그들은 베르예스에 반대하여 그를 축출했던 것이다. 즉 자발적인 무리의 구조 자체가 보다 야망에 찬 활동을 미리 배제했던 것이다. 루카니아의 39개의 무리는 다가올 몇 년간 그 지역의 불안요소로서 작용할 수는 있었지만 그들의 운명은 이미 정해져 있었다.

둘째 이유는 그들의 이데올로기가 효과적인 저항을 방해한 것이다. 그것은 비적들이 일반적으로 정치적 전통주의자(그들의 충정은 농민들에 대한 것이었다는 점에서)였기 때문은 아니다. 그것은 비적들이 가담하고 있던 전통적 힘이 이미 퇴색할 운명에 처해 있었거나, 아니면 기존의 억압과 새로운 억압이 유착되면서 비적들을 고립시키거나 무력화시켰기 때문이다. 부르봉 왕가는 귀족들의 토지를 농민들에게 분배해주겠다고 약속할 수도 있었지만, 그들은 결코 그렇게 하지 않았다. 그들은 기껏해야 이전에 산적이었던 몇몇 인물들을 군대에 귀속시켜 어떤 임무를 수행하도록 명령했다. 모르면 모르되 아마 그들은 임무를 완수했을 때 배반당하여 살해되었을 것이다. 지울리아노도 마리아가 지배했던 시칠리아 분리주의자들의 군사적 지도자의 임무를 수락했을 때 그가 이해할 수 없었던 정치권력의 노리개감이 되었던 것이다. 한가지 명백한 사실은 지울리아노를 이용하다 배반한 인물들의 시칠리아 독립에 관한 견해가 그와 아주 다르다는 점이다. 지울리아노의 견해는 1947년 포르텔라 델라 지네스트라(Portella della

Ginestra)에서 있었던 노동절 모임 때 대량학살당한 조직화된 농민들의 견해와 매우 일치하고 있었다.

영향력 있는 민중의 투사가 되기 위해서는 의적행위를 그만두지 않을 수 없다. 이것이 바로 근대 로빈훗의 패러독스인 것이다. 그러나 의적들은 실제로 농민봉기를 보조할 수 있었는데, 이는 대중운동이 발발했을 때 마을을 벗어난 지역에서의 효과적인 행동을 위해 근거를 마련하는 것은 광대한 군중보다는 소규모의 무리이기 때문이다.[12] 사실 현존하는 비적의 무리보다 더 뛰어난 특공대 조직이 과연 있겠는가? 그리하여 1925년 비크보스토바의 우크라이나 마을에서 농민운동을 유발한 인물은 크사크 기병 포타펜코(그는 그 두리의 우두머리였다), 농민인 표트르 체레모크와 그의 무리, 그리고 죄로 인해 마을공동체에서 추방되었다가(자발적인 것이었는지, 압력에 의한 것이었는지는 불확실하다)후에 용서받은 두 명의 인물이었다. 다른 마을에서와 마찬가지로 빈민과 토지 없는 농민, 그리고 개인주의자와 토지잠식자들에 대항한 공동체의식을 대변했던 이 소규모 그룹들은 부농(kulak)들의 반혁명에 의해 궤멸되었다.[13] 그러나 이러한 소규모 그룹이 혁명적 농민을 조직화하는 영원한 형태일 수는 없다. 그들은 단지 그러한 그룹이 없었다면 조직화되지 않았을 농민들을 규합한 잠정적인 보조수단이었을 뿐이다.

---

12) 이 결론은 명백히 1830년 영국 노동자들의 봉기에 관한 연구에서 이끌어낸 것이다. 그 봉기에 관해 기록한 유일한 책은 J.L. and B. Hammond의 『The Village Labourer』

13) Labry는 전게서에서 『Istoricheski Vyestnike』(July, 1913)의 「The Agrarian Troubles in the Gubernia of Chernigov in 1905」를 재인용하고 있다. 아홉 명의 농부와 6명의 카자흐인이 살해되었다. 래브리는 이 곳이 미르(러시아의 원시 촌락 공동체)가 강력하게 지속되던 지역의 변방에 위치하고 있었기 때문에, 미르가 급격히 붕괴되고 사적 소유가 빠르게 형성되고 있었다고 정확히 지적했다.

그리하여 『군도(The Robbers)』를 쓴 쉴러처럼 의적을 이상화한 낭만적 시인들은 그들을 실제적인 반란자(rebels)라고 믿어버리는 실수에 빠졌다. 의적들의 파괴성 때문에 그들을 더욱 조직적으로 이상화하고 그들을 자신들의 계획에 이용할 수 있으리라고 믿었던 바쿠닌주의적 무정부주의자들은 자신의 시간뿐만 아니라 농민들의 시간까지도 소비하고 있었던 것이다.[14] 그러나 때때로 그들은 성공하기도 했다. 원초적 농민운동이 그 강력한 의적의 성향으로 무정부주의의 이론과 결합되어 순간적이긴 하였으나 주요한 지역 혁명의 파워를 이루었던 사례도 있다. 그러나 1918~1921년 남부 우크라이나의 '마크노무리' 가 — 우두머리인 마크노의 비정규전에서의 천재적인 활약에도 불구하고 러시아 땅의 궁극적인 권력을 누가 차지하든 — 결국 패배할 것임을 믿지 않는 사람이 있을까?[15]

미래는 정치조직과의 관련에 따라 바뀐다. 농민들의 대의를 위해 투쟁할 새로운 방법을 개발하지 못한 의적들은 농민 개개인이 당하는

---

14) 바쿠닌은 "의적은 항상 민중의 영웅이고 보호자이자 복수자이다. 그는 국가나 사회제도 혹은 시민제도와 결코 화해할 수 없는 적이며, 국가, 귀족정치, 관료제, 그리고 교권의 문화에 대항하여 생사를 무릅쓰고 싸우던 투사이다" 라고 주장했다.

15) 이 운동에 관해 가장 공정한 평가를 내린 학자는 W. H. Chamberlin이다. 다음은 그의 『The Russian Revolution』에서 인용한 것이다. 마크노주의자에 관한 표준적 설명은 P. Arshinov의 설명이다. 마크노 자신의 기억은 — 부록에 인용된 것은 이에서 발췌한 것이다 — 1918년 이전에 국한되는 것 같다. 이 '의적의 성향' 을 무정부주의자들은 강력히 부인하고 볼셰비키 역사가들은 과장하는 편이다. 그러나 이 흥미롭지만 불행히도 그간 무시되어왔던 운동이 보기 드물게 순수한 원초적 형태의 운동임에는 동의한다. 아무튼 이 마크노가 남부 우크라이나의 광대한 지역에 걸쳐 활동하면서도, 다른 원초적 농민 의적들의 두목과 마찬가지로 때때로 굴라이폴리예(Gulaipolye)의 고향에 돌아와 쉬곤 했다는 점은 매우 중요하다. 그는 1884년에서 1934년까지 생존했으며 1921년 이후에는 망명생활을 했다. 그가 무정부주의로 전향한 것은 20대 초반이었다.

것과 마찬가지로 감옥에 수감되거나 아니면 군대에 징집되는 신세가 된다. 그리하여 더 이상 빈민들의 투사일 수 없게 되며 단순한 범죄자나 아니면 지주나 상인계급의 당파의 수하가 되어버린다. 그들에게 미래는 없다. 단지 그들이 목숨 바쳐 투쟁했던 이상과 사람들이 그를 위해 만들어 불렀던 노래만이 화롯가에서 정의로운 사회를 꿈꾸는 이들의 가슴 속에 살아남을 것이다. 그 꿈 속의 투사는 독수리처럼 용맹하고 고귀하며, 산과 깊은 숲의 아들인 숫사슴처럼 날쌔었다고 이야기될 것이다.

〈사회주의 이전 좌익 의적에 관한 보론〉

의적이 정치적 이데올로기를 소유하고 있었던 한, 그것은 지금까지 보아온 것처럼 혁명적 전통주의의 한 형태였다. '교회와 왕' 의 비적은 '교회와 왕' 의 도시폭도에 상응한다. 그러나 의적들은 농민과 강한 유대관계를 지니고 있으며 또한 현재의 당국과는 영원한 적대관계에 있기 때문에 가장 전통주의적인 의적일지라도 다른 반란자나 혁명주의자와 공통된 주장을 — 특히 같이 당국의 탄압을 받는 입장일 때 — 쉽게 펼칠 수 있다. 이에 도나텔로(Carmine Donatello)는 1863년에 다음과 같은 성명을 발표할 수 있었다(A. Lucarelli, Il Brigantaggio Politico delle Puglie depo il 1860, 138).

> 반역자를 추방하고 거지들을 몰아내라. 최고의 종교적 권능을 지닌 나폴리의 정의로운 왕국이여 영원하라. 크리스트 피우 9세의 교구여 번성하라. 우리의 열성적인 공화파 형제들이여 영원하라(즉, 적대관계에 놓여있던 가리발디파와 마찌니파).

온건 자유주의자에 대항하여 공화파와 보수적 부르봉주의자가 연합하는 것은 남부 전역에서 종종 보고된다. 가리발디 자신은 의적들의 도움을 거절하였다. 그리고 이전에 가리발디 군 소속이었던 몇몇 인물은 가리발디의 잘못된 처사로 인하여 사보이와 충돌하게 되면 종종 의적의 두목이 되어버렸다.

그러나 사회주의가 유입되기 이전의 이탈리아에는 명백히 좌익 이데올로기를 가진 의적들 — 쟈코뱅주의자나 카르보나리주의자 그리고 도시 쟈코뱅에 의해 이상시되었던 안지오릴로와 같은 의적 — 이 여럿 있었다. 혹자는 이들이 사회적으로 다소 예외적인 인물이었다는 추측을 해볼 수도 있다. 사실 루카렐리가 묘사한 1815~1818년의 쟈코뱅 — 카르보나로 의적들은, 보통 의적의 출신이 압도적으로 농민, 목축인, 또는 군인(결국 동일한 출신이지만)임에도 불구하고 농민출신이 아니었다. 또 메오마르티노(Geatano Meomartino, 바르다렐리)는 1816년인가 1817년인가에 그의 무리를 이끌고 카르보나리에 가입하였는데, 그는 마구상인이었다. 그리고 데치시(Decisi)종파에 가담한 안니치아리코(Ciro Annicchiarico)는 농촌의 지식인이었다. 그는 농촌 출신이면서 쟈코뱅의 이데올로기를 지닌 목사였으나 그가 나폴레옹 시대에 산에 오른 것은 전혀 비정치적인 이유, 즉 한 여인과의 말다툼 때문이었다. 그는 또한 종교적 계몽주의자로서 천년왕국의 꿈에 젖어 있던 자이다. 지식인이나 마을의 장인계층 인물이(보통 많은 의적을 배출하지 않았던 계층) 보다 근대적인 이데올로기를 획득하는 것은 무지한 염소지기나 궁핍한 농민보다 한결 쉬웠을 것이다. 그러나 현재 구해볼 수 있는 자료가 충분하지 못하고, 또 의적들이 활동했던 시대의 혼란하고 복잡한 정치적 환경을 감안해 볼 때 어떠한 가설도 확고하게 진척시키기 어려운 실정이다.

제 3 장 마피아

I

전장의 의적행위와 본 장에서 논의될 운동 — 그 중 시칠리아의 마피아가 가장 흥미롭고 지속적이다 — 사이에는 견고하고 확실한 연관은 없다. 그러나 두 운동은 모두 지극히 원초적인데, 그것은 운동의 수단이 본래부터 제한되어 있고 또 보다 발달된 운동이 출현하면 순식간에 소멸되어버린다는 특성을 안고 있기 때문이다. 두 운동은 또 전체적으로 적응력이 매우 미약하다. 농민연합, 노동조합, 좌익 정당 등과 같은 근대적 운동이 흥기한 이후에도 이와 같은 운동이 계속 유지되는 경우가 있으나 그 때는 사회운동과는 아주 다른 형태로 나타난다.

마피아적 운동(Mafias, 원문에서는 유사한 모든 운동을 가리키기 위해 편리한대로 복수형태를 취했으나, 역문에서는 문맥에 따라 마피아 혹은 마피아적 운동 등으로 표시했다 ; 역자)은 아주 다양한 특성을 보여준다. 첫째, 마피아적 운동은 특수한 목적이나 계획을 지닌 순수한 의미에서의 사회운동과는 거리가 멀다. 말하자면 마피아적 운동은 그 사회 내에 존재하는 모든 경향이 함께 만나는 장소이다. 그러한 경향은 전통적인 삶의 방식이 위협당했을 때의 전체 사회의 방어, 사회 내의 다양한 계급의 열망, 특히 정력적인 성원 개개인의 열망 등 모든 경향을 망라한다. 따라서 마피아적 운동은 민족운동(마피아가 이 운동의 일종의 씨앗일지도 모른다)처럼 어느 정도 유동적이다. 마피아적 운동의 일반적 특색을 결정하는 것은 칼라브리아에서는 빈민들의 사회적 항쟁, 시칠리아에서는 지방 중산계층의 열망, 그리고 미국에서는 순수한 범죄이다. 그러한 차이는 환경의 차이에서 유래한다.

둘째, 마피아적 운동은 어느 정도 비조직적이다. 때로 최소한 이론상으로는 중앙화된 조직을 갖추거나, 메이슨(Mason, 중세 및 근세 초기 조직을 구성하고 인지의 수단으로서 독특한 신호체계를 갖추었던 숙련석공 계급의 구성원. 공제 및 친교를 목적으로 구성된 비밀결사와 그 구성원을 통칭하는 용어로 전의됨. Fremason과 같이 쓰인다. ; 역주)적 조직의 모델에 따라 고유한 명령과 계급의 계통을 세워놓고 있음은 사실이다. 그러나 가장 관심을 끄는 상황은 시칠리아의 고전적 마피아에서처럼 지방적 수준을 넘어서는 조직은 없으며, 그나마 매우 원초적이라는 점이다.

마피아적 운동은 어떤 조건 하에서 발생하는가? 이 질문은 아주 어렵다. 그러한 운동이 어떻게 발생하는지 혹은 발생해왔는지조차 모르기 때문이다. 이런 종류의 운동 중 근대 유럽에서 어느 정도 기록되고 분석된 유일한 것은 시칠리아의 마피아뿐이다. '범죄조직', '비밀강도 조직', '강도들의 보호처' 등의 항용 듣는 이야기를 제외하면, 다른 지역에서의 운동에 대해 알려진 것은 거의 없다. 우리가 알고 있는 지식으로는 기껏해야 마피아가 발생할 수 있는 상황이 존재했다는 것 — 실제로 발생했는지는 차치하고 — 만을 말할 수 있을 뿐이다.[1] 그러

1) 1870년 경 스페인 코르도바성 내의 범죄 상황에 대한 그 지방 시장의 보고에 의하면, 바에나의 '도적들의 비밀결사', 몬티야의 '도둑결사', 베나메히의 유명한 밀수꾼, 밀집거주지역에 있는 마피아류의 단체, 그리고 뿌리 깊은 관습에 따라 모든 범죄행위가 처벌받지 않는(즉 해결되지 않는) 이스나할의 무언의 반대당 등 여러 단체가 존재하고 있었다고 한다. 나는 이것이 마피아적 상황이라기보다 차라리 전(前)마피아적 상황이라는 브레난 씨의 견해에 동조한다. 5장 안달루시아의 무정부주의 참조.

나 알지 못한다고 그러한 현상이 없었다고 할 수는 없다. 앞으로 살펴보겠지만 남부 칼라브리아에 마피아류의 단체가 있었음은 의심할 여지가 없다. 그러나 칼라브리아나 실렌토(살레르노만의 남단지역)에선 그러한 비밀결사에 대한 소문을 제외하면 지금까지 그에 대한 기록이 전혀 없는 것 같다.[2] 대부분 문맹인 시골사람들로 구성된 비밀결사는 사람 눈에 띄지 않게 활동한다. 중산계급의 도시인들은 저급한 하층계급의 생활에 대해 거의 관심이 없으며, 보통 지극히 경멸했다. 따라서 현재 할 수 있는 일은 마피아로 알려진 한두 사례를 집중분석함으로써 지금까지 조사되지 않은 지역의 상황에 보탬이 되도록 하는 것뿐이다.

마피아는 사람들이 생각하는 만큼 잘 알려져 있지는 않다. 비록 그 존재에 대한 의문의 여지가 없고, 많은 문헌의 유용한 묘사와 분석[3]

---

2) 칼라브리아에 있는 카모라에 대한 자료를 보면 전적으로 도시 부랑배의 조직만을 다루고 있으며, 농촌의 그러한 조직에 관해서는 전혀 주목하지 않았던 듯싶다. 이러한 현상에 관해 누구보다 열성적으로 관심을 가졌던 사람은 이탈리아의 실증주의 범죄학자 롬브로소이다. 그는 칼라브리아에 '정신의학 자료실'을 차린 장본인이다.

3) 시칠리아에서 가졌던 몇몇 대담 외에 본서에서 참조한 주요 자료는 다음과 같다.

Calajanni N., La Delinquenza in Sicilia, 1885.

———, La Sicilia dai Borboni ai Sabaudi, 1900.

Cutrera A., La Mafia ed i Mafiosi, 1900.

Alongi G., La Maffia, 1887.

Montalbane G., 「La Mafia」in Nuovi Argomenti, Nov.~Dec., 1953.

또, 시칠리아의 사회 경제적 조건에 관해 안내역할을 해줄 표준적 도서로는 L. Franchetti의 Condizioni Politiche e Amministrative della Sicilia(1887)이 가장 알맞고, Giornale degli Economisti(1900)에 수록된 G. Mosca의 여러 논문과 Encyclopedia of Social Sciences도 참조할 만하다. 마피아에 관해 가장 민감한 학문적 연구성과가 많이 나온 시기는 1880년에서 1910년 사이이다. 보다 근대적 분석이 비교적 부족한 것은 몹시 안타까운 일이다.

이 있다고는 하지만 일반적으로 마피아에 대한 대중의 지식은 매우 혼란스럽다. 이는 부분적으로는 저널리즘이 꾸며낸 허황된 이야기 때문이기도 하고, '피에드몽인(Piedmontese)이나 롬바르드인(Lombard)에게 시칠리아의 범죄로 여겨지는 것이 사실은 전혀 다른 사회 즉 반봉건사회(半封建社會)의 관습' 임을 알지 못하기 때문이기도 하다. 그러므로 일단 알고 있는 것을 요약해보는 것이 좋을 듯싶다.

마피아라는 단어는 여기서 몇가지 구분되는 의미를 지니고 있다. 첫째, 그것은 국가 및 법에 대한 일반적 태도를 의미한다. 그 태도는 공립학교 학생들이 교장선생님을 대하는 태도와 유사하며, 반드시 범죄적인 것은 아니다 마피아의 구성원은 개인적인 문젯거리로 국가나 법에 호소하지 않는다. 그는 강인함과 용기로 명성을 얻음으로써 존경과 안전을 확보하며, 투쟁에 의해 분쟁을 해결했다. 그는 명예와 사내다움(omert)이라는 규약 이외에는 어떤 의무에도 구속받지 않았는데, 그 규약의 중 항목은 공공 당국에 결코 정보를 제공하지 않는 것이었다. 달리 말하자면 마피아란 유효한 공공법규가 없는 사회에서, 혹은 시민들이 당국을 부분적이거나 전체적으로 적대시하거나(예컨대 감옥이나 지하세계에서), 실제로 중요한 규율을 전혀 인정하지 않는(예컨대 학교에서), 혹은 두 태도가 결합되어 기존질서를 바라보는 사회에서 발달되는 행동규약의 일종이다. 그러나 이러한 규약을 봉건주의나 귀족주의적 덕목과 연결시켜 생각해서는 안 된다. 가장 완전하고 구속력 있는 마피아 규율은 팔레르모 슬럼가의 포주(souteneurs)나 소수 폭력배 등 사이에서 발견된다. 이들이 놓여 있는 상황은 거의 무법천지에 가까웠고, 달리 표현하자면 개인과 소그룹과의 관계가 군주 권력간의 관계와 같은 차라리 홉스식이 국가와 같았기에 규율의 엄격함이 더했다. 섬의 봉건적 지역에서 '사내다움' 이란 단순히 유약하게 패배당한 자를 탄핵하는 것이 허용될 수 있음을 의미할 뿐이라는 정확한 분석도 있다. 기성의 권력구조가 있는 곳에서 명예란 힘있는 자의 전유물일 뿐이다.

무법사회에서는 난맥상을 보이는 경쟁 단위그룹들에게 권력이 분산되는 경우는 거의 없으며, 그 지방의 가장 강력한 세력에게 권력이 집중된다. 그 전형적인 형태는 후견(patronage)이며, 권력을 지닌 전형적 인물은 드러나지 않은 거부이거나 보스이다. 이들은 주변에 가신과 부하와 영향력 있는 망조직을 소유하고 있으며, 많은 인물들을 그 힘의 그늘 속에서 보호하게 된다.

마피아의 두 번째 의미는 이 후견과 거의 비슷하지만, 후견자보다는 그와 가신(retainer, 하부마피아)간의 관계를 의미하는 경향이 있다. 이러한 조직 중 몇몇 형태는 확실히 봉건적인데, 특히 내륙의 라티푼디움에서 그러하다. 시칠리아에서는 봉건적 형태의 충성이 그러한 조직의 형성에 크게 영향을 미쳤을 것이다(시칠리아에선 봉건적 관계가 공식적으로 폐지되지 않았다. 오늘날에도 농부들의 마차 측면에 그려진 기사와 사라센인의 전투 장면에 그 상징이 살아남아 있다). 그러나 이는 크게 중요하지는 않은 점이다. 그것은 가신과 후견자의 관계는 어떤 봉건적 전통 없이도 발생할 수 있기 때문이다. 시칠리아에서 특징적인 것은 그 러한 후견관계가 상당히 광범하게 퍼져 있었고, 다른 견실한 권력 형태가 실제로 없었다는 점이다.

마피아의 셋째 의미는 가장 일반적으로 사용되지만, 두 번째 의미와 구별하는 것이 쉽지는 않다. 즉 마피아는 비밀스런 — 혹은 차라리 공개적으로 알려져 있지 않은 — 갱조직이 공동체의 삶을 통제하는 것을 의미한다. 그러나 우리가 아는 한 이런 유형의 마피아는 나폴리의 카모라(Cammora, 본장 보론 참조)처럼 중앙집권적 조직(물론 중앙집권의 정도에 대한 의견은 여러 가지지만)[4]을 갖춘 단일한 비밀결사는 아

---

4) 미국의 신문기자 Reid는 그가 편집한 『Mafia』(New York, 1952)에서 중앙집권론을 주장했는데 이는 무시해도 좋다. 왜냐하면 이 책은 의원 Kefauver 씨의 범죄조사(이는 마피아를 상당히 격렬하게 고발하고 있다)로 인해 대중의

니었다. 1931년 팔레르모 지사의 보고는 이 상황을 잘 설명하고 있다.

> 작은 지방의 조직들이 이 지역과 인근 코뮌에서 사법권을 행사하고 있다. 중요 중심지의 단체들은 상호 협조·보조하면서 심지어는 멀리 떨어진 지역과도 관련을 갖고 있다.

사실 근본적으로 출발부터 농촌의 현상이면서, 그리고 19세기의 전달체계로서 과연 중앙집중이 이루어질 수 있는지 이해하기 어렵다. 마피아는 차라리 2~3개의 때로는 좀더 큰 지방갱들(cosche, 오늘날 이들은 가족들로 불리운다)의 조직망이었는데, 각각 코뮌이나 라티훈디움의 영역을 지배하면서 여러 방식으로 서로 연결되어 있었다. 각 지방갱(cosca)은 자신의 영역에서만 활동하지만 때로 활동대상이 이동할 때 그 이동 지역의 갱들은 서로 협력하였다. 수확기 노동자의 이동, 그리고 라티훈디움과 도시 법률가의 연계, 가축시장 모임, 정기시장 등은 각 지방 조직 간의 연결을 가능하게 해주었다.

조직의 구성원들은 비밀 신호나 암호보다는 태도, 옷차림, 말투, 행동에 의해 서로를 알아보았다. 직업적인 강인함과 사내다움, 직업적인 기생생활, 탈법행위 등에 의해 그들의 행동은 특수해지는데, 이는 무법사회에서 늑대의 힘으로 양떼 — 또한 사자조차 — 를 강압하여 그들을 무리에서 떼어놓기 위한 것이다. 만쪼니의 『약혼(Betrothed)』에 나오는 용맹한 자들(bravi)은 2세기 반 이후 시칠리아의 건달들(picciotti)과 비슷한 옷차림으로 행동하고 있다. 한편 각 갱들은 1870년대에 매우 표준화된 입사의례(入社儀禮)와 암호를 가졌었는데 이는 그 뒤에 퇴락한 것 같다. 쿠트레라가 주장하듯 그러한 의례와 암호가 밀라쪼 감옥 안에서 오랫동안 발전되어 『의적 파스칼라 브

관심이 크게 고조된 것을 기화로 잽싸게 출판되었으며, 시칠리아 문제에 관해 형편없이 졸렬한 지식을 드러내고 있기 때문이다.

루노의 삶과 용감한 행동』같은 문학 작품이나 노래를 통해 널리 알려졌는지는 확실치 않다. 그러나 그것이 지중해변의 오래된 혈맹 비밀결사의 의례임은 분명하다. 중심적인 의례는 — 보통 감옥처럼 불가능한 곳을 제외하고는 성상(聖像) 앞에서 수행된다 — 신참후보자의 엄지를 찔러 피를 뽑아내어 성상의 여러 곳에 칠한 다음 그것을 불태워버리는 것이었다. 이 중 마지막 행위는 금기를 의식적으로 파괴함으로써 신참자의 동지의식을 강화시키기 위한 것이었을 것이다. 또 예수 그리스도의 성상 앞에서 피스톨을 불태우는 행동이 포함된 의식이 있었음도 보고되어 있다.

일단 입사식을 치르고 나면 마피아의 구성원은 공통대부(compadre)가 된다. 이는 관계 조직에 서로 협력한다는 가장 위대하고도 엄숙한 의무가 포함된 인위적 혈족관계의 형태로서 지중해변의 다른 지역과 마찬가지로 시칠리아에서 보이는 특징이다. 암호 또한 표준화되었던 듯싶다. 그러나 이것으로써 조직의 중앙집중을 증명할 수는 없다. 카모라(시칠리아와 연결이 없는 순수한 나폴리의 조직)에도 또한 이와 유사한 혈맹 비밀결사의 입사의례가 있었기 때문이다.

마피아의 각 그룹이 비록 표준화되기는 했어도 이 의례를 그들의 은밀한 결합을 상징하는 것으로 간주했었음은 우리가 아는 한 분명하다. 그것은 마치 어린아이들이 자신들만의 언어로써 표준화된 형태의 은어를 사용하는 것과 유사하다. 마피아가 거의 국가와 대등한 영향력을 행사했음은 있음직한 일이다. 그리고 그 중심적인 지역은 팔레르모였을 것이다. 그러나 앞으로 살펴볼 것처럼 이러한 마피아의 중앙집중화는 범죄적인 계획에 의한 것이 아니라, 시칠리아의 경제적 정치적 구조와 그 진화과정의 반영이었다.[5)]

---

5) 미국 이민자 사이의 마피아가 고향에서보다 훨씬 중앙집중되었으리라는 추측은 그럴 듯하다. 그것은 보다 좁은 통로를 통해 미국으로 수입되어져, 빤한 대도시에 정착했기 때문이다. 그러나 본서에서는 이를 더 상세히 다루지 않는

비록 가끔 이상한 공생관계가 되긴 하지만 마피아(세 가지 의미에서 모두)는 부르봉통치지역(부르봉 왕가는 1815~1860 시칠리아를 통치했다 ; 역주)이나 피에드몬트주의 법규 저변에서 그와 대등한 법과 조직력을 행사하였다. 그것은 마피아의 영향 하에 있는 지역의 시민들에게는 유일하게 효력있는 법과 힘이었다. 공식 정부가 효율적인 통치를 할 수 없었던 시칠리아와 같은 지역에서 그러한 조직이 출현한 것은 무법천지였던 미국의 몇몇 지역에서 갱의 법률이나 아니면 사립 민병대나 경호원이 출현한 것과 마찬가지로 불가피한 것이었다. 시칠리아가 미국과 다른 것은 법률과 대등한 힘을 행사한 이러한 사조직이 광범위한 지역과의 유대를 확보하고 있었다는 점이다.

그러나 시칠리아의 모든 지역에서 그와 똑같은 조직을 필요로 한 것은 아니었기 때문에 그것은 보편적인 현상일 수 없었다. 예컨대 어부와 선원들은 '사내다움' 의 규약을 발전시키지 않았으며 — 암흑가는 차치하고 — 비적들에게 짓밟히거나 말라리아가 퍼져 텅 비어 버린 곳에 살던 농민들의 세계가 아니라 실제적인 도시에서 그 규약은 미미하게 발전되었다. 사실 도시의 장인들은 특히 혁명기에는 — 1793년과 1820~1821년의 팔레르모에서처럼 — 자체의 민병단을 조직하는 경향이 있다. 이 민병단은 1848년 이후 그 혁명적 가능성을 두려워한 지배계급의 연합세력이 그들에게 사회적으로 보다 안정된 국방의 책임을 떠맡기고 궁극적으로 경찰과 마피아조직의 연합을 강요할 때까지 지속되었다.

내륙의 광대한 라티훈디움의 농민들이나 유황광 광부들은 간헐적인 소요 외에도 자신들의 비참함을 완화시킬 몇가지 수단을 필요로 하였다. 또 어떤 것이건 자산을 소유한 자들에겐 — 한적한 시칠리아의 목장에선 아리조나에서처럼 쉽게 가축을 도둑맞고, 돌보는 이 없는 해변가 과수원의 오렌지와 레몬은 도둑의 손길에 방치되어 있다

다.

— 그것을 보호하는 것이 긴요하였다. 마피아는 정확히 이런 류의 세 지역에서 발전하였다. 마피아는 비옥한 소작지가 산재되어 있는 팔레르모 주변의 관개 잘된 과일농장, 남부중앙의 유황광산지역, 그리고 내륙의 광활한 라티훈디아를 지배하였다. 이 지역 밖에서 마피아는 다소 미약하였고 섬의 동쪽 지역에선 거의 발생하지 않았던 것 같다.

마피아의 제도가 낡은 것으로 보인다고 해서 그것을 아주 먼 옛날의 것으로 믿는 것은 잘못이다. 그 제도들은 영국의 정치생활의 가장 무도회나 공립학교처럼 근대적인 목적을 위해 최근에(비록 오래되거나 고대적인 외형을 지녔다고 하더라도)출현한 것이다. 마피아는 중세의 제도가 아니라 19세기와 20세기의 제도이며 그 최전성기는 1890년 이후에 펼쳐진다. 시칠리아의 농민들이 전 역사에 걸쳐 멀리 떨어진 그리고 주로 외래 세력인 중앙정부와 지방 봉건 영주라는 2중의 제도 아래서 노예생활을 해왔음은 의심의 여지가 없다. 특히 라티훈디움 지역에선 더욱 극심하였다. 그러나 농민들은 중앙정부를 결코 실질적 국가로 인정하지 않았으며 그러할 수도 없었다. 그들의 눈에 중앙정부란 단지 특수한 형태의 강도짓으로 비쳤던 것이다. 중앙정부의 군인, 세리, 경찰, 그리고 법률은 수시로 농민들을 괴롭혔을 뿐이다. 무지하고 고립된 농민들은 영주와 그에 기생하는 자들의 강대한 폭력 앞에서 자신들의 고유한 방어책으로 맞서며 살아왔다. 따라서 모든 후미진 농촌지역에서 그러하듯 어떤 '대등체계'가 존재했었음에 틀림없다.

그러나 이러한 토양 속에서 마피아가 탄생한 것은 틀림없지만, 이것이 곧 마피아는 아니다. 사실 완전한 의미로서의 마피아는 1860년 이후에나 발달된 것 같다. 근대적 의미를 내포한 마피아라는 단어는 1860년대 초반이 되도록 나타나지 않았으며 그 이전에는 어떤 경우에도 팔레르모의 한 구역의 은어로서만 사용되었었다. 마피아의 온상 서부 시칠리아 출신의 한 지방사가는 1860년 이전 그의 지방에서 어떤 흔적도 발견하지 못하고 있다. 반면 1860년이 되면 이 단어는 마지오라니(Maggiofani)에 의해 이미 당연한 것으로서 사용되고 있으며, 1870년대가 되면 정치토론에서 자주 거론되는 시사문제였다.

주로 팔레르모 지방 안의 몇몇 지역에서 그 이전에도 꽤 발달된 마피아류의 흐름이 있었음은 분명하다. 몬레알레의 두목 미첼리(Salvador Miceli)의 생애는 가장 전형적인 마피아의 생애였음에 틀림없다. 그는 1848년 부르봉과 싸우기 위해 팔레르모에 그의 무장 군대(squadre)를 파견했고, 사면된 후 1850년대에는 그들 군인의 대장이 되었으며(특이한 점이다), 1860년에는 그의 군대를 가리발디에게 데리고 갔다. 그리고 1866년 팔레르모봉기 대에 피에드몽군과 싸우다 전사했다. 이 몬레알레의 마피아는 1872년에 이르러 '노장마피아'에 대항한 '소장마피아'의 국지적 반란 — 그 조직을 약화시키려는 경찰의 도움을 받은 — 이 최초로 일어날 정도로 발달되었으며, 스토파글리에리(Stoppaglieri)의 종파가 발생한 지역이 되기도 했다. 그러나 시칠리아에서는 봉건제도가 공식적으로 폐지되고(1812~1838), 특히 북부 중산계급이 침투한 이래 전통적인 '대등체계'에는 어떤 근본적인 변화가 발생하였다. 도대체 그것은 무엇이었던가? 이 문제에 대답하려면 보다 발전된 마피아의 구성과 그 구조를 살펴보지 않으면 안 된다.

첫 번째이자 가장 중요한 특징은 지방 마피아의 수뇌 모두가 이전에 내륙 지방에서 봉건주의자였으며, 압도적으로 중간계급 출신인 자본주의적 농장주, 청부인, 법률가 등의 부호였다는 점이다. 이에 대한 증거는 결정적이다. 마피아가 무엇보다 농촌 현상이었던 이래 이는 본질적으로 혁명을 배태하고 있었다. 왜냐하면 19세기 중엽 시칠리아에서 부르죠아 계급이 소유한 농지는 모두 해야 경작지의 10%에 불과했기 때문이다. 마피아 중심세력은 부유한 중간계급(gabellotti)이었는데, 이들은 봉건 부재지주에게 전토지에 대해 총괄적인 임대료를 지불하고, 이에 이익을 붙여 다시 농민들에게 소작을 놓았으며, 실제적인 지배계급이 되었다. 마피아 지역에서 그들은 모두가 마피아의 구성원이었던 것 같다. 마피아의 발흥은 '대등체계' 에 있어서의 힘의 이전, 즉 봉건계급에서 농촌 중간계급으로의 권력이전을 보여주며, 이는 농촌자본주의의 발생에 있어 중요한 사건이 된다. 동시에 마피아는 이러한 권력이전을 추진한 주요세력의 하나였다. 그것은 중간계급이 마피아를 이용하여 소작인뿐만 아니라 부재지주에 대한 그들의 입장을 유리하게 만들려 했기 때문이다.

마피아는 지방 상인계급과 제휴함으로써 광범위한 일련의 영향력을 지니게 되었다. 그것은 마피아가 그 활동이 소속 지방에 머물렀던 '거친 인물' 들의 조직이었다면 결코 얻을 수 없는 것이었다. 대부분의 중간계급은 팔레르모의 부재지주와 연결되어 있었는데, 왕자나 남작들은 팔레르모에 앉아서 임대료나 소작료를 받고 있었다. 이는 18세기 아일랜드에서 거의 모든 마을이 더블린과 연결되어 있던 상황과 비슷하다. 팔레르모에는 주요한 재산이전의 문제(교양 없는 농촌 부르죠아의 자식들과 관련된)를 해결해주는 법률가, 그 성격상 고정거주자인 관리들과 재판관, 그리고 재래옥수수, 가축 및 오렌지나 레몬 같은 새로운 곡물을 처리하는 상인들이 살았다. 팔레르모는 전통적으로 시칠리아의 혁명(즉, 시칠리아의 정치에 관한 근본적 결정)이 이루어지는 중심지였다. 따라서 마피아의 지방조직이 팔레르모의 중앙세력과 연결되어 있었음은 당연하다. 그러나 팔레르모에 '중앙마피아조직(high Mafia)' 이 실존했다는 주장은 추측에 불과할 뿐 확실한 증거가 있는 것은 아니다.

'대등체계' 를 강력히 유지시키는 수단은 그 정치적, 법률적 구조만큼이나 일정한 형태가 없으며 중앙집권화되지 못했다. 그러나 소리없이 내부와 외부에 대한 영향력을 확보하려는, 즉 지방주민의 통제와, 외국정부를 괴롭히려는 목적은 충분히 이룰 수 있었다. 이 구조를 간단명료하게 설명하는 것은 쉽지 않다. 시칠리아와 같이 가난과 억압이 만연한 사회에는 매춘의 가능성만큼이나 세력가가 존재할 광범하고도 잠재적인 기반이 있다. 깡패짓과 탈법행위 외엔 농노제도의 속박에서 벗어날 개인적 방법이 없다. 시칠리아에서 이 거대한 계급은 세 부류로 구성되어 있다. 가신 및 개인적 경찰세력(과수원과 농장을 지키던 세력), 비적 및 전문적 탈법자들, 합법적 노동자 중에서 자위능력이 있는 강한 인물들이 그들이다. 농민이나 광부가 가해지는 억압을 완화시킬 수 있는 최고의 기회는 강한 자가 되거나 강한 자의 친구가 되는 것이었음은 유념할 만하다. 보통 이런 자들이 만나는 장소는 완력가나 위험인물을 고용하고 탈법자를 보호해주는 지방세력가의 주변이다. 이들은 그렇게 함으로써 자신의 세력을 과시하여 명성을 유지했다. 이리하여 재산경비세력, 염소지기, 비적, 깡패 및 완력가와 지방의 자산소유자가 얽힌 지방조직이 이미 존재하였던 것이다.

이러한 조직이 마피아로 전환한 데에는 거의 확실한 두 가지 이유가 있다. 그 첫 번째 이유는 연약한 부르봉권력이 무장회사(Armed Company)를 세우려 했던 것이다. 그러나 이것은 약체정부가 공공안전의 유지를 사적 기업에 넘겨주고, 재정손실을 우려하여 성급하게 서둘렀기 때문에 다른 많은 시도처럼 실패하고 말았다. 여러 지역에서 독립적으로 세워진 무장회사는 도둑이나 강도가 탈취해간 물품을 되찾아줄 책임을 지고 있었다. 따라서 시칠리아의 상황 하에서 이들 회사들에게는 약속된 지역 외에서는 어디서나 강도짓을 하도록 지방의 건달들(badman, affranchi)을 충동질하거나, 도둑맞은 물품을 돌려받기 위해 그들과 개인적으로 협상할 강력한 조건이 주어진 셈이다. 이는 무장회사가 범죄에 실제로 가담한 것과 별 차이가 없었다. 왜냐하면 그들 또한 도적들과 똑같이 건달들로 구성되었기 때문이다.

둘째 이유는 특히 봉건제도의 폐지 이후 농민과 도시빈민들의 불만이 위협적으로 증가했던 점이다. 봉건제도의 폐지는 보통 농민들에게 무거운 짐을 지게 하였으며, 더구나 도시 중간계급과의 계속되는 투쟁에 휘말리게 하였다. 그것은 중간계급이 공유지 및 교회토지를 전유하려고 기도했기 때문이었다. 놀랄 정도로 혁명이 빈발했던(46년간 4~5번)시대에 부자들이 자신의 재산을 방어하기 위해 가신을 충원하거나, 걷잡을 수 없는 혁명에 대처하기 위해 달리 속셈을 하게 되는 것은 당연한 일이었다. 이리하여 농촌 부자들은 건달과 연합하게 되는데 사실 마피아에게 이만큼 좋은 일거리는 없었다.

마피아, 건달 및 가신과 비적들 사이의 관계는 다소 복잡하였다. 자산을 소유한 마피아의 두목이 강제적 목적을 위해 무장단체를 유지하는 것엔 관심을 가졌어도 범죄에는 관심이 없었기 때문이다. 반면 가신들에겐 개인적인 이득을 위한 어느 정도의 부정이 허용되어야 했다. 비적들은 항상 몹시 골치아픈 존재였지만 때때로 거물 세력가의 힘을 강화시키는 데 이용되기도 했다. 예컨대 비적 지울리아노는 1947년 농민들의 노동절 시가행진에 발포하라는 요청을 받았는데, 그것은 알려지고 있는 사건의 처리를 주재한 영향력 있는 팔레르모인의 이름으로 된 것이었다. 그러나 중앙 정부 조직이 없었기 때문에 비적 행위는 근절될 수 없었다. 그리하여 마피아는 전형적인 특유의 타협책을 갖고 있었는데, 그것은 비적들에게 한정된 범위 내에서의 강도 행위의 지역적 독점(이는 종종 그 세력을 노출시켜 힘을 약화시키기 위해 제도화 되곤 했다)을 허용하는 것과 암상인의 제거였다. 팔레르모에서 오렌지를 재배하는 사람이라면 과수원 경비원을 고용해야만 했다. 그가 부유한 자라면 때때로 건달조직의 유지비용을 기부해야만 했다. 대신 그가 물건을 도둑맞았을 경우 마피아에 특별히 호감을 산 자가 아니라면 1%를 빼고 돌려받았다. 그러나 사사로운 절도는 이에 해당되지 않았다.[6]

---

6) 마피아에 관한 가장 보편적인 오해의 하나는 — Mori 지사의 『Last Battle of the Mafia』나 Guercio의 『Sicily』초판과 같은 책에서의 견해가 가장 대표적인 — 마피아와 비적을 혼동하여 생긴 것이다. 마피아는 사적 수단을 통해

마피아의 군사편성은 충성스럽고 종속적인 가신과 전투 시에 사적인 이득을 취하는 인물들이 혼합되어 이루어진다. 전쟁이 일어나면 지방의 세력가는 주로 지방의 갱으로 구성된 군대를 편성한다. 건달들도 이 군대에 가담하는데, 그들은 때로는 그의 후견자의 뒤를 따르기 위해(마피아 두목의 영향력이 클수록 군대는 대규모화한다), 또는 그들에게 주어진 개인적 명예 획득의 유일한 통로 즉 용감성과 파괴성 등을 유감없이 발휘하기 위하여 군에 가담한다. 그러나 가장 중요한 요인은 역시 전쟁이 곧 이득을 의미한다는 점이다. 주요한 혁명의 시기에 마피아의 두목들은 일당 4타리(tari)와 무기 및 탄약의 유혹으로 팔레르모의 자유분방한 건달들을 모집했다. 특히 임금의 약속(전쟁 시의 다른 도둑질은 말할 것도 없고)은 군대의 규모를 크게 확장시킨 요인이었다.

Ⅱ

그러한 것이 바로 마피아의 '대등체계'였다. 그것이 누군가에 의해 시칠리아인들에게 강요된 것이었다고 할 수는 없다. 어떤 면에서 그것은 농촌의 모든 계급의 필요에 따라 생겨났으며, 여러 면에서 모든 계급의 목적에 이바지하였다. 그것은 연약한 농민과 광부들을 위하여 그들 사이의 의무가 지켜질 것이며 일반적인 억압의 정도를 넘어서지 않도록 하겠다는 보장을 했다. 그것은 전통적 폭정을 완화시키는 테러였다. 또한 가끔 부자들의 돈을 털고, 비록 탈법행위이긴 하지만 빈민들이 저항할 수 있도록 함으로써 복수의 갈망을 충족시켰다. 어떤 경우엔 혁명적 단체나 방어단체의 근간을 이루기도 했다(어쨌든 1870

공공질서를 유지하나, 비적은 넓게 말하자면 마피아가 대중을 그로부터 보호해준다.

년대에는 우애조합, 화바라 광산촌의 프라텔란차와 같은 마피아류의 단체, 그리고 바게리아의 프라투치나 몬레아레의 스토파글리에리 같은 단체들이 융합되는 경향이 있었던 것 같다).[7)]

이 대등체계는 봉건영주에게는 재산 및 권위를 보호하는 수단이었고, 중간계급에게는 그것을 얻는 수단이었다. 그럼에도 불구하고 그것은 외래의 착취자(부르봉이나 피에드몽 정부)에 대항하는 방어수단을 제공하였고, 국가적·지역적 자기주장을 펼치는 수단이 되었다. 시칠리아가 외래의 지배에 종속된 정체된 봉건사회에 불과했던 한, 마피아는 타협을 모르는 국가적 모의단체로서의 특성으로 인하여 순수하게 대중적인 지반을 갖고 있었다. 1820, 1848, 1860년에 마피아 부대는 팔레르모의 자유주의자들(반부르봉적인 시칠리아의 귀족층을 포함한)과 투쟁하였다. 그들은 북부 자본주의의 지배에 대항하여 처음으로 큰 봉기를 일으켰다. 그것의 국가적이고 어느 정도 대중적인 특성은 마피아의 명성을 드높였고, 대중의 암묵적인 동조를 보장했다. 명백히 마피아는 상호모순된 요소들을 포함한 복합적 운동이었다. 그럼에도 불구하고 역사가들은 아무리 지루한 일이라 하더라도 이 단계의 마피아를 보다 자세하게 정리하려는 유혹에 빠져서는 안 된다. 단 혁명군에 참가했던 젊은 청년들은 실제로는 마피아가 아니었고, 부자들의 전문화된 사병집단만이 실제의 마피아라는 몬탈베인(Montalbane)의 주장에 동의할 수는 없다. 그것은 20세기의 마피아를 바라보는 시각일 뿐이며 이 시기의 마피아에 대한 적절한 설명일 수 없다.

사실 마피아는 1860년대 이탈리아의 통일을 저어하는 세력에 대한 지역적 반란으로서, 그리고 이탈리아 남부 대륙에서 비슷한 시기에 비적들이 벌인 유사한 게릴라전보다 훨씬 효과적인 운동으로서 주요

7) 1870년대 이러한 단체들의 발생이 구마피아적 요소에 대한 젊은 세력의 반란을 통해서만 해석될 수 있는지는 단언하기 어렵다. 돈탈베인은 그와 같이 주장하지만, 그 주장이 어느 정도 들어맞는 곳은 몬레아레뿐이다.

한 권력을 장악하기 시작했다고 추측된다. 마피아는 정치적으로 극좌파와 연결되어 있었는데, 그것은 가리발디의 급진파가 이탈리아의 주요한 저항세력이었기 때문이다. 그럼에도 마피아는 다음과 같은 세 가지 이유로 인하여 그 성격이 크게 변모된다.

첫째, 이 섬사회에 자본주의적 관계가 발생하였다. 비밀스런 음모와 증오 그리고 간간이 벌어졌던 학살극의 와중을 뚫고 형성된 근대적 형태의 농민 노동자정부는 마피아를 전례없는 변화에 직면케 하였다. 무장하여 당국과 전투를 벌인 마지막 해는 1866년이었다. 1894년의 대농민봉기 때 — 시칠리아의 파시 — 마피아는 반동적인 성격의 운동으로 혹은 기껏해야 중립적인 성격의 운동으로 간주되었다. 이 농민봉기는 지역의 건달들과는 전혀 상관없이, 새로운 형태의 조직, 즉 파시(Fasci, 단체, 전체 등을 나타내는 이탈리아어로서 본서에는 농민연합조직. 본서 6장 참조 ; 역주)나 상호방위결사 등의 조직과 연결된 새로운 형태의 지도자(지방 사회주의자)에 의해 주도되었다. 마피아의 세력과 혁명적 활동 사이의 반비례 현상이 나타나기 시작한 것이다. 파시의 출현은 농민에 대한 마피아의 지배를 약화시켰다. 1900년이 되면 사회주의의 근거지 피아나 데이 그레시(Piana dei Greci)는 마피아의 거점에 포위된 상태인긴 하지만 이전보다 훨씬 덜 간섭을 당하였다.[8] 비적이나 마피아는 정치적으로 무력하고 후진적인 공동체에서

---

8) 쿠트레라가 그리는 마피아 분포도는 더할 나위 없이 귀중한 자료이다. 피아나는 농민조직에 적응하는 속도가 느리긴 했지만 1893년 파시의 강렬한 근거지가 되었으며 그 이후로는 사회주의(후에 공산주의)의 거점이 된다. 피아나가 이전에 마피아의 영향권 하에 있었음은 미국 뉴오를레안즈의 마피아 역사를 살펴 보면 대강 추측이 된다. 그 곳에는 1880년대에 시칠리아 이민이 도착했는데 그들 중에 피아나에 많던 알바니아 계열은 Schiro, Loyacano, Matranga 등의 성을 가진 인물들이 강력한 선발대 역할을 했었다. 마트란가 집안 — 스토파글리에리의 멤버 — 은 부두의 밀수를 장악하고 있었고, 1893년 뉴오를레안즈 마피아 사건 시에 크게 두각을 나타냈다. 그 집안은 그 후에

특히 사회운동을 일으킨다. 그러나 몇 지역에서의 그러한 퇴조에도 불구하고 마피아는 이 시기 동안 대체적으로 시칠리아 서부지역에서 그 세력을 확장시키고 있었다. 1884년과 1910년의 의회 조사를 비교해보면 그러한 점이 확연히 눈에 뜨인다.

둘째, 시칠리아 농촌 지역의 새로운 지배자, 즉 부유한 중간계급과 도시에 있는 그들의 협력자들이 북부의 자본주의적 생활양식(modus vivendi)에 눈뜨기 시작했다. 그들은 북부의 자본주의와 경쟁하지 않았다. 그것은 그들이 제조공업에는 전혀 관심을 갖지 않았고, 또 오렌지를 비롯한 주요 산물이 북부에서 거의 생산되지 않았던 때문이다. 따라서 남부를 무역과 제조공업을 주로 하는 북부의 농업식민지로 변형시키는 일은 그들에게 그다지 큰 어려운 일이 아니었다. 반면에 북부의 정치적 발전은 그들에게 권력 획득에 전례없이 귀중한 수단, 즉 투표권을 제공하였다. 마피아 권력의 최전성기는 — 비록 그 쇠퇴를 잉태한 시기이긴 하였지만 — 이탈리아 정치에서 자유주의의 승리와 더불어 시작되었으며, 선거권의 확대와 더불어 발전하였다.

북부 정치인들의 관점에서 볼 때 통일이후의 보수적 시기가 종말을 고한 뒤 남부의 문제는 단순하였다. 선거에서의 승리를 보장할 수 있는 지방 보스에게 충분한 뇌물과 특혜를 주는 정권은 남부에서 안정된 다수표를 얻을 수 있었다. 마피아에게 이런 일은 어린아이의 장난만큼이나 손쉬운 일이었다. 그들의 후보자는 거의 언제나 그 근거지에서 만장일치로 선출되었다. 그러나 북부인의 관점에서 볼 때는 아주 적은 뇌물과 수혜로도 시칠리아의 반 정도의 지역에서 커다란 효

도 계속 마피아로서 활약을 했음이 명백하다. 1909년에 뉴욕경찰의 Petrosino경위는 마피아 인물을 쫓고 있었는데, 그는 후에 팔레르모에서 — 아마도 마피아에 의해 — 살해되었다. 나는 1953년 피아나에서 마트란가 집안의 한 인물의 잘 가꾸어진 무덤을 본 적이 있다. 그는 근년에 미국 이민생활에서 돌아왔으나, 아무도 그를 추궁할 분위기가 아니었는데도 몇 년전 노상에서 피살되었다.

과를 거둘 수 있었다(남부가 그만큼 가난하였기에). 정치는 지방 보스에게 권력을 주고 증대시켰으며, 그것을 커다란 기업으로 전환시켰다.

마피아는 새로운 권력을 얻게 되었다. 그것은 마피아의 회유와 협박의 능력 때문만은 아니었다. 그것은 마피아가 그 새로운 경쟁자에도 불구하고 여전히 민족운동 및 대중운동의 일부로 간주되었기 때문이다. 이는 미국의 대도시 보스들이 부정과 힘에 의해서만이 아니라 이주해온 수천의 선거인들에게 '우리의 사람', 즉 아일랜드인에겐 아일랜드인으로, 가톨릭신자에겐 가톨릭신자로, 그리고 압도적으로 공화당 우세 지역에서 민주당원(즉, 거대기업의 반대자)으로 간주되었기 때문에 세력을 얻는 것과 같다. 미국 대도시에서 대부분의 마피아 지배세력이 아무리 타락했을지라도 전통적인 소수 야당에 속해 있듯이, 시칠리아에서 대부분의 사람이 1860년 이후 가리발디파를 의미했던 로마에의 반대파를 지지한 것은 우연이 아니다. 그리하여 마피아 운명에 있어서 중요한 전환은 1876년 이후 좌파(또는 그 슬로건을 변형시킨 세력)가 집권당이 되면서 이루어졌다. 콜라야니(Colajani)의 지적처럼 좌파는 시칠리아와 남부에서 좌파 집권이 없었다면 결코 일어날 수 없었던 변혁 — 대중의 정부에의 완전한 복종 — 을 성취했다.

이리하여 시칠리아의 정치조직, 즉 마피아는 아주 유리한 조건으로 정부 후원조직의 일부가 되었다. 왜냐하면 멀리 떨어져 있던 마피아의 무지한 추종자들이 그들이 더 이상 반란의 강령에 대해 투표하고 있지 않음을 깨닫는 데에는 오랜 시간이 필요하였기 때문이다. 그들이 깨닫고 1890년대의 봉기처럼 그런 관계를 거부하려 했을 때는 너무 늦었다. 군대와 계엄령을 가진 로마와 마피아 간의 암암리의 동반관계는 그들에겐 너무 힘겨운 상대였다. 말 그대로 '마피아왕국'이 설립되었다. 그 왕국은 이제 아주 거대한 세력이었다. 그 멤버들이 로마에 대리인으로 파견되었고, 그들의 손길은 정부가 가장 비중을 두는 부정 이득 부분, 즉 거대 은행이나 국가적 부정에까지 뻗치게 되었다.

마피아의 영향력과 후원관계는 몬레알레의 미첼티 같은 옛날의 지방 두목은 꿈도 꾸지 못했던 것이었다. 그들은 저항받지 않았으나, 1848, 1860, 1866년 봉기 때와 같은 시칠리아의 대중운동은 더 이상 아니었다.

Ⅲ

마피아의 쇠퇴에 대해서는 그 전성시대보다 덜 알려져 있다. 그에 대한 중요한 연구가 파시즘 기간 동안 전혀 없었고, 그 이후에도 아주 빈약했기 때문이다. 마피아의 후기 역사에 있어 몇가지 요소를 간략히 소개해 본다.

첫째, 농민연맹과 사회주의자들(후에 공산주의자들)이 발생하여 사람들에게 마피아의 대안을 제공하였으며, 동시에 좌익에 대해 점차 공공연하고 분명한 테러집단이 되어버린 이 마피아로부터 대중을 격리시켰다. 1893년의 농민연합조직, 그리고 1차세계대전 이전과 1918년 이후의 혼란기에 발생한 수많은 농민소요는 마피아와 대중을 분리시킨 획기적 사건들이었다. 파시즘이 패퇴한 이후에 벌어진 마피아와 사회주의자 — 공산주의자 사이의 공개적인 전쟁 — 빌랄바(1944)와 포르텔라 델라 지네스트라(1947)의 대학살, 시칠리아의 공산주의 지도자 지롤라모 리 카우시(1947)의 암살기도, 여러 조합 조직가들의 피살 등 — 은 그 간격을 더욱 넓혔다. 마피아가 땅없는 노동자, 유황광부 등 사이에서 구축했던 대중적 기반은 더욱 축소되었다. 렌다(Renda, 훌륭한 학자이자 정치조직가)에 의하면 일반적으로 그리고 정신적으로 마피아를 지지하는 지역이 아직도 몇몇 있기는 하지만 마피아의 정신과 관습은 대중의 감상적 의식 주변에 근근이 살아 있을 뿐이다.

사회주의 — 공산주의에 대한 투표는 마피아에게 가장 짓밟힌 지방, 특히 농촌지역에서 두드러졌다. 팔레르모 지방에서는 1946년 11.8%에서 1953년 22.8%로 칼타니세타 지방에서는 1946년의 29.1%에서 1953년 37.1%로 좌익 연합에 대한 투표가 증가하였는데, 이로 보아 극단적인 반좌익 마피아의 영향력이 크게 약화되었음이 분명하다. 팔레르모시의 사회주의 — 공산주의에 대한 투표(1958년 선거)는 29%의 추세를 지속하였는데, 이는 팔레르모 시민들이 언제나 시골 사람보다 좌익에 덜 우호적이었고 지금도 그러한 한편, 팔레르모에서 마피아가 일반적으로 강세이기 때문이었다. 좌익은 시칠리아인들에게 또다른 보다 현대적 조직을 제공하였는 바, 특히 1945년 이래 직·간접적으로 마피아의 횡포로부터 사람들을 보호해주었다. 그 당시에는 보다 극한적인 형태의 마피아 정치 테러가 로마에서 자주 소동을 일으키는 경향이 있었다. 이리하여 마피아는 선거를 통제할 수 있는 힘을 상실하여 후원에 의해 얻을 수 있었던 권력의 많은 부분을 잃게 되었다. 마피아는 이제 더 이상 국가권력과 맞먹는 '대등체계'이지 않으며, 단지 강력한 정치적 압력단체일 뿐이다.

둘째, 마피아 내부에 내적인 분열이 있었다. 이는 두 가지 형태를 취하고 있었으며 지금도 그러하다. 그 하나는 약탈이 한계에 다다르고 실업율이 높은 마을에서 기존세력(주로 노장층)과 신흥세력(주로 젊은층) 사이에 벌어지는 경쟁관계이며, 다른 하나는 착취하던 농민들로부터 백안시당하는(재력은 있지만) 무지하고 편협한 부유 중산층의 구세대와 보다 높은 사회적 신분을 지닌 그들의 자식 사이의 긴장관계이다. 화이트칼라의 직업인이나 법률가가 된 청년들, 보다 좋은 사회 — 예컨대 비마피아사회 — 로 출가한 처녀들은 마피아의 힘의 원천이던 가족적 유대를 파괴하였다. 첫 번째 유형의 신·구마피아간의 갈등은 오래된 것이다. 즉 1872년 경 몬레알레에서 고전적인 형태로 발생하였다. 두 번째 유형의 갈등은 1875년 팔레르모에서 처음 발견되나, 라티훈디움 오지에서는 지난 수십년간에 걸쳐 서서히 발전되었을 뿐이다. 항상 새롭게 나타나는 신·구마피아 간의 경쟁관계는 몬탈베인이 명명한 바 '기이한 변증법'을 창출하였다. 일하여 먹고살 수 없는 — 일이 없기 때문에 — 거친 젊은이들은 다른 방식, 즉 범죄로 생활을 해결할 수밖에 없다. 그러나 구마피아 세대는 유리한 조건의 일거리를 장악하고 신마피아 세대에게 길을 열어주려 하지 않는다. 따라서 젊은 세력은 일반적으로 구마피아 세대가 했던 것과 똑같은 방식으로 경쟁 갱조직을 구성한다. 이때 신마피아 세력은 구마피아 세력의 힘을 약화시키려는 경찰과 이해가 일치하여 종종 경찰의 힘을 이용하기도 한다. 그러나 오래지 않아 어느 한편도 다른 한편을 완전히 제압하지 못하면 — 마피아의 살인은 대부분 이러한 내부 싸움의 결과였다 — 노획품을 재분배한 연후에 다시 결합한다.

마피아가 1차세계대전 이래 비정상적으로 극심한 내적 분열로 고통받았음은 광범위하게 확인된다. 그것은 주로 두 번째 유형의 긴장관계로 인한 고통이었는데, 경제·사회·범죄의 영역 등이 급속하게 변화하던 시칠리아에서 어쩔 수 없었던 방법론 상의 분쟁에 의해 긴장은 더욱 강화되었다. 이러한 방법론 상의 다툼의 한 예는 미국에서도 발견된다. 마피아는 본래부터 시칠리아 이주민을 제외한 누구와도 거래하지 않았으며, 경쟁관계에 있던 나폴리 출신의 카모라와 유명한 전투를 벌였다. 1880년대 뉴올리안스에서의 마트란가 집안과 프로벤짜노 집안 간의 반목, 그리고 1910년대 뉴욕에서 있었던 비슷한 전투 등은 그 예이다. 그러나 구마피아 세력은 1930년 경 신마피아 세력에 의해 축출된 것으로 추측된다. 이후 구마피아의 조직은 낡은 혈연조직의 틀에서 벗어나 필요할 때는 나폴리 출신과, 심지어는 유태인 갱조직과도 협력하겠다는 보다 현대적인 입장을 받아들이게 된다. 미국의 갱조직 사이에 마피아가 잔존하고 있는지의 여부는 이러한 알력의 측면을 통해 보다 잘 설명될 수 있을 것이다. 현대의 마피아가 지닌 사업상의 새로운 영역에 관해서는 뒷부분에서 살펴보게 된다.

셋째, 파시즘이 마피아의 후기 역사에 거대한 영향을 미쳤다. 렌다의 그럴듯한 설명에 따르면 무솔리니는 마피아와 대적해야할 필요성을 느꼈다고 하는데, 그것은 반파쇼 자유당이 마피아의 강력한 후원을 받고 있었기 때문이다(팔레르모에서 1924년의 선거는 파쇼의 정치적 정복과정에 대한 저항에 있어 자유당 — 마피아 연합의 힘을 잘 보여주고 있다). 당연히 파쇼의 마피아에 대한 선전은 그 장점보다는 약점을 들춰냈으며, 결론은 이전처럼 중앙정부와 권세를 지닌 지방 유력인사 같은 암묵적인 타협으로 결말을 보게 된다. 그러나 파시즘은 선거를 폐지함으로써 마피아가 로마에서 얻어낼 수 있었던 여러 특권을 박탈하였다. 또 흑셔츠운동(Blackshirt movement, 이탈리아의 파쇼당원들은 검은 셔츠의 제복을 입었다 ; 역주)은 불만 품은 마피아나 유사 마피아가 기존 경쟁 마피아를 몰아내는 데 국가라는 수단을 이용할 좋은 기회를 제공하였으며, 그리하여 마피아의 내부 긴장은 더욱 강화되었다. 마피아의 뿌리는 남아 있었다. 1943년 이후 운 좋게도 다시 마피아는 출현했다. 그러나 마피아에게 강요된 충격과 변화는 결코 무시할 수 없는 사회적 영향을 미치게 되었다. 거대 마피아 조직은 너무나도 쉽사리 로마와 야합해버렸다. 대부분의 시칠리아인들에게 이는 '대등체계' 와 공식적 정부가 억압을 위한 단일한 음모조직으로 통합된 것을 의미했다. 이 통합은 마피아의 발전 단계 상 역전이라기보다는 1876년(마피아와 좌파 정권과의 야합)에 이미 그 징조가 보였던 길을 간 것일 뿐이다. 반면 소 마피아조직은 고통 속에 소멸되어간다. 짐작컨대 파쇼의 선전과 회유는 중간계층의 마피아가 거대지주의 조직 속에서 중소자산가로서의 자신의 위치를 굳히려던 긴 과정에 막을 내리게 한 것이다.

1943년 이후 마피아가 어떻게 다시 등장했는지는 잘 알려져 있지 않다. 1946년 브란카의 보고에 의하면 마피아가 시칠리아의 분리주의자들 및 자유주의자들과 밀접히 관련되어 있음이 분명하다. 연합군은 섬을 접수한 후에 다소 거칠게 분리주의자들을 다룬 바 있으며, 자유주의자들은 대개 지주 출신으로서 현상 유지에 관심이 있는 자들이었다. 결과적으로 군주제주의와 기독교 민주주의로의 경향이 생긴 듯싶다. 아무튼 자유주의자 및 독립주의자의 득표가 1947년의 50만에서 1948년의 22만으로 떨어진 것은 유권자들의 장기적인 대세 이상의 것을 암시하고 있는데, 양측 모두 그 이후로는 훨씬 더디게 쇠퇴한다. 기독교 민주주의는 잃어버린 표의 대부분을 회복하였으나, 군주제주의는 큰 변화없이 계속 조금씩 성장했다(이는 중요한 사실일 수 있다).[9] 그러나 마피아가 행사할 수 있는 직접적인 정치적 영향은 이전보다 훨씬 덜 중요하게 되었다.

대신 마피아는 전후 두 가지 새로운 이윤 높은 경제행위를 발견하였다. 단순히 범죄적인 측면에서만 바라본다면 어떤 마피아 조직의 영역은 확실히 국제적인 것이 되었다. 이는 한편으로는 암시장과 밀수에서 얻어지는 막대한 부정이득 덕분이었는데, 역사가들은 이 시기를 조직적 범죄의 역사에서 최고의 황금시대라고 주저없이 단정한다. 다른 한편으로는 미국이 수많은 유명 갱들을 이탈리아로 추방함으로써 시칠리아와 미점령군 사이에 강력한 연관이 이루어졌기 때문이다. 마피아 중 일부가 국제적인 마약 장사에 열중했은은 의심할 여지가 없다. 마피아가 다른 지역에서의 조직적 범죄 행위에 가담하려 한 것은 — 이는 옛날의 국지적 성격과는 현격히 다르다 — 충분히 가능하다.

---

9) 파쇼 이전 체제의 정당들 — 자유당과 군주제주의자 — 이 어떤 지역에서는 여전히 매우 강력하게 남아 있다. Trapani나 Partinico — Monreale같은 지역에서 그들은 사회주의 — 공산주의나 기독교민주당보다 훨씬 우세하다. 물론 Corleone — Bagheria 같이 전형적인 마피아 지역에서 좌파나 기독교민주당이 우세를 점하는 경우도 없지는 않다.

보다 중요한 것은 마피아가 이전의 생업, 즉 라티훈디움 경제의 파괴를 막을 수 있었던 방법이다. 영지는 사라졌고 따라서 많은 지주들은 그들의 고용인을 해고했다. 그러나 마피아는 영향력 있는 지방 유력인사라는 지위로 하여 여러 개혁 법령 아래 시행되던 광대한 규모의 농민에 대한 토지 불하에 참여할 수 있었다. 렌다의 말대로 아무리 적은 규모라 할지라도 토지를 구입하려 하면 실제적으로 마피아적 요소의 중개에 의해서만 계약이 이루어질 수 있었다고 한다. 따라서 수많은 토지와 그 외의 여러 자산이 마피아의 수중에 떨어지게 된 것이다. 이로써 마피아는 시칠리아 중류계급의 창조에 다시 한번 일익을 담당하게 되었으며, 당연히 구경제의 몰락 후에도 살아남게 된 것이다. 이전에 지주의 고용인이었던 전형적 마피아는 단지 지주 혹은 사업가로 탈바꿈했을 뿐이다.

이러한 진화 과정 중에 마피아의 조직이 어떻게 변화했는가는 알 수 없다. 단지 보다 중앙집권화되었으리라고 추측할 뿐이다. 그것은 한편 섬의 지역적 특성으로 인하여 팔레르모가 자동적으로 시칠리아의 중심부가 되었기 때문이며, 다른 한편 마피아의 사업이 여러 점에서 보다 현대화되었기 때문이다. 어떻게 중앙집권화되었는가는 추측일 뿐이다. 그리고 언론인들이 동시에 그것도 자신있게 마피아의 두목으로 서로 다른 인물을 지목하곤 하지만 그러한 논쟁에 휘말릴 필요는 없다. 단지 마피아에 어떤 구심점이 있다면 그것은 팔레르모에 있으며, 아마도 법률가의 손아귀에 있지 않을까 하는 무리 없는 추측에서 멈추는 것이 현명하지 않을까 한다.

Ⅳ

마피아는 가장 잘 알려져 있기는 하지만 그런 류의 유일한 현상은 아니다. 비슷한 현상들이 얼마나 많이 존재하는지는 알려져 있지 않다. 그것은 그것들이 학자들의 관심을 거의 끌지 못하기 때문이며, 또 언론인들이 관심을 보인다 해도 간헐적이기 때문이다(지방 언론은 그 지방의 좋은 평판을 손상시킬 우려가 있는 사건을 인쇄하려 하지 않는다. 해변 휴양지의 지방 언론이 그런 류의 수많은 뉴스를 보도하지 않는 것도 같은 이유에서이다). 남부 칼라브리아에서는 오랫동안 소위 명예결사(Honoured Society, 'ndranghita, fibbia)의 존재가 알려져 왔으며 1928~1929년에는 경찰의 주목을 받기도 하였다. 이 결사는 1953~1955년 어느 정도 우연적인 일련의 사건으로 하여 세상에 알려지게 되었다. 이 당시 칼라브리아성에서는 살인이 두 배로 증가하였다. 명예결사의 지역적 행위가 전국적으로 정치적 의미를 지니게 되자 — 어떤 이가 실수로 발설한 바에 의하면 한 정부 장관의 차가 비적들에 의해 피습당했다고 하여, 여러 정당들은 지방 갱조직을 이용했다는 내용으로 서로를 고소하였다 — 1955년 8~9월 경찰의 추적을 받게 되었는 바, 이 사건이 전국 신문에 크게 보도되었다. 또 공교롭게도 경찰의 추적 속에서 빚어진 내분으로 인하여 여러 비밀이 노출되었다.[10] 시칠리아 외의 마피아적 움직임에 대한 우리의 지식은 그와 같은 우연에 전적으로 의존하고 있다.

명예결사는 카르보나리와 거의 같은 시대에 그리고 그와 비슷한 형태로 발전한 듯싶은데, 그것은 그 구조와 의례가 여전히 메이슨적인 것으로 알려져 있기 때문이다. 그러나 카르보나리가 특히 부르봉 왕조에 대항한 중간계층의 조직임에 반하여, 명예결사는 차라리 사람들

10) C. Guarino는 「Dai Mafiosi ai Cammoristi」in Nord e Sud 13, 1955에서 조직이 잘 알려진 인물이 아닌 Serafino Castagna라고 하는 결사의 구성원에 의해 곤경에 처하게 되었다고 주장한다. 그 인물은 극히 개인적인 사업 때문에 살인을 하고는 조직에 피신을 도와달라고 요청했다. 그 요청은 거절되었고 절망한 Castagna는 경찰과 흥정을 하게 되었다. 그러나 그는 자유롭게 증언하기는 했지만 결국 유죄판결을 받았다.

간의 상조 조직으로서 발전하였다. 그 사람들은 대개 봉건제도, 국가나 경찰의 무력, 혹은 세도가의 횡포로부터 보호받고 싶어 하는 이들이었다. 마피아와 마찬가지로 이 명예결사도 약간의 역사적 진화과정을 겪는다. 그러나 시칠리아의 마피아와는 달리 자기방어를 위한 그리고 마피아보다 더욱 칼라브리아의 생활습속을 지키기 위한 대중조직으로서의 특성을 유지하고 있었던 것 같다. 이는 최소한 명예결사가 마피아 같은 조직에 매우 적대적이었다는 지방 공산주의자의 증언인데 그들은 명예결사의 이러한 특성을 중시하여 적절히 이용하였다. 이리하여 명예결사는 최소한 그 여러 측면 중의 한 측면에서라도 농민, 양치기, 영세장인, 비숙련 노동자 등과 결합된 보다 원초적이고 전(前)정치적인 조직으로 남아 있었다. 그 구성원들은 폐쇄되고 후미진 칼라브리아의 촌락 — 특히 산간지방 — 에서 살면서 재산없고 가난한 사람으로서 달리 얻을 수 없었던 위엄과 존경과 인정을 이 결사에의 참여를 통해 얻으려던 사람들이었다. 그리하여 후에 공산주의자로서 자기 마을의 시장이 된 카놀로의 니콜라 다고스티노는 그들이 말하던 바를 젊어서 성취한, 즉 존경받는 인물이 된 사람으로 묘사되고 있다. 당연히 그는 명예결사의 역량있는 일원이었다(많은 농민 출신 공산주의자와 마찬가지로 그는 감옥에서 전향하였다). 지금껏 살펴본 대로 이 명예결사는 자신의 회원만이 아니라 지역 관습에 비추어 보아 부당하게 관에 탄압받고 있는 인물, 예를 들면 혈족의 복수를 위해 살인한 인물까지도 보호하는 것을 자신의 의무라고 생각하였다.

당연히 명예결사는 마피아처럼 법과 대등한 체계로서 기능하는 경향이 있었다. 즉, 낯선 외래의 국가제도보다도 더욱 효과적으로 사건을 해결해주고(당연히 보수를 받고) 도둑맞은 재산을 되찾아주는 역할을 했던 것이다. 자연 이 명예결사는 마피아처럼 그리고 같은 이유로 해서 지방 협박조직이 되거나 핵심적인 세력이 되곤 했다. 이 세력은 자신들의 목적을 위해 그 지방에 영향력을 행사하길 원하는 이들에 의해 고용되기도 했다. 정치적 반대파들은 선거 기간 동안 판결이 유예되어 우익을 위해 영향력을 행사하게 된 지방두목들의 사례를 인용하기도 한다. 알려진 몇몇 마피아류의 소조직들은 자신의 영향력을 최고입찰자 — 주로 지방의 토지분배론자, 사업관계가 및 정당 — 에 판매했다. 지오이아 타우로 평원의 오래된 지주의 영지(시칠리아로 가는 기차가 이 지역을 횡단한다)에서는 당국이나 고용자가 결사 출신의 강력한 일단의 인물들을 1949~1950년에 걸쳐 광범하게 이용했던 것 같다. 그 당시 칼라브리아에서는 토지개혁을 외치는 대중 소요가 절정에 달해 있었기 때문에 이러한 관계는 그다지 놀랄만한 일이 못 된다. 결국 이 결사조직들은 고용자에게 노동력을 제공하는 지방적 통로로 전락한 듯싶은데, 이는 전형적인 마피아식 발전이다. 그러나 반드시 그러했던 것만은 아니고 결사의 몇몇 지방 지부조직들은 그 명령계통에도 불구하고 독자적인 노선을 밟기도 했으며, 그 중 일부는 좌익과 연합하기도 했다.

지부조직 내부의 혹은 상호 간의 경쟁관계, 그리고 유혈복수 및 칼라브리아의 독특한 여러 복합성 때문에 상황은 더욱 복잡해진다. 또 리구리아나 오스트레일리아로 이주해간 사람들이 결사를 조직했을 때 상황은 더욱 불명료해지며 때로는 몹시 잔인해지기도 한다. 그러나 명예결사가 근대의 시칠리아 마피아식으로 발전해간 것은 극히 부분적인 것이었음에 틀림없다.

명예결사 역시 결국 근대적 좌익운동이 뿌리를 내려감에 따라 여러 지역에서 서서히 퇴조해갔다. 명예결사가 변함없이 정치적으로 보수세력이었던 것만은 아니다. 그러나 게라체에서는 스스로 해체했다고 하며, 카놀로에서는 전향한 다고스티노 때문에 결사조직의 일원이 되면 조소받게 되었다. 또 좌익계 마을에서 잔존해 있을 때도 메이슨적 조합의 비교적 황당무계한 형태로 간주되어 조롱거리에 지나지 않았다. 그러나 명예결사는 어떤 지역에서는 우익 압력단체가 되긴 했지만 집단적으로 좌익조직에 가담한 곳은 한 군데도 없었다(이는 매우 중요한 점이다).

이와 같은 현상은 당연하다. 마피아 발전의 주요 경향은 사회운동과는 거리가 멀었고, 기껏해야 정치적 압력단체, 그리고 최악의 경우에는 복합적인 협박공갈 조직이 되는 것이었다. 전통적 마피아는 내부로부터의 근본적인 변화가 이루어지지 않는 이상 근대적 사회운동이나 민족운동 성립의 기초가 될 수 없었다. 이를 적절히 설명해주는 몇가지 이유가 있다.

첫째, 전통적 마피아는 억압된 사회 내에서의 권력의 비공식적 재분배를 반영하는 경향이 있다. 귀족과 부유층은 단순히 그 지위와 부가 향리에서 효과적인 힘이었기 때문에 보스가 되었다. 이에 권력을 지닌 자와 대중 사이에 심각한 균열이 일 때면 — 예를 들면 농민소요 — 새로운 운동은 마피아식의 유형에 더 이상 매여 있으려 하지 않는다. 이어 사회주의나 공산주의의 농민 조직이 지방 권력의 중심이 되면 마피아식 단체의 도움은 더 이상 요구되지 않는다.

둘째, 마피아운동은 비적과 마찬가지로 민족의 독립에 대한 요구를 제외하면, 거의 변함없이 그 사회적 목적에 한계가 있다. 또한 마피아는 외세의 굴레를 벗어나려는 효과적인 독립의 수단으로서보다는 외래법률의 위협에 대항하여 '기존의 생활양식'을 방어하기 위한 은밀한 항거로서 기능한다. 19세기 시칠리아 반란을 주도한 인물은 마피아가 아니라 도시의 자유주의자들이었다. 마피아는 단지 거기에 가담했을 뿐이다. 마피아는 혁명적이기보다 개량주의적 — 좀 고루한 표현이긴 하나 — 입장을 취하는 경향이 있었는데, 이는 마피아 조직이 대중의 정치적 의식화 이전에 발생하였고, 또 그 목적이 한정되고 방어적이었기 때문이다. 마피아는 기존 사회관계의 조정에 만족하였고, 그를 대치하려는 어떤 요구도 하지 않으려 했다. 이에 혁명운동이 한번 발생하기만 하면 마피아가 약화되곤 한 것이다.

마지막으로, 마피아운동은 사회적 안정을 추구하는 경향이 있었다. 이는 마피아에게 의식적인 이데올로기나 조직이 없어, 범죄나 사리사욕의 도구이지 않으면서 물리적 세력을 키워나갈 능력이 없었기 때문이다. 달리 말하자면 마피아는 직업혁명가를 배출할 수 없었기 때문에 어쩔 수 없이 갱으로서 활동할 수밖에 없었던 것이다. 해적들은 합법적 상품에 대해 이해관계를 갖으면서 그에 기생하지만 갱들은 은밀한 사유재산에 대해 이해관계를 지닐 뿐이다.

이러한 여러 이유로 하여 마피아 유형의 운동은 성원의 개별적 전향이 없었던 것은 아니지만 근대적 사회운동으로 전화될 수 없었다. 그러나 어떤 역사적 조건 아래서는 순수하게 혁명적인 운동도 마피아를 생각게 하는 수많은 행동이나 제도를 발전시켰음은 물론이다.

카모라에 관한 보론(補論)

마피아와 카모라는 종종 범죄조직으로서 함께 생각되기에 이에 대해 간단히 언급해보고자 한다. 카모라는 어떤 의미에서도 사회운동이라고 할 수 없다. 그러나 무슨 목적이든간에 압제자의 법률을 파괴하는 모든 강인한 사람들처럼 카모라는 빈민들이 의적에게 보내던 수애를 받았으며, 신화화되어 '압제자에 저항하는 일종의 거친 정의'로 노래 속에서 추념되었다.

당국이 잘못을 범하지 않는 이상 카모라는 역사가들의 기록처럼 단순한 범죄 조합이나 결사일 뿐이었다(그리고 지금 존재한다 해도 마찬가지일 것이다). 이 때의 카모라는 콜렌베르그 교외에 저 유명한 자기 영역을 갖고 있던 바젤의 지하세계나, 세르반테스가 그의 소설 원고에서 언급했던 코프라디아 델 모노포디오와 별로 다를 것이 없었을 것이다. 카모라는 계급적 이해나 민족적 이해, 혹은 복합적 계급 이해를 대변하지 않았으며 범죄 수뇌부의 직업적 이해만을 대변했다. 카모라의 의식이나 의례는 성원을 보통 시민과 전혀 다른 환경으로 격리시키기 위한 조직의 수단이었는데, 예를 들자면 회원 후보자나 신참자는 일정 횟수 이상 관습법을 어기는 범죄를 범해야 하는 의무를 부여했다. 허나 카모라의 보통 행위는 단순한 사취 정도에 불과했다. 카모라가 주장한 '정직'의 기준 — 이는 합법적인 조합에 가입이 허락되는 기준을 생각나게 한다 — 은 회원 후보자가 지하세계에 포함되기 위해서 지녀야 할 사항이었다. 즉 카모라 회원은 용기와 힘을 지녀야 할 뿐만 아니라 누이나 아내의 몸을 팔게 하지 말아야 했으며, 수동적인 남색을 범하지 말아야 하며(추측컨대 남창 금지), 경찰과 전혀 관계가 없어야 했다. 감옥의 죄수들 사이에서는 보통 어떤 지역이든 카모라와 같은 조직이 생기는 바(카모라 같이 원초적인 형태로 제도화되는 경우는 드물지만) 카모라 역시 감옥에서 발생한 것이 거의 틀림없다.

카모라가 언제 감옥에서 출현했는가는 불확실하다. 1790년에서 1830년 사이로 추측하는 것이 가장 안전할 듯싶은데, 아마도 이 시기에 나폴리에서 빈발하던 혁명과 변동의 결과였을 것이다. 카모라는 한번 조직되기만 하면 그 세력과 영향력이 급속하게 신장되었다. 그것은 1799년 이후 자유당과의 투쟁에 있어 가장 안전한 동맹군으로 나폴리의 룸펜 및 그에 속한 모든 세력을 꼽았던 부르봉 왕조의 후원 탓이었다. 카모라가 나폴리 지역 빈민들 생활의 거의 모든 영역을 지배하게 되면서 — 그러나 카모라는 그 자금의 대부분을 도박에서 충당하고 있었다 — 카모라는 지방 행정조직에 긴요한 존재가 되었으며, 결과적으로 점차 강대한 세력이 되었다. 훼르디난드 2세 치하에서 카모라는 실질적으로 자유당을 감시하는 국가 비밀 경찰의 역할을 했다. 프란시스 2세 치하에서 카모라는 자유당과 화해하였지만, 한편 함께 어울렸던 자유당원들을 고발하겠다고 위협하여 돈을 사취하기도 했다. 카모라의 세력은 1860년 혁명 기간 동안 가장 극성하였는데, 이 때 자유당은 나폴리 공공질서의 유지를 전적으로 카모라에게 일임하였다. 카모라는 이 임무를 대단한 열성으로 잘 수행하였는데, 이는 평소 카모라가 수입을 올리던 방식과 전혀 다른 것으로 자유로운 입장에서의 범죄가 사라진 것을 의미했다. 1862년 신정부는 정력적인 카모라 소탕작업의 닻을 올렸다. 그러나 카모라의 표면적인 활동만 제압했을 뿐 완전한 소탕에 성공하지 못했다. 카모라가 그 상습적인 정치 개입의 과정, 즉 여러 정당에 그 영향력을 판매하는 수법을 통해 계속 존속 — 어쩌면 더 강화되었는지도 모를 일이다 — 했기 때문이다.

다른 모든 직업적 범죄인과 마찬가지로 사유재산제도에 대해 남다른 편견을 갖고 있는 외에 카모라가 어떤 뚜렷한 정치적 방향성을 갖고 있었다는 — 흉내는 제쳐놓고 — 증거는 없다. 마피아와 달리 이 카모라와 같은 조직은 완전히 합법적 세계 밖에서 존재하며, 결국 우연한 순간 정치나 운동과 만나 활약할 뿐이다.

감옥에서 성립된 조직이 바깥으로까지 연결된 경우는 나폴리시의 카모라 외에는 없는 것 같다. 그러나 1860년 이후에는 유사한 조직들이 카세르타, 살레르노, 바리 등의 여타 남부 지역에 확산되었다고도 하는데, 이는 통신이 발달한 결과인 것으로 보인다. 아무튼 단 한 도시에 한정되었기 때문에 카모라가 보다 철저하고 중앙집중적인, 그리고 분명한 위계질서를 지닌 조직으로 발전하는 것이 보다 용이했을 것이다. 이 점에서 훨씬 덜 중앙집중화된 마피아와 차이가 난다.

카모라의 최근의 역사는 분명치 않다. 이전과 같은 카모라는 사라진 것으로 보인다. 더구나 범죄 비밀조직이나 결사 혹은 암거래 체계를 일반적으로 묘사하는 경우 외에는 그 말조차 거의 사용되지 않는다. 그러나 카모라와 유사한 다른 조직이 다시 존재하게 되는데, 그 명수들은 카모라가 아니라 마글리아리(magliari)로 알려져 있다. 그들은 담배와 면세품 및 원유의 암거래 — 특히 나토에서의 원유 인출 허가증 위조에 남다른 재주가 있다 — 를 주된 사업으로 갖고 있으며, 거의 암거래상들의 통제 하에 놓여 있는 것으로 보이는 과일과 야채 무역에도 특별히 신경을 쓰고 있다.

카모라는 사회학자나 인류학자의 관심을 끌만한 많은 요소를 지니고 있다. 그렇지만 카모라가 비뚤어진 범죄의 세계로서가 아닌 정상적인 사회운동의 차원에서 논의되는 것은 나폴리의 빈민들이 아련히 의적들의 활약을 꿈꾸며 갱들의 행위를 이상화시키려 할 때뿐이다. 그러나 카모라가 그만큼 이상화될 가치가 있다는 증거는 어디에도 없다.

제 4 장 몬테 아미아타의 구세주 라자레티

— 천년왕국운동 I —

본서에서 다루고 있는 모든 원초적 사회운동 중에서 천년왕국주의적(Chiliastic) 운동은 그 원초성으로 인한 약점이 가장 적게 드러나는 운동이다. 왜냐하면 천년왕국주의적 운동에서 드러나는 원초성은 단지 표면적인 것이기 때문이다. 천년왕국주의의 본질, 즉 세계의 완벽하고도 근본적인 변혁에의 열망 — 이는 모든 단점을 극복한 세계인 천년왕국에 반영된다 — 은 원초적 사고(Primitivism)에 국한된 것은 아니다. 그러한 열망은 어떠한 혁명운동에서도 보여지며, 그 운동이 이상을 갖고 있는 한 어떤 사례를 연구해보아도 천년왕국주의적 요소를 발견할 수 있다. 그렇다고 모든 종류의 혁명운동이 — 그것이 원초적인가 아닌가는 차치하고 — 좁은 의미에서 천년왕국주의적이라는 노만 콘(Norman Cohn)교수의 가설 — 이는 교수의 연구가치를 약화시킨다 — 을 그대로 받아들인다는 의미는 아니다.[1] 사실 원초적 혁명운동과 근대적 혁명운동 모두 '전적으로 새로운 세계' 라는 이념을 갖고 있기는 하지만, 또 한편 그 차이를 분명히 하지 않으면 근대적 혁명사의의미를 정확히 이해하는 것은 불가능하다.

---

1) 『The Search for the Millennium』(1957)은 많은 중세의 천년왕국운동에 관한 탁월한 연구 성과이지만, 내가 보기에는 중세의 혁명운동을 근대적 혁명운동의 관점에서 파악했다는 단점을 안고 있다. 따라서 중세 후스의 혁명운동이나 근대 공산주의에 대한 이해를 명료하게 해주지 못하고 있다.

전통적 유럽에서 전형적인 천년왕국운동은 세 가지 주요특징을 보여준다.

첫째는 사악한 현세에 대한 전면적인 거부와 또 다른 보다 나은 세계에의 열망, 즉 한마디로 '혁명주의'이다.

둘째 특징은 N. 콘 교수에 의해 분석·기술된 천년왕국론적 유형에서 보여지는 꽤 표준화된 이데올로기다. 이 중 근대의 세속화된 혁명주의가 발생하기 이전의 가장 중요한 그리고 아마도 유일한 이데올로기는 유대-기독교적인 메시아사상일 것이다. 특히 고전적 의미에 있어서의 천년왕국운동은 유대-기독교적인 선교의 영향을 받은 나라에서만 발생한 듯 싶으며, 실제로도 그러하다. 이러한 사실은 세계를 끊임없이 흐르거나 변화하는 존재로, 혹은 영원히 고정된 존재로서 파악하는 종교적 전통 속에서 천년왕국주의적 사상이 형성되기 어렵다는 점으로 미루어 볼 때 당연한 것이다. 천년왕국론자의 특징은 현세는 곧 멸망하며 곧 이어 아주 새로운 세계가 도래하리라는 꿈을 갖고 있다는 점이다. 이는 힌두교나 불교와 같은 종교에서는 아주 낯선 개념이다.[2] 그러나 모든 천년왕국운동에서 보여지는 실제적인 믿음을 엄밀하게 유태교나 기독교적인 의미에서의 메시아사상이라고는 할 수 없다.

천년왕국운동의 세 번째 특징은 새로운 사회가 어떻게 찾아올지 매우 불분명하다는 점이다. 이 세 번째 특징을 보다 상세하게 설명하는

---

2) 이 견해는 멘체스터 대학에서 강의할 때 여러 전문가들이 공동으로 동의한 사항이다 ; 그러나 홉스봄의 주장과는 달리 유대 — 기독교나 이슬람 계통이 아닌 메시아신앙이 불교나 힌두교 지역에서도 많이 발견된다. Steplan Fuchs의 『Rebellious Prophets』(Bombay, 1965)는 인도 제종교에 있어서의 메시아주의적 운동에 관한 연구이며, 우리나라를 비롯한 극동지역에서 보편적으로 보여지는 미륵하생신앙도 메시아주의적 운동이라고 할 수 있는 바, 홉스봄의 견해는 불교 및 힌두교와 관련된 천년왕국주의적 민중종교운동에 대한 검토에 의해 수정되어야 할 것으로 판단된다 — 역주

것은 어렵다. 그것은 이러한 운동의 종류가 아주 다양하기 때문인데 한편에서는 순수하게 소극적인 운동이 있는가 하면 다른 한편에서는 근대적 혁명의 방법론까지도 활용하여, 곧 살펴보는 것처럼 자연스럽게 근대의 혁명운동에 포섭되는 운동도 있다. 그러나 이는 일단 다음과 같이 설명할 수도 있을 것 같다.

근대의 혁명운동은 분명하게든 잠재적으로든 낡은 사회가 새로운 사회로 대체되는 방식에 대해 꽤 분명한 관념을 갖고 있는데, 가장 핵심적인 것은 소위 '권력의 이전'에 관계된 것이다. 구래의 지배계급은 그 지위를 내놓고 몰락한다. 민중은 혹은 혁명계급이나 혁명집단은 그 지위를 이어받아 토지의 재분배, 생산수단의 국유화를 비롯한 많은 일을 수행하게 된다. 이 때 혁명가들의 조직적 노력은 결정적 역할을 하며, 조직의 원칙이나 전략전술 — 이는 때때로 매우 정교하다 — 등은 그들의 작업을 도우면서 점차 정밀하게 다듬어진다. 혁명가들이 하는 일이란 대중시위의 조직, 바리케이트의 축조, 시청으로의 시위 유도, 삼색기(三色旗)의 게양, 분할되지 않은 유일공화국의 성립선언, 임시정부 수립, 입법회의의 소집·공포 등등의 것이다(이는 주로 프랑스혁명에서 본뜬 것이며, 그것이 유일하게 가능한 과정이라는 이야기는 아니다).

그러나 순수한 천년왕국운동은 이와는 아주 다른 방식으로 진행되는데, 그것은 성원들의 경험부족이나 좁은 시야 혹은 천년왕국주의적 이데올로기와 그 편견에서 비롯된 것이다. 천년왕국운동의 추종자들이 혁명을 시작하지는 않는다. 그들은 혁명이 신의 계시나 높은 곳으로부터의 지시 혹은 기적에 의해 저절로 발생할 것이라고 기대한다. 즉 어떻든 혁명이 일어나 천년왕국이 실현될 것을 기대한다. 이러한 변혁이 일어나기 이전의 대중의 역할은 모두 함께 모여 그 변혁을 준비하는 것이며, 다가올 심판의 징조를 살피거나 위대한 날의 도래를 예언하는 예언자의 말을 듣는 것이다. 또 때로는 저 위대한 심판과 변혁의 날에 대비하여 어떤 의례를 수행하기도 하는데, 이는 사악한 현세를 벗어나 빛나는 순수함의 신세계로 들어가기 위해 자신을 정화하는 것이다.

순수한 천년왕국주의와 순수한 정치혁명 사이에는 매우 다양한 중간형태의 운동이 존재한다. 사실 본장에서 다루는 천년왕국주의적 운동이 바로 그러한 중간형태의 운동인데, 라자레티운동은 전자에 가깝고 스페인의 무정부주의적 운동은 이론적으로는 후자에 가깝다고 할 수 있다. 천년왕국주의적 운동은 근대의 혁명운동으로 전화되거나 혹은 그에 흡수될 때도 앞서 말한 첫 번째 특징을 여전히 지니고 있다. 이 경우 두 번째 특징은 최소한 어느 정도 포기되며 역사와 혁명에 관한 근대적인 — 이는 대개 세속적이다 — 이론으로 대치된다. 이러한 근대적 이론으로는 민족주의, 사회주의, 공산주의, 무정부주의 등을 들 수 있다. 천년왕국주의적 운동은 최후에 기본적인 혁명정신을 바탕으로 근대의 혁명적 정치론을 구축하게 되는데, 이에는 권력이전과 조직체계에 관한 이론적 청사진이 중핵을 이루고 있다. 이는 결코 쉬운 일이 아니나 천년왕국주의적 운동은 근본적인 구조에 있어서 현대화에 결코 적대적이지 않기 때문에 본서에서 다루고 있는 다른 운동형태와는 서로 다르다.

어쨌든 곧 살펴볼 것처럼 그러한 운동은 성공적으로 근대의 혁명운동에 통합되어 왔으며, 때로는 근대의 개량주의 운동에도 통합되어 왔다. 19세기와 20세기 역사가들의 관심은 바로 이 통합과정 또는 그 실패의 이유에 초점을 두고 있다. 앞으로 3장에 걸쳐 이러한 여러 문제를 검토해 볼 것이다.

천년왕국주의적 운동에 포함되어 있는 합리적인 정치적 핵심을 인식하는 것은 쉬운 일이 아니다. 왜냐하면 이 운동에는 정교하게 세련된 이론이나 효과적인 혁명의 전략·전술이 결핍되어 그것을 부조리하거나 모순된 운동으로 인식케 하기 때문이다. 이 운동은 비현실적이며 유토피아적이다.

이 운동은 사회적 혼란이 격심한 시기에 성행하며 묵시록적 종교의 언어로 그 논리를 전개하기 때문에 그 성원의 행동은 통상적인 기준에서 볼 때 매우 기이하게 느껴진다. 따라서 그들은 매우 쉽게 오해받게 되는데 윌리암 블레이크(William Blake)가 아주 최근까지 혁명가가 아니라 피안의 세계를 그리는 기이한 신비주의자나 환각자로 여겨진 것이 그 한 예이이다.

천년왕국주의적 운동의 성원들은 현존세계를 근본적으로 비판하려할 때 — 스페인의 천년왕국주의적 무정부주의자들의 파업에서 보여지듯 — 신세계가 완성되기 전에는 결혼하지 않을 것이라고 선언하기도 한다. 또 그들은 일시적인 완화조치나 개량주의적 조치를 거부하려할 때 — 20세기 초엽 안달루시아의 파업자들처럼 — 아무리 당국의 강요를 받더라도 임금인상 등의 요구조건을 결정 — 협상하기를 거부한다. 그들은 신세계가 낡은 세계와 근본적으로 달라야 한다는 믿음을 표현하고 싶을 때 — 시칠리아의 농부들처럼 — 실현된 신세계에서는 기후조차 변할 것이라고 믿어버린다. 그들의 행동은 관찰자들에 의해 집단 히스테리로 파악되었듯이 매우 엑스타시한(ecstatic) 성질을 띨 수도 있다. 반면 그들의 현실적인 계획은 과연 계획을 갖고 있는지를 의심받을 정도로 매우 불투명할 수도 있다. 그들을 움직이는 동인을 이해할 수 없는 사람들은, 혹은 이해하는 사람들도 그들의 행동을 전적으로 비합리적·병리적 현상으로 파악하며, 기껏해야 더이상 감내할 수 없는 조건에 대한 본능적 반응으로 해석하려는 유혹에 빠진다.

그러나 이러한 행동들을 보다 이해하기 쉬운 현상으로 또는 그다지 극단적이지 않은 성격의 현상으로 설명할 수 있다면 역사가들이 그 운동의 성원을 움직이고 있는 논리나 현실을 이해하는 데 매우 도움이 될 것이다. 그렇지 않다면 혁명운동은 매우 이해하기 어려운 현상이 되기 때문이다. 이들의 운동을 정확히 관찰할 수 없는 이들이 그들의 위대한 가치에 대해 전혀 언급할 수 없고, 다른 한편 이 운동의 성원들이 — 특히 원초적 사회운동에서 — 다른 일반인들에게 설득력있게 자신을 설명할 수 없다는 것은 이 운동이 지닌 특이한 성격이다.

원초적 혁명주의자나 가장 세련된 혁명주의자가 공유하고 있는 유토피아주의 혹은 완벽한 실현의 불가능이라는 관념(impossibilism)을 이해하는 것은 매우 어려우면서도 필수적인 일이다. 이러한 관념은 근대의 혁명론자들로 하여금 사회주의가 도래한다 해도 모든 비탄이나 슬픔, 불행한 사랑이나 한탄이 모두 제거될 수 없으며, 모든 문제가 다 해결될 수 없다는 인식을 유발하여 심한 육체적 고통마저 느끼게 한다. 이러한 감각은 혁명이 가져다 준 환멸에 대해 쓴 많은 문헌 속에 반영되어 있다.

첫째 유토피아주의는 초인간적 노력을 유발시키는 필수적인 도구다. 초인간적 노력없이 어떤 혁명적 과업도 성취될 수 없다. 역사적 관점에서 볼 때 프랑스와 러시아의 혁명에 의한 변화는 아주 놀랄 만한 것이다. 그러나 쟈코뱅당이 단순히 '프레보(Pr vost) 신부의 프랑스'를 '발자크(Balzac)의 프랑스'로 바꾸려 했던 것이며, 볼셰비키가 '체홉의 러시아'를 '흐루시초프의 러시아'로 바꾸려 했던 것일까? 아마도 아닐 것이다. 그들이 그들의 혁명이 성공한 후에 인간의 궁극적인 번영과 해방이 실현될 것이라고 믿는 것은 본질적인 것이었다.[3)] 그러나 그 혁명의 결과가 지닌 가치가 무시되는 것은 아니지만, 명백히 그들은 그 믿음을 실현시킬 수 없었다.

둘째 유토피아주의는 사회운동의 도구가 될 수 있는데 그것은 혁명운동이나 혁명이 그 어떤 변화도 성취시킬 수 있음을 증명해주는 역

---

3) M. Djilas는『The New Class』(1957)에서 이 점을 매우 흥미롭게 분석하고 있다. 냉철한 혁명가가 지은 이 책은 혁명심리학에 새로운 조망을 던지고 있다는 점에서 가치가 있다.

할을 하기 때문이다. 만약 혁명가가 '인간의 본성은 변화될 수 있다'는, 즉 어떠한 사회문제도 해결될 수 있다는 증거를 필요로 한다면 그 혁명운동이나 혁명의 순간에 있어서의 변화에 대한 논증은 매우 필요한 것이 될 것이다.

한 낯선 남자의 꿈을 꾸었다네.
취해버린 오만한 野人……
그래도 나는 그를 노래 부르네;
괜한 우스개 속에서
그는 그의 과업을 던져버렸다.
그리고 그는 변해버렸다.
너무 엄청나게 변해버렸다.
아주 두려운 아름다움이 태어난다.

예이츠가 부활절 봉기(The Easter Rising, 1916년 4월 24일의 부활절에 에이레시민군을 중심으로 한 1,200명의 혁명군이 영국에 반항하여 무장봉기를 일으킨 사건. 더블린시를 장악, 에이레공화국을 선포하였으나 일주일 후에 패배하였음 ; 역주)에 관해 쓴 시작 중에서 보여주고 있는 것은 열망이 아니라 사실인 — 최소한 순간적 사실일지라도 — 이러한 엄청난 변화에 대한 의식이다. 그의 시의 끝부분에는 이러한 의식이 마치 종소리처럼 울리고 있다. '모든 것이 변했다, 너무 엄청나게 변했다. 두려운 아름다움이 태어난다.'

자유, 평등, 우애는 위대한 사회혁명의 순간에 실현된다. 혁명과 더불어 살아온 혁명가는 평상시라면 로맨틱한 사랑을 표현하는 데 쓰여질 언어로 이 혁명을 이야기한다. "축복은 저 삶의 여명을 위해 있으나, 젊음은 바로 천국이다."

혁명가는 성인을 제외한 그 누구보다도 탁월한 도덕의 척도로서 자신을 위치지우며, 이 때 그는 실제로 남녀간의 관계처럼 아주 기술적으로 곤란한 문제에서까지도 그의 도덕적 탁월함을 실천·입증해 보인다.[4] 이 혁명의 순간에는 이상세계의 축도가 그들의 머릿속에 자리잡고 있다. 이 이상세계는 모든 사람이 서로 형제로서, 자신의 개성을 상실함이 없이도 공동선을 위해 모든 것을 희생하는 세계다. 그러나 그들의 운동을 통해 이러한 세계가 실현될 수 있는 것이라면 왜 다른 곳에서라도 이러한 세계가 존재하지 않는가?

혁명 엘리트에 속하지 않는 대중들이 혁명적이 되거나 혹은 스스로의 힘을 인식하게 된다는 단순한 사실은 어떤 일이라도 가능하다고 보여질 정도로 매우 놀라운 일로 보인다. 시칠리아의 파시(Fasci, 농민의 연대조직 ; 역주)를 관찰한 어떤 사람이 이런 논리를 정확하게 지적한 적이 있다. 만약 광대한 대중운동이 갑작스럽게 땅으로부터 떨치고 일어나거나, 수많은 대중이 단 한 마디의 열변으로 수세기 동안의 무기력과 패배주의를 벗어던질 수 있다면 위대한 세계변혁의 대사건이 곧바로 일어나리라는 것을 그 누가 의심할 수 있겠는가?

인간은 엄청나게 변해왔고 눈에 띌 정도로 변화하고 있다. 귀족들도 선한 사회의 명령 — 그것이 가난·형제애·성스러움 등의 어떤 것이든 그에 어울리는 삶의 태도 — 에 따라 살아나가게 되었으며 그들이 일반의 죄많은(?) 인간들과 함께 일하는 모습도 볼 수 있게 되었다. 이는 민중의 이상이 실현되었음을 증명해주는 사실이 되었다. 안달루시아 촌락의 무정부주의자 사이에 이러한 지방적 혁명의 복음이 지닌 정치적 중요성은 다음에 살펴 볼 것이다.

그러나 근래의 혁명운동을 연구하는 사람이라면 누구나 모든 운동

---

4) Djilas는 '운동 중의 남녀 사이에는 따뜻하고 청정한 관계가 촉진되며 동지적인 관심은 성의 차이를 뛰어넘는 열정이 된다' 라고 주장한다. 그는 분명 파르티잔 투쟁의 순간을 염두에 두고서 말과 행동의 구분이 어려운 역사적 순간(마지막 승리를 위한 전투의 전야)을 강조하고 있는 것이다. 그러나 한편 그는 이 모든 관계는 종교 종파의 도덕률과 흡사하다고 지적할만큼 예민함을 잃지 않고 있다.

에서 보여지는 이러한 변화에, 그리고 혁명 엘리트가 도덕적 모범을 보여야 하는 압력에 주의를 기울여야 한다. 이 도덕적 모범이란 보다 더 많이 벌거나 풍요롭게 살려는 것이 아니라 전체 대중을 위한 관점에서 자신의 사적인 행복 — 물론 이는 전(前)혁명사회에서 해석되어지는 행복이지만 — 을 희생하면서 보다 더 열심히 일하고 순수해지려는 의지를 말한다.

정상적인 행동양식이 다시 자리를 잡게 되었을 때 — 예를 들자면 새로운 혁명체제가 개가를 올린 후 — 사람들은 그들이 열망하는 변혁이 오랫동안 실현될 수 없다거나, 혹은 특히 혁명에 헌신했던 배타적 집단에게만 변혁이 일어난다는 결론을 내리려고 하지 않는다. 그들은 그보다 그 혁명과정에서 일어난 타락이나 기만을 생각하게 된다. 왜냐하면 인간 간의 이상적인 관계의 가능성이나 실체는 실제로 증명되어져 왔던 것이기 때문이다. 이보다 더 결정적인 사실이 과연 있을 수 있겠는가?

천년왕국주의적 운동이 당면하고 있는 문제는 운동이 현저하게 발전、성장하고 있을 때는 단순하며, 혹은 단순하게 보인다. 혁명이나 봉기가 성공한 이후에 문제의 어려움은 더욱 증대된다. 본서에서 다루고 있는 혁명운동은 그 어느 것도 지금까지 결코 성공한 적이 없기 때문에 혁명의 성공이 모든 인간문제를 해결해주지 못한다는 사실을 그들이 알아차렸을 때 과연 어떤 일이 발생하는지는 그다지 우리들의 관심을 끌지 못한다. 오히려 그들의 패배가 우리들의 관심을 끄는데, 그것은 그 패배야말로 그들이 혁명주의를 영원한 힘으로 유지시키는 문제에 부딪치게 하기 때문이다. 이 문제를 회피하는 천년왕국주의적 운동은 완벽한 자살행위에 불과하다. 왜냐하면 그 혁명운동의 성원들이 모두 죽게 되면 그 운동은 단지 학문의 대상이 될 뿐이기 때문이다.[5]

5) 이런 유형의 운동 중 유일한 것은 아니지만 많이 알려진 것은 1896~1897년

보통 혁명의 패배는 천년왕국이 도래하지 않고 현존세계가 얼마동안 더 존속하리라고 예상되는 까닭을 설명하는 교의체계를 낳는다. 즉 임박한 심판의 징조가 잘못 해석되었거나, 아니면 어떤 다른 오류가 있었다는 설명이 주어진다(여호와의 증인 운동에는 원래 예정된 날에 세상이 멸망하지 않았지만 그것이 예언 자체를 무효화시키는 것은 아님을 역설하는 방대한 주해서가 있다). 현존세계가 계속 존속될 것임을 인정하는 것은 바로 그 세계 내에서 살아나가야 함을 인정하는 것이다. 그러나 과연 어떻게 살아가야 할 것인가?

혁명가나 혹은 어떤 천년왕국론자는 그들의 혁명주의를 슬그머니 포기하고 현상(status quo)을 사실상 인정하는 자가 된다. 그리고 만약 그 현상이 대중이 감내할 수 있는 정도의 것이 된다면 그러한 포기와 전향은 보다 쉽게 이루어진다. 어떤 사람은 심지어 개량주의자가 되어 이제 혁명기의 열기는 식었고 더 이상 그 혁명의 회오리 속에서 살지 않게 되었으며, 그들이 원했던 것이 이전의 상상만큼 근본적인 변혁을 요구하는 것은 아니었음을 발견한다. 한편 그보다 더 일어나기 쉬운 통상적인 현상은 '그 운동' 혹은 '그 종파활동'을 보다 열정적으로 내면생활화하는 것이다. 이 때 그들은 천년왕국론적 희망이나 계획의 상징적 주장만을 고수한 채 여타 세상의 움직임에 관계하지 않는다. 그러한 상징적 주장으로는 평화주의나 맹세의 거부 등이 있다.

그러나 한편 결코 그렇게 하지 않는 사람들도 있다. 그들은 비천년왕국론적 용어를 사용하면서 다음에 다가올 혁명적 위기를 기다리며 잠정적으로 후회하는 것일 뿐이다. 그 때가 되면 그들은 현존 세계를 완전히 파괴하고 새로운 세계를 구축하게 될 것이다. 이러한 새로운 혁명은 그 경제적·사회적 조건이 지방적일 때 특히 용이하다.

브라질 오지에서 일어난 안토니오의 운동이다. 이는 한 걸작 소설의 주제가 되었는데, 유클리데스 다 쿠나의 『Rebellion in the Backland』가 그것이다.

예를 들면 남부 이탈리아에서는 19세기에 정치적 변화 — 그것이 어떻게 해서 발생한 것이든 — 가 일어나자 농민들은 토지를 점령하기 위해 기치를 높이 세우고 북을 치면서 의식적(儀式的)인 시위행진을 했다. 또 곧 살펴 볼 것처럼 안달루시아에서는 60~70년 동안 천년왕국주의적 혁명의 물결이 거의 10년 간격으로 계속 발생했었다. 이러한 태도를 견지했던 사람들은 설령 오랜 동안의 침묵을 거친 후에라도 비천년왕국주의적 유형의 혁명운동에 뛰어들 끈질긴 열기를 충분히 보유하게 된다. 이는 곧 살펴보게 될 것이다.

여기서 살펴볼 중대한 또 하나의 문제는 그들의 적응성이다. 원시적 개량주의 운동은 근대에 들어와 쉽게 소멸된다. 그것은 현존 사회의 틀 내에서 공정한 사회관계를 정착시키는 일이, 즉 바로 지금 여기에 안락하고 만족스런 조건을 창출하는 일이 기술적으로 전문화되어 복잡한 과정을 거쳐서만 가능하게 되었고, 또 근대사회의 특수분업화에 따라 만들어진 조직이나 운동에 의해 더욱 잘 수행될 수 있게 되었기 때문이다. 협동시장조직을 만드는 일이 로빈훗이 농민들에게 줄 수 있는 것보다 훨씬 좋은 조건의 편의를 제공할 것이다.

그러나 비록 사회 — 혁명운동을 위한 투쟁의 구체적 조건이 변화되고 있지만 그 운동의 근본적인 목적은 의연히 남아 있다. 이는 위대한 유토피아론자나 혁명론자의 현존 사회에 대한 비판문과 독자적인 구제와 개혁을 약속한 문장을 비교해보면 쉽게 알 수 있을 것이다. 천년왕국론자들은 그들의 꿈을 담고 있던 원초적인 논리를 쉽게 벗어던지고 — 시칠리아의 파시에 관한 6장에서 살펴볼 것처럼 — 사회주의나 공산주의 정책의 근대적인 논리로 재무장할 수 있다. 그러나 반대로 지금까지 살펴본 바와는 달리 결코 천년왕국론자라고 할 수 없는 근대적 혁명가들도 실현불가능의 관념(impossibilism)을 암중에 갖고 잇어 타볼파(Taborites, 급진적인 후스추종자들이며, 전쟁 외에 성서적 근거를 지니지 않은 모든 것을 부정했다. 지스카 J. Ziska의 지도 아래 격렬한 전쟁을 벌였다. Tabor는 지스카가 1424년 건설한 근거지 ; 역주)나 재세례교파(1523년 취리히에서 발생한 교파로서 유아세례의 성서적 근거를 부정하여 재세례를 주장. 원시기독교의 부활을 주장하여 사적 소유을 부정하고 국가와 교회의 연합을 부정하였으며 종교적 공동생활을 실천하였다 ; 역주)와 그들 스스로도 결코 부인할 수 없는 유연관계에 있는 것이다. 그래서 이 양자 사이의 결합은 쉽게 이루어지며 한번 결합되기만 하면 원초적 운동은 바로 근대적 운동으로 전화될 수 있는 것이다.

본서에서는 서로 성격이 다른 세 가지 종류의 천년왕국주의적 운동과 그들의 근대 정치에의 적응과정을 살펴볼 것이다. 그것은 남부 투스카니의 라자레티운동(1875년 이후), 안달루시아 촌락의 무정부주의운동(1870년대에서 1936년까지), 그리고 시칠리아 섬의 농민운동(1893년 이후)이다. 19~20세기에 일어난 이러한 운동들은 거의 농민적 성격의 것인데 그렇다고 이 운동이 도시에서는 결코 발생할 수 없는 절대적인 이유가 있는 것은 아니며, 사실 도시에서 발생한 경우도 있다(그러나 사실 우리 시대의 노동자들은 보통 보다 근대적인 혁명이념의 지도를 받아 왔다).

본서에서 선택된 세 가지 운동 중에서 라자레티운동은 이탈리아 농촌의 후미진 변방에 잔존하고 있는 중세의 천년왕국주의의 유산을 살펴보기 위해 선택한 것이다. 그리고 안달루시아와 시칠리아의 운동은 몹시 빈곤하고 후미진 지역에서 국지적으로 혁명적이었던 농민계급이 벌인 사회운동의 천년왕국주의적 성격을 보여주는 사례들이다. 무정부주의자는 그들이 전통적 종교의 형태와 완전히 결별한 천년왕국론자이며 진정으로 호전적인 무신론자이고 반기독교적이라는 것을 보여주는 데 주로 흥미를 갖고 있다. 또 한편 그들은 불완전하게, 즉 비효율적으로 근대의 혁명운동으로 전화한 천년왕국주의적 운동이 정치적으로 얼마나 무력한가를 주장한다. 시칠리아의 파시는 — 그 성원이 매우 불완전하게 전통적 이념을 포기했기 때문에 어떤 의미에서는 보다 덜 근대적이지만 — 천년왕국주의가 근대의 혁명운동이나 공산당으로 아주 명백하게 흡수되는 과정을 연구하는 데 도움을 준다.

한 가지 첨언하고 싶은 것은 본 연구는 단지 간략한 스케치에 불과하고 매우 시험적인 것이며, 최근에야 비로소 유용한 학문적 주목을 받기 시작한 비유럽 지역의 천년왕국주의적 운동과의 섣부른 비교를 삼간 연구라는 점이다. 그러나 이 비교에의 충동은 매우 강한 것이었다.[6] 본서에서 이러한 비교를 삼간 이유는 서론에서 간략하게 서술한 바 있다.

몬테 아미아타의 救世主

천년왕국주의적 운동은 그 현저한 비현실성으로 인해 종종 그 혁명적 성격이나 사회적 성격을 의심받게 된다. 이러한 경향은 몬테 아미아타의 구세주였던 다비데 라자레티(Davide Lazzaretti)의 경우 특히 두드러진다.[7] 예를 들어 바르젤로티(Barzellotti)는 라자레티운동은 아주 순수하게 종교적인 운동이라고 주장한다. 그러나 이것은 결코 현명한 결론이 아니다. 천년왕국주의적 이단운동을 일으킨 공동체는 그 종교적·세속적 성격의 명확한 구분이 불가능하다. 한 종파가 종교적인지 사회적인지에 대해 논의하는 것은 별로 의미가 없다. 왜냐

---

6) 예를 들자면 Peter Worsley 교수의『The Trumpet Shall Sound』는 태평양 도서 지방의 적하의례(cargo cult)에 대한 훌륭한 연구이다. *그 외 본서 이후 출판된 관계 서적으로는 W. M hlmann의『Chiliasmus und Nativismus』(Wies baden, 1962) 및 V. Lanternari의『The Religion of the oppressed』(Mentor Book)을 꼽을 수 있다.

7) 이 운동에 관한 나의 관심은 현존 라자레티주의자에 관해 말해 준 Ambrogio Donini 교수에 의해 시작되었다. 그는 라자레티에 관한 많은 비출판 문서를 소장하고 있다. 교수에게서 얻은 지식 외에 지방학자 Bargellotti의 최근의 논문과 그 외 여러 저작들도 참고했다.

하면 어떤 종파든 자동적으로 그리고 언제나 종교적 성격과 세속적 성격을 공유하고 있기 때문이다. 그러나 라자레티주의자들이 정치에 대단한 관심을 가졌던 것만은 틀림없는 사실이다. 그들의 깃발에는 '공화국과 신의 왕국', '공화국은 신의 왕국이다' 등의 여러 가지 구호가 쓰여져 있었다. 당시 이탈리아는 왕국이었다. 그들은 대오를 지어 행군할 때 1859년에서 1860년까지 벌어졌던 이탈리아 해방전쟁 당시 불리던 노래의 영향을 받은 듯한 노래를 불렀다.

우리는 믿음으로 나아간다
우리의 조국을 구하기 위해,
공화국이여 영원하라,
신이여! 자유여!

그리고 메시아 라자레티는 그를 따르는 무리에게 연설을 하고 그들의 절대적인 호응을 받는다.

너는 내게서 무엇을 원하느냐? 나는 네게 평화와 위안을 주리라. 그것이야말로 바로 네가 원하는 것이 아니냐? — 예! 맞습니다. 평화와 위안

너는 더 이상의 세금을 내는 것을 원하지 않는가? — 예! 맞습니다.

너는 공화국을 지지하는가? — 예! 맞습니다.

그러나 우리가 원하는 공화국은 1849년의 공화국일 수 없다. 우리는 예수 그리스도의 공화국을 원한다.

자 모두 나를 따라 외치라!

"신의 공화국 만세!"

신의 공화국과는 거리가 멀었던 이탈리아 왕국의 당국자들이 라자레티운동을 반역 운동으로 간주했던 것은 그다지 놀랄 일이 못되났.

몬테 아미아타는 움브리아와 라티움(모두 이탈리아 남부지방의 주 ;

역주)에 접경하고 있는 투스카니의 최남동부에 위치해 있다. 라자레티 운동은 목축과 농업을 주로 하는 아주 외진 산악지대(여기서는 소규모의 광산도 있었다)와, 마찬가지로 아주 후미진 마렘마(maremma, 이탈리아 특유의 해안 늪지대 ; 역주)나 해안 평지에 그 근거지를 형성하고 있었다. 이 중에서 운동의 주력은 산악지방에 있었다. 양 지역 모두 경제적 문화적으로 몹시 소외되어 있었음은 말할 필요도 없다. 이 지역의 중심 도시인 아르키도소(Arcidosso)의 인구의 3분의 2, 정확히는 63%에 해당하는 6,491명이 문맹이었다. 대부분의 주민은 소규모의 자작농이거나 메자드리(mezzdri, 소작농)였다. 완전한 무전무토민(無田無土民)도 거의 없었지만 반면에 근대적 산업도 거의 존재하지 않았다. 이 아미아타의 주민들이 절대적 궁핍상태에 있었는지 아니면 단순히 약간의 궁핍상태에 있었는지는 조금 더 살펴볼 문제인 것 같다. 그러나 의심할 여지가 없는 사실은 이탈리아의 통일이 실현되고 자유주의적 이탈리아 국가의 경제가 이 극도로 후미진 지역에 침투하자 상당한 정도의 사회적 긴장과 소요가 일어나기 시작했다는 점이다.

근대 자본주의가 자유주의적 혹은 쟈코뱅적 개혁의 형태(자유로운 토지시장의 도입, 교회재산의 세속화, 엔클로저운동과 같은 종류의 개혁들, 공유지·삼림법의 개혁)로 농촌사회에 침투하게 되면 그 사회는 항상 큰 충격을 받는다. 특히 그러한 침투가 혁명의 결과, 법률과 정치의 전면적 변화, 외국의 침입 등과 같이 예기치 않았던 힘에 의해 이루어졌을 때, 그 지방사회는 자체 내의 성숙된 내적 역량의 밑받침이 없으므로 더욱더 큰 충격을 받게 된다. 몬테 아미아타에서 새로운 사회체제가 전통사회를 강습한 가장 명백한 방법은, 다른 어떤 곳에서도 마찬가지였지만, 세금이었다. 1868년에 시작된 도로건설의 비용은 모두 지방세로 충당되었고, 당연히 지방의 도시와 촌락들은 그 직접적인 피해를 입게 되었다. 카스텔 델 피아노(시칠리아의 변방. 아주 혁명적인 분위기로 유명함 ; 역주), 치니지아노, 로칼베냐, 산타 휘오라(모두 이탈리아 남부의 후진지역 주명 ; 역주)등에서 지방자치를 위한 추가세는 중앙 국세의 2배 이상이었으며, 아르키도소에서는 거의 3배에 달했다. 이들 세금은 주로 토지와 주거에 대해 부과된 것이었다. 산타 휘오라의 세리들이 상점 주인들이 납세를 거부하는 것은 라자레티가 그들에게 더 이상의 세금을 내지 않아도 되리라고 약속한 때문이라고 불평한 것은 그다지 놀랄만한 일은 못된다. 거기에다 경제적 자유주의를 엄격히 보장한 피에드몽법(Piedmontese law)을 이탈리아의 정규법으로 도입한 것은 지방사회를 여지없이 파탄에 몰아넣었다. 이리하여 삼림법은 변방의 소농들이 전통적으로 보유했던 공유목축지의 사용권이나 땔감벌채 등의 권리를 사실상 박탈하였으며, 부수적으로 대지주와의 관계를 매우 악화시켰다.

이러한 상황에서 라자레티가 사물의 새로운 질서를 설교한 것은 지극히 자연스럽다. 그 새로운 질서의 세계에서는 재산과 토지가 지금과는 전혀 다르게 분배될 것이며 차지농(借地農)이나 소작인들도 보다 많은 곡물을 배당받게 될 것이라고 그는 설교했다. 중부 이탈리아의 농촌지역에서는 오늘날도 더 많은 곡물을 위한 투쟁이 중요한 경제문제로 남아 있다. 아마도 이것이 라티훈디아(latifundia, 대토지소유제)나 근대적 산업이 전혀 없음에도 불구하고 이 지역이 가장 강력한 공산당 지지 지역으로 남아 잇는 이유일 것이다.

몬테 아미아타를 부분적으로 포함하고 있는 시에나(Siena)주의 공산당지지율은 1953년 현재 48.8%로 이탈리아에서 가장 높다. 이는 사회적 소요가 일어나기에 가장 알맞은 조건이라고 할 수 있다. 그리고 투스카니의 변방으로서 지극히 후미진 지역임을 생각해 볼 때 이 지역의 운동이 보다 원시적인 형태를 취하리라는 점은 쉽게 짐작되는 일이다.

이제 다비데 라자레티 자신에 관해 알아 보도록 하자. 그는 1834년에 태어났으며, 마부가 되어 여러 지방을 돌아다녔다. 그는 스스로 14

살에 — 즉, 1848년 혁명의 해 — 어떤 환각경험을 했다고 주장하지만 실제로는 1868년에 개종하기 전까지는 아주 세속적이고 독신적인 인물이었던 것으로 알려져 있다. 이 1868년은 매우 중요한 해이다. 그 해에는 이탈리아에서 매우 광범위한 대중소요가 발생했다. 1867년의 작황은 형편없는 것이었고 심각한 산업 위기가 있었다. 또 그 위에 그 해에 의회가 부과한 제분세(the milling tax)는 식료품 가격을 앙등시켜 광범위한 농민들의 불만을 초래하였다. 특히 12개주에서는 이 과세로 인하여 폭동이 일어났으며, 이는 257명 살해, 1,099명 부상, 3,788명 체포라는 엄청난 결과를 가져왔다. 농민대중이 이 해에 극심한 정신적 위기감을 느낀 것은 지극히 당연한 일이었다. 더군다나 진행되고 있던 프랑스와 프러시아 간의 분쟁과 그것이 로마 교황에게 미칠 영향이 가톨릭 신도들을 크게 동요시켰다. 이때까지만 해도 라자레티는 교황 지지자였는데 그것은 그가 1860년에 국민군 지원병으로 활약했던 것으로 보아 당연한 것이었다. 그러나 그의 설교 중에는 벌써 어느 정도 좌익적이며 공화주의자적인 분위기가 배어 있었다. 어쨌든 '신이 없는 정부'에는 반대하던 교황 지지자들, 즉 가톨릭 신자들은 이 시기에 농민 소요를 선동했으며 — 폭동은 특히 이전의 교황청 영지에서 격렬하였고 가톨릭적인 구호도 쉽게 볼 수 있었다 — 당연히 초기의 라자레티를 적극 지지했던 것으로 보인다. 초기 라자레티의 설교는 세속적인 자유주의의 영향에 부정적이었던 것 같다. 확실히 라자레티는 꽤 오랫동안 공식적인 교회의 지지를 확보하고 있었던 것으로 보인다.

라자레티는 1868년 이후 이 지역에서 성스러운 인물로 알려지게 되면서 점차 교의와 예언을 보다 정밀하게 다듬기 시작했다. 그는 자신이 프랑스 왕가의 먼 후예라고 믿고 있었다(이 당시 프랑스는 가장 중요한 교황지지국이었다). 1870년 말경 '인민의 각성(The Awakening of the Peoples)'이라는 제목의 예언에서 라자레티는 예언자이며 동시에 지도자, 심판관, 법의 개혁자, 시나이산에서 내려온 새로운 목자이기도 한 인물의 출현을 예견했다. 그 인물은 '야망과 모략과 이단과 허영으로 가득 찬 괴물의 독재 하에 신음하고 있는 인민' 을 각성시키고 해방시킬 것이라고 했다. 이 새로운 군주는 교회와 이탈리아 인민을 화해시킬 임무를 띠고 있으며 산으로부터 내려올 것이다. 수천의 청년들, 모든 이탈리아인의 혈기가 그를 따를 것이며 이들은 바로 성령의 군대라고 불릴 것이다. 그리고 이들은 도덕과 시민적 질서를 모두 새로이 가다듬게 될 것이다. 라자레티는 곧 몬테 아미아타에 공산적 식민지를 건설하기 시작했으며, 신자들은 그곳에 그를 위한 교회와 종루를 건설했다. 이러한 모든 작업은 곧바로 당국에 의해 전복적인 활동으로 고소되었으나, 라자레티는 몇몇 지방 유지의 도움으로 형벌을 피할 수 있었다.

점차 라자레티는 이전의 정통주의로부터 벗어나게 되었다. 그는 몇 번의 단식과 여행을 거치면서 교의를 완성시켜 나갔다.

> 나는 왕이며 동시에 메시아다. 신은 일곱 개의 성도를 건설하려 하시는데 하나는 몬테 아미아타에 지으실 것이고 다른 성도는 적당한 국가나 장소에 지으실 것이다. 지금까지는 은혜의 왕국(The Kingdom of Grace)이 존재했었다(그는 그 왕국을 피우 Ⅸ세 — 1846년에서 1878년까지 재위. 1848년 이탈리아 통일운동의 지도자가 될 것을 거부 — 의 치세와 동일시했다). 그러나 이제는 정의의 왕국이 열려 성령의 개혁이 있을 것이며, 이는 세계의 세 번째이자 마지막 단계가 될 것이다. 커다란 재앙이 밀어닥쳐 하느님의 손을 통한 인간의 마지막 해방을 알릴 것이다. 그러나 나는 죽을 것이다.

중세 사상에 정통한 사람, 특히 요아힘(Joachim)의 교리에 정통한 사람이라면 이러한 교리가 전통적인 이단의 교의와 무척이나 흡사한 것에 놀랄 것이다.

결정적인 계기는 1878년에 왔다. 그해 초에 빅토르 엠마뉴엘(Victor Emmanuel, 1849~1861 재위. 사르디니아 왕국의 국왕으로 이탈리아 부흥 운동의 중심인물이었다 ; 역주)과 피우 IX세가 죽었고 이로써 — 라자레티의 말에 따르면 — 교황정치와 그 승계는 종언을 고했다. 더군다나 이 해에 농촌공황이 내습했다. 소맥의 가격과 임금은 1875년 이래로 계속 하강 추세에 있었고, 꼭 1878년을 결정적인 해로 꼽을 특별한 이유는 없지만 — 사실 1879년이야말로 유럽의 여타지역과 더불어 가장 큰 재앙이 밀어닥친 해였다 — 이전의 몇 년간 계속된 불황과 재해는 투스카니의 농민들이 말세의 징후가 임박했음을 믿기에 충분한 것이었다. 라자레티는 이 해에 프랑스에서 몇 명의 부유한 후원자를 얻은 채 귀국했으며 자신이 메시아임을 선포했다. 그가 바티칸에 이 사실을 통보했을 때 파문당한 것은 당연한 일이었다. 그러나 몬테 아미아타에서 그의 영향력은 대단한 것이었다. 모든 남녀노소가 그의 곁으로 몰려들었으며 인근의 모든 교회는 텅텅 비어버렸다.

그는 그가 8월 14일 마리아의 승천일 전일에 산에서 내려올 것이라고 널리 알렸다. 약 3,000의 군중이 몰려들었다. 그러나 얼마나 많은 사람이 그것을 보고 열광적으로 지지했는지는 우리로서는 알 수가 없다. 그는 그를 따르는 무리에게 특수한 의상을 걸치도록 지시했는데, 그들은 그것을 '이탈리아군단' 혹은 '성령의 군대' 표지로써 착용했다. 신의 공화국의 깃발이 넘실거렸다. 그러나 몇 가지 이유로 인해 그의 하강은 8월 18일로 연기되었다. 18일 라자레티는 찬송을 하면서 아르키도소의 산에서 하강했다. 그는 도중에 카라비니에리(Carabinieri, 이탈리아 특유의 기마군대)를 만났으며 그들은 무리에게 돌아갈 것을 명했다. 라자레티는 대답했다. "너희가 평화를 원한다면 평화를 줄 것이며, 위안을 바란다면 여기 내가 있다." 혼란스런 말다툼이 있은 후에 기마병들은 발포했으며 그 와중에 라자레티도 피살되었다. 그를 따르던 중심인물들은 체포되어 형을 받았다. 재판 중 법정은 그들이 부자의 집을 약탈하거나 세계의 혁명을 꾀하지 않았느냐고 억지추궁을 하였다. 그러나 그들은 물론 그렇지 않았다. 그들은 세계의 세 번째이자 마지막 단계인 신의 공화국을 세우려 했던 것이며 그것은 부잣집을 약탈하는 것보다 엄청나게 큰일이었다. 단지 분명한 것은 그 시기가 무르익지 않았다는 사실이다.

이것은 1943년에야 최후를 맞은 열광적 신앙의 몇몇 신도들을 제외하면 라자레티운동의 최후처럼 보인다. 실제로 그 해에 쓰여진 어떤 책은 '라자레티주의자들의 최후' 에 관해 이야기하고 있다. 그러나 거기에는 아직 어떤 여운이 남아 있다. 1948년 이탈리아 공산당의 지도자인 토글리아티(Togliatti)를 암살하려는 기도가 있었을 때 여러 지역의 공산주의자들은 위대한 날이 도래했음을 확신하면서 즉시 경찰서를 습격하거나 그 외의 여러 방법으로 권력을 탈취했다. 이는 그들의 지도자가 그것을 중지시킬 때까지 계속됐다. 이러한 소요가 일어난 여러 지역 중에는 아르키도소도 포함되어 있었다. 후에 역사감각을 지닌 어떤 공산당 지도자는 한 대중집회를 개최하였을 때 예언자 라자레티와 1878년의 대학살에 대해 이야기하고픈 충동을 참을 수가 없었다. 그 집회가 끝난 후 그는 여러 사람에게 둘러싸였는데 그들은 한결 같이 그의 연설을 듣고 몹시 기뻤다고 이야기하였다. 그들은 라자레티주의자들이었다. 그 지역에는 아직도 많은 수의 라자레티주의자들이 있었던 것이다. 그들은 경찰과 국가에 대해 적대적 입장에 서게 된 수 자연스럽게 공산당지지자가 된 것이다. 만약 예언자가 살아 있었더라도 같은 입장을 취했을 것이다. 그러나 라자레티주의자들은 그 집회가 있기까지도 공산당이 다비데 라자레티의 고귀한 업적을 높이 평가하고 있었음을 알지 못하고 있었다. 본래의 천년왕국주의적 운동은 이와 같이 깊이 지하로 숨어 계속되고 있었던 것이다. 농민운동이란 본디 도시인들이 거의 눈치채지 못한 수준에서 계속되는 경향이 있는 것이다. 그것은 보다 크고 보다 근대적인 혁명운동에 흡수되어 왔다. 1948년의 소요는 어느 정도 몬테 아미아타에서 있었던 운동의 전통을 이은 것이라고 할 수 있다.

그러면 어떤 사람들이 라자레티주의자가 되어 왔는가? 예상대로 그들은 부유한 사람도 아니며 절대적으로 궁핍한 무전무토인도 아니다. 그들의 주요한 구성원은 산간지방 소촌락의 소농민·소작인·장인 등이라고 할 수 있다. 이것은 오늘날도 여전하다. 그러나 통상 보여지듯이 이 종파의 농민 구성원들은 세속적으로 보다 부유해지거나 남보다 더 잘 살기를 원한다. 그 결과 이제는 일반시민들의 부러움을 사는 자산가들이 중심적인 구성원을 이루고 있다. 사실 경험적으로 살펴볼 때 중세적 유형의 순수한 이단운동은 절대적으로 궁핍한 대중들에게는 그다지 호소력이 있는 것 같지 않은데, 이는 그들이 소규모의 투쟁적 농민이나 농촌수공업자 혹은 촌락장인들보다 훨씬 급속히 사회주의 운동이나 공산주의운동에 흡수되기 때문이다. 대중이 진보적이 되는가 아니면 반동 — 퇴영적이 되는가, 혹은 새로운 사회를 원하는가 아니면 순수한 과거 즉 황금시대나 '좋았던 옛날'을 꿈꾸는가를 결정하는 것은 그들이 처한 상황이다. 천년왕국주의의 종파적 형성은 아마도 이러한 이중성을 설명해 줄 수 있을 것이다.

어쨌든 남부 이탈리아에서 레닌의 시대보다는 루터의 시대의 농민들이 지녔던 혁명주의를 연상시키는 분위기 속에서 발흥한 여러 이단 종파들은 이러한 경향을 보여주는 듯싶다. 그러나 이러한 사실을 보다 명확히 하려면 남부 이탈리아 농촌의 이단운동들 — 발덴시안(Valdensians, 12세기 프랑스 남부에서 발흥하였고 16세기에는 칼빈주의적 교리를 채택. 최근까지 심하게 박해를 받아 왔으며 지금은 주로 피예드몽 Piedmont에 세력이 성함 ; 역주)이나 기독교도형제교회(Church of Christian Brothers, 1684년 렘즈 Reims시에 세워진 로마 가톨릭계의 종교조직으로 주로 교육에 전념했음 ; 역주)와 같은 보다 오래된 공동체, 그리고 오순절 교회(Pentecostal Church), 재림주의자(Adventists), 침례교파, 여호와의 증인(모두 개신교의 개혁파로서 이들은 예언주의적·종말론적 색채를 강하게 띠고 있으며, 원시기독교에의 회귀를 주장하고 있다. 특히 여호와의 증인은 극단적인 성서주의를 특징으로 하고 있으며, 제3세계 특히 아프리카지역에서 반식민 반제국주의의 급진운동과 결부되어 큰 영향력을 행사하고 있다 ; 역주)과 같은 보다 새로운 종교공동체 등을 예로 들 수 있다 — 에 대한 보다 진전된 연구가 필요하다.[8] 로코 스코텔라로(Rocco Scotellaro)가 이런 류의 농민의 자서전 중에서 전형적인 것으로 평가한 복음전도자 치로나(Chironna)는 농촌수공업자이자 소작인이었는 바, 그는 온건한 소규모 자영농가 출신이었다. 산 니칸드로(San Nicandro)의 유명한 유대인운동도 동일한 종류의 집단에 속하며, 그 창립자는 적으나마 약간의 토지를 소유한 사람이었고 그 중 여러 지도자들은 장인출신(製靴工)이었다. 카신(Cassin)여사에 따르면 오순절교파의 교인들은 장인들에게 특별한 호감을 갖고 있으며, 아풀리아(Apulia)의 호오지아(Foggia)에서 이탈리아노동총동맹(C.G.I.L)의 노조 조직가들은 개신교도들이 주로 소농출신으로 조직되어 있다고 간주하고 있다. 그래서 이 조직가들은 개신교를 '경작자의 종파(a sect of gardeners)' 라고 부른다.[9]

라자레티주의자와 사회주의나 공산주의 사이의 친밀한 관계는 결코 이상스러운 현상이 아니다. 남부지역 농부들 사이의 종교적 열광은 단순히 그들의 국지적 혁명주의의 일면일 뿐이다. 몬테 가르가노

8) Elena Cassin 여사의 『San Nicandro』(Paris, 1957)는 농민들이 집단적으로 유대교로 개종한 사실에 관한 상세한 연구이며, 이탈리아의 변경, 몬테 가르가노의 종교적 열광에 관한 귀중한 자료를 수록하고 있다. 또 이탈리아 오순절교회공동체의 세력분포도도 수록되어 있는 아주 훌륭한 저작이다. 전후 크게 인기를 끈 오순절 교회와 여타 교회의 성격에 관해서는 8장의 미국 목화 — 밀 종파에 관한 일반적 서술을 참조하시오.

9) 1957년 종파주의자들의 사회적 구성과 정치적 연합에 관한 정보는 Lucio Conte를 비롯한 이탈리아노동총동맹의 호지아성 연합의 여러분과 San Nicandro 공산당의 여러 회원에게서 얻은 것이다. 그들의 도움에 감사한다.

(Monte Gargano)의 경우가 참고가 된다면 그러한 종교적 열광은 정치적 표현이 억압되거나 성숙되어 있지 못할 때 특히 두드러진다고 할 수 있을 것이다. 1922년 즉 농민연합이 파시즘에 의해 붕괴되고 미국으로의 이민이 불가능하게 된 이후로 개신교가 특히 중요한 진전을 이룩한 것은 이러한 이유 때문인 것이다. 또 그 이후 칼라브리아 코센자에서는 북부의 정치적으로 성숙하지 못한 지역에서 개신교가 크게 신장했고, 호지아에서는 강하고 오랜 사회주의의 전통이 있는 지역에서보다 타볼리에레(Tavoliere) 평원의 양편에서 종파운동이 훨씬 활발하다는 소식을 들은 적이 있다. 그러나 남부 이탈리아의 그러한 조건 속에서 이단운동이 세속의 반교회(反教會)운동의 동맹군이 되는 것이나 혁명운동에의 동조자가 되는 것은 어찌할 수 없는 일이다. 따라서 농민 사회주의자나 농민 공산주의자와 농민 종파주의자 사이에 명확한 구분을 짓는다는 것은 불가능한 일이라고 할 수 있다. 또 나는 산니칸드로의 대다수의 주민들이 유태인을 개종시켜 공산당에 투표하도록 했고(이 도시는 강력한 좌익 지지 기반이다), 이 지역의 공산당원들이 — 그들은 이 지역의 개신교도들과 인척관계에 있다 — 그들은 '진정한 우리의 친구' 라고 부른다는 소식을 접한 적이 있다. 또 어떤 개신교도는 공산당의 무장대원이며, 어떤 여호와의 증인의 신도는 지방노동조합(Camere del Lavoro)의 비서관으로 선출되기도 하였고, 어떤 경우에는 보다 높은 당조직에 포섭되어 지방 공산당 지부의 요직에 선출되기도 한다고 한다. 그러나 이단종파운동의 구성원인 농민이 좌익운동과 결합되는 경향은 라자레티운동과 같은 순수한 종교 — 정치적 운동과 동일시될 수는 없다. 몬테 아미아타의 구세주와 견줄만한 다른 사례가 발견된다 해도, 이 라자레티운동은 최소한 남서부 유럽에서는 예외적 현상인 것으로 보인다.

제 5 장　안달루시아의 무정부주의
— 천년왕국주의 운동 II —

제랄드 브레난(Gerald Brenan)의 『스페인의 미로(The Spanish Labyrinth)』는 스페인과 스페인의 무정부주의에 관한 가장 훌륭한 입문서로서, 관심있는 독자라면 누구나 갖고 있는 책이다. 본서의 스페인 무정부주의운동에 관한 기술은, 실제로 브레난의 연구에 기초하지 않은 부분도, 연구자들의 평가가 일치한다고 생각되는 견해를 약간 확대하고 보다 상세하게 다듬어 놓은 것에 불과하다.[1)]

지금까지의 여러 관찰자들에 의해 확인되었듯이 안달루시아는 '스페인의 시칠리아' 이다. 안달루시아는 구아달키비르평원(Guadalquivir,

---

1) 이 5장은 주로 브레난의 저서에 의존하고 있다. 또 그가 소개하고 있는 문헌 중에서는 디아스 델 모랄 J. Dias del Moral의 『Historia de las agitaciones campesinas andaluzas』(Madrid, 1929)를 특히 참조했다. 이 책은 원초적 사회운동에 관한 연구자들로부터 어떠한 칭찬을 받아도 지나치지 않다. 또 언급할 만한 가치가 있는 책으로는 피트 — 리버스 Pitt — Rivers의 『People of Sierras』(1954)가 있다. 이 책은 그라살레마의 밀집거주지역에 관한 인류학적 연구 논문이다. 지방 무정부주의에 관한 피트 — 리버스의 관찰은 쓸만하다. 그러나 이 작은 도시가 유일한 무정부주의 지역이 아니라 무정부주의 운동의 고전적 중심지의 하나이며 스페인 전역에 걸쳐 그렇게 인식되고 있다는 사실에 대해 적절한 평가를 내리고 있지 못하다. 또 그라살레마가 다른 어떤 지역보다도 더욱 강력한 운동의 중심지가 될 수밖에 없었던 이유, 운동의 발생과 그 흐름에 대해 설명하려는 시도가 없었다. 이런 이유로 하여 최소한 역사학자에게는 이 책의 가치가 줄어들 수밖에 없다.

스페인 남부의 세비야와 코르도바를 포함하는 평원 ; 역주)과 그것을 조개 껍질처럼 둘러싸고 있는 산악지대로 이루어져 있다. 모든 조건을 고려해 볼 때 안달루시아는 압도적으로 밀집거주지역(pueblos, 돌과 벽돌로 만든 소가옥의 밀집지대)이다. 이곳은 황량한 변방으로 도시에 처자식을 남겨둔 채 이주해온 농민들이 움집이나 돌담집에 오랫동안 거주하였는 바, 대부분이 불모지면서 부재지주의 소유로 되어 있었다. 이곳의 대부분의 주민은 거의 노예나 다름없는 날품팔이꾼(braceros)이었다. 이곳은 전형적인 대토지소유 지역이었다. 그러나 이 지역의 전부가 19세기에 사유지나 목축지로서 경작되었던 것은 아니었으며 그 일부분만이 소규모 농가에 단기계약으로 임대되었을 뿐이었다. 또 한편 극히 일부분은 소규모 자작농의 소유거나 장기계약 경작지였다(이는 정치적으로 볼 때 광대한 혁명의 대해에 떠 있는 보수적 섬이다).

카디스(Cadiz)에서는 1931년에 250헥타르 이상의 사유지가 주 전체 면적의 58%를 점했으며, 10,000헥타르 이상의 사유지가 3곳, 5,000헥타르 이상은 32곳, 900헥타르 이상은 271곳에 달했다. 행정구역 중 세 군데에서는 대토지소유(latifundia)가 전체 면적의 77~96%에 달했다. 세비야에서는 거대 사유지가 전체 면적의 50% 이상을 점하고 있었는데, 7,000헥타르 이상이 13곳, 2,000헥타르 이상이 104곳에 달했다. 코르도바에서도 상황은 약간 경미하기는 하였으나 비슷했다. 거대 사유지가 통상 가장 비옥한 토지를 차지하리라는 것은 더 말할 필요도 없는 일이다. 이 지역의 상황을 가장 정확하게 요약해주는 것은 휄바(Huelva), 세비야, 카디스, 코르도바, 하엔(Jaen)의 각 주에서 약 6,000명의 대토지소유자들이 적어도 전체 과세 대상 수입의 56%를 점했고, 285,000명의 소농들이 그 나머지를 점했으며, 그 외의 농촌 인구의 80%를 점하는 사람들이 전혀 토지를 소유하지 못했다는 관찰이다. 한편 안달루시아가 남부 이탈리아처럼 19세기에 — 무어인(Moors)의 시대부터는 아닐지라도 — 북부와 외래의 경쟁자들의 침투를 저지시키지 못한 채 반(反)산업화의 과정을 걷고 있었음은 쉽게 관찰된다. 농산물을 수출하는 자들과 비숙련노동자들은 점차 산업화된 북부 지역으로 이주하기 시작했으나, 이 지방의 주민들은 극히 비참하고 불안스러운 농업에만 의지하여 살아나갔다.

많은 문헌들은 모두 그들의 사회·경제적 조건을 지극히 떨리는 목소리로 기술하고 있다. 시칠리아에서와 마찬가지로 날품팔이꾼들은 일이 있을 때만 품을 팔 수 있었으며, 일이 전혀 없을 때는 굶주릴 수밖에 없었다. 사실 이러한 조건은 어느 정도 지금도 여전하다고 할 수 있다. 20세기 초엽 그들은 매달의 식량비로 겨우 2.5파운드 내지 3파운드의 질 나쁜 빵과 약간의 기름, 포도주, 건야채 및 소금, 부추 등의 양념을 구할 수밖에 없었다. 19세기 말엽 코르도바의 구릉지대의 밀집거주지역에서 사망률은 1,000명당 30명 내지 38명에 달했다. 바에나(Baena)에서는 1896~1900년의 5년간 모든 사망자의 20%가 폐병으로 그리고 10%가 영양실조로 인해 죽어갔다. 안달루시아의 여러 주에서 1900년대 초엽 남성들의 문맹율은 50~65%에 달했으며 거의 모든 여성들이 전혀 글을 읽을 수 없었다. 이러한 비참한 상황을 계속 열거할 필요는 없다. 다만 확실히 알 수 있는 것은 이 불행한 지역의 대부분이 서유럽의 여타지역에 비해 극히 가난에 시달려 왔다는 점이다.

정치적 의식이 깨어나면서 이 지역이 강력하게 혁명적 분위기에 휩싸이게 된 것은 차라리 당연하다. 넓게 말하자면 구아달키비르 분지와 그 남동부의 산악지역, 즉 세비야·카디스·코르도바·말라가(Malaga)의 여러 주는 모두 무정부주의 운동의 온상이었다. 그러나 노동계급과 사회주의가 강력했던 서부와 남부의 광산지대(리오 틴토, 포소플랑코, 알마덴 등)가 한편에서 무정부주의 지역을 둘러싸고 있었고, 하엔 주는 정치적으로 아직 성숙되지 않은 채 카스틸랴(Castilia)의 사회주의와 안달루시아의 무정부주의 양자의 영향을 받으면서 또 다른 경계를 형성하였으며, 보수주의가 비교적 강력한 — 혹은 최소한 보다 신중한 농민들 — 그라나다는 제3의 지역으로 남아 있었다. 이 지역의 복잡한 정치현실을 개관하는 것은 스페인 정부의 선거통계로서는 할 수 없는 일이며 차라리 인상화 같은 개괄적 소묘가 더 신빙성이 있다고 할 수 있다. 그것은 선거통계가 1936년까지 무정부주의자들의 선거 거부 및 지주나 관료들에 의한 조작으로 그 신빙성이 극히 약화된 때문이다.[2)]

농촌의 무정부주의 운동은 결코 토지없는 노동자들에만 국한되지 않는다. 사실 디아스 델 모랄(Diaz del Moral)과 브레난이 강력하게 주장했듯이 소농이나 장인들도 이 운동에서 중요한 역할을 수행했다. 심지어 어떤 사람들은 더 강력한 주장을 펼쳤는데, 그것은 소농이나 장인들이 경제적으로 더 침해받기 쉽고 사회적으로도 그다지 신중한 계급이 아니라는 사실에 근거하고 있다. 밀집거주지역의 날품팔이꾼들을 관찰한 사람이라면 누구나 문제의 핵심에 도달할 수 있을 것이다. 이 지역에서 신사계급은 별도로 하더라도 목장의 감독이나 그러한 부류의 사람들은 태어날 때부터 지배하는 존재로 태어나며, 단지 장인이나 밀수업자들만이 어떤 막연한 자존심을 지닌 채 살아간다.

안달루시아의 사회혁명은 1850년이 되면서 시작된다. 그 이전의 사례가 종종 인용되기도 하지만 — 후엔 테오베후나(Fuenteovejuna)의 난(이 난은 15세기 후반에 일어났으며, 스페인에서는 폭군의 압정에 대한 반란으로 전설화되어 민중의 가슴 속에서 상징적인 위치를 점하고 있다. ; 역주)이 일어난 유명한 촌락은 안달루시아였다 — 19세기 후반 이전에는 특별히 농민의 혁명운동이 있었다는 증거는 없다. 후엔 테오베

2) 예를 들면 카디스주에서는 1936년의 선거에서 인민전선이 다수를 점하고 있었다. 그러나 서해안에 연한 지역과 론다(Ronda)의 산악지대는 예외였다. 그것은 이 지역이 전통적으로 무정부주의의 온상이었기 때문에 아마도 투표기권의 정책이 시행되었을 가능성과 무관하지 않다.

후나의 난(1476)은 결국 한 전제군주의 비정상적 폭압에 대한 특수한 반란이었으며, 그것도 코르도바의 도시지역에서만 집중적으로 일어났던 것일 뿐이다. 그러나 이 난을 주제로 한 전설이나 드라마는 이 점을 강조하지 않는다. 또 17세기의 안달루시아 분리독립주의자들의 영향을 받았던 기아폭동도 결국은 농촌보다는 도시적 성격의 폭동인 것으로 생각된다. 그것은 당시 스페인제국의 분열을 기화로 일어난 폭동이며, 유사한 농민소요의 영향보다는 당시 포르투갈과 카탈로니아에서 일어났던 보다 강력한 반란의 영향을 받은 것이었다. 어쨌든 이러한 운동들에는 '농민의 천년왕국' 을 그리는 어떤 징후가 있는데, 이는 더 정확한 연구에 의해 밝혀질 수 있을 것이다.

모든 전(前)산업사회의 농민들이 그래왔듯이 안달루시아의 농민들은 수많은 고난 속에서 굶주리고 있었다. 이에 농민들 속에 내재된 어떤 혁명적 관념은 의적행위나 밀수행위에 대한 아주 열광적인 숭배를 통해 그 탈출구를 찾는다.

> 디에고 코리엔테스(Diego Corrientes) 안달루시아의 의적이여!
> 부자를 털어 가난한 자를 돕는 자여!

가톨릭교회의 군대는 그 신성한 종교재판을 통해 이단이라면 부귀나 신분 여하에 관계없이 처단했다. 그런데 예수회의 마리아나와 같은 스페인의 신학자들은 그 잔인한 재판정에서 후엔 테오베후나의 봉기를 옹호했고 급진적인 사회개혁안을 제시했다. 사실 그들의 수도원제도는 때때로 원시공산주의의 이념을 구체화한 것이기도 하다. 나는 한 늙은 아라곤의 농부가 아들의 물음에 답하여 한 이야기를 들은 적이 있다. "너도 알다시피 그들은 거기에서 공산주의를 실행하고 있단다. 그들은 모든 것을 함께 모아서, 매일 각자가 필요한 만큼 가져갈 수 있단다" 스페인 교회가 대(對)프랑스전쟁에서 교구목사를 군중의 선두에 선 게릴라지도자로 싸우게 한 그 예외적인 '인민주의'를 보유하고 있는 동안, 그렇지 않았다면 보다 세속적인 방식으로 혁명적 작업을 수행하게 되었을 분위기를 효과적으로 해소시키는 기능을 해왔음은 사실이다.

1850년대 말엽이 되면 방랑하는 농민집단이 생겼다는 보고가 있으며, 또 촌락단위에서의 '권력탈취'에 대한 보고도 있다. 특별히 관심을 끄는 최초의 토착적인 혁명운동은 1861년에 일어난 로하(Roja)와 이스나할(Iznajar, 안달루시아의 촌락으로 혁명운동의 중심지였다)의 반란이다. 이는 바쿠닌주의의 복음이 침입하기 수해 전이었다(그러나 로하 봉기에 미친 좌익 카르보나리주의 비밀결사의 영향에는 몇 가지 의문점이 있음을 나는 잘 알고 있다). 1868년에서 1873년에 걸친 인터내셔날과 공화주의자들의 선동 시기에는 그와 다른 운동들도 관측된다. 그 하나가 지역 단위의 독립자치 운동(cantonalism, 바쿠닌주의에 의해 지지받은 혁명적 독립자치운동. 동부와 안달루시아의 대도시에는 운동이 활발하여 대토지소유제를 붕괴시키려고도 했다 ; 역주)인데, 이스나할과 후엔 테오베후나에서는 촌락의 독립을 요구하였고 — 이는 모든 스페인의 농민운동의 특색이라고도 할 수 있다 — 포소블랑코와 베나메히(Benameji)에서는 토지의 분할을 요구하였다. 이 유명한 비참한 촌락에서는 주민들의 대부분이 전에 밀수를 한 경험이 있으며, 산적들이 부잣집을 공격하더라도 관이 형벌을 받지 않았는데 그것은 아무도 그것을 관에 알리지 않기 때문이었다.[3]

'베나메히의 아들들'(이들은 아직도 스페인의 유명한 시인이며 노벨상수상자인 가르시아 로르카[Garcia Lorca]의 「집시 로맨스[Gipsy Romances]」에서 스스로를 존엄하게 한 개인주의자들로서 전설적 인물의 역할을 하고 있다)이 개인적 반항을 사회혁명으로 진전시키면서 스페인의 정치에는

---

3) 사회운동의 전위적인 중심지였던 이스나할 역시 매우 강력한 비밀규약(omert)을 갖고 있었다.

새로운 시대가 시작되었다. 이제 무정부주의운동은 인터내셔날의 바쿠닌주의자들에 의해 선동되면서 표면에 드러나기 시작했다. 유럽의 전역에 걸쳐 1870년대 초기는 대중의 정치운동이 급속히 팽창되던 시기였다. 새로운 혁명주의를 간직한 주요세력은 전형적인 대토지소유제의 각주에서 일어났는데, 카디스와 남부 세비야가 주목할 만한 지역이었다. 서서히 안달루시아 무정부주의운동의 주요 거점들이 드러나기 시작했고 메디나 시도니아(Medina Sidonia), 비야마르틴(Billamartin), 아르코스 데라 후론테라(Arcos de la Frontera), 엘 아라알(El Arahal), 보르노스(Bornos), 오스나(Osuna), 엘 보스케(El Bosque), 그라살레마(Grazalema), 베나오카스(Benaocaz) 등의 농민운동의 지도자들이 등장했다.

1870년대 후반이 되면서 운동의 열기는 일단 수그러들었으나 — 그러나 카디스주에서는 다른 곳보다 조금 나은 상황이었다 — 1880년대 초반에 다시 불타올랐다. 그리고는 다시 붕괴되었다. 이 당시에 헤레스(Jerez) 지역에서는 가장 초기 형태의 농민 '총파업(general strike)'이 일어났다. 이 헤레스는 후에 가장 격렬한 무정부주의운동의 요새가 되었다. 1892년에 또 다시 폭동이 일어났다. 헤레스에서는 수천의 군중이 시위를 벌였으나 쉽게 진압되었다. 1900년대 초기에는 또다시 운동이 부활했는데, 이 때에는 총파업이라는 효율적인 전술의 밑받침 아래 이루어졌다. 이 때의 총파업은 지금까지 결코 볼 수 없었던, 사회혁명을 성취하기 위한 조직적 수단이었다. 1901년에서 1903년까지 농민총파업은 최소한 16개 지역에서 일어났는데 카디스주가 가장 주요한 지역이었다. 이 총파업들에서는 천년왕국주의적 성격이 두드러지게 드러난다.

얼마간의 침묵이 있은 후 역사상 가장 거대한 대중운동으로 기록된 '러시아 혁명'이 일어났고, 그 소식은 이 먼 변방에까지 들려왔다. 이 볼셰비키의 시기에 카디스주는 처음으로 무정부주의운동의 주도권을 코르도바주에 넘겨주었다. 공화시절(1931~1936)은 위대한 최후의 부흥운동이었으며, 1936년에 무정부주의자들은 많은 밀집거주지역에서 권력을 장악했다. 그러나 말라가와 코르도바를 제외하면 무정부주의 지역은 반란(프랑코는 1936년 모로코에서 반란을 일으켰다. 프랑코의 파시스트 세력은 독일과 이탈리아 파쇼의 정치적·군사적 지원 하에 약체 공화정부[Loyalists]를 공략하여 1939년 9월 마드리드에 입성함으로써 공화정의 막을 내렸다 ; 역주)의 초기부터 거의 프랑코의 지배하에 들어갔으며, 곧 이어 공화정측의 영토도 정복되었다. 이리하여 1936~1937년은 안달루시아 지방 무정부주의 운동사의 종착역으로 기록된다.

안달루시아의 광대한 지역에서 농민들의 혁명적 관념이 1860년대 이후 국지적으로 발생하였으며 거의 십년 간격으로 크게 확산되었었다는 것은 일단 확실하다. 또 19세기 전반에는 이에 비견될 만한 힘이나 성격을 소유한 어떤 운동도 없었음이 확실하다. 그 이유를 발견하기란 쉽지 않다. 왜냐하면 비록 1812, 1817, 1834~1835, 1863, 1868 그리고 1882년에 일어났던 것과 같은 실제상의 파멸적인 기아상태를 제거하는 것에 불과했다 하더라도, 조건은 계속 개선되어져 왔기 때문이다. 최후의 절실한 기근은(비록 내란 이후의 몇 가지 에피소드를 기대할 수 있더라도) 1905년에 일어났다. 어쨌든 통상 기근현상이 찾아오면 사회적 불안이 증대되기는 해도 사회운동이 격화되지 않고 억제되는 것이 일반적이다. 사람들은 실제 심하게 굶주리면 음식물을 구하는 데 혈안이 되어 그 외의 어떤 일도 하려 하지 않는다. 그리하면 죽음밖에 없기 때문이다.

그러나 경제적 조건은 자연히 혁명적 폭동의 시기와 주기를 결정한다. 즉 사회운동은 한 해 중에 가장 조건이 나쁜 몇 달 동안 최고로 격렬해지는데, 1월에서 3월까지는 농장노동자들에게 전혀 일거리가 주어지지 않으며(1892년 헤레스의 시위와 1933년 카사스 비에하스의 봉기는 모두 이 시기에 일어났다), 3월에서 6월까지는 전해의 수확물이 동이

나서 가장 빈곤한 계절이다. 그러나 무정부주의자들에 의한 봉기는 단순히 경제적 고통의 증가를 보여주는 것만은 아니다. 그 봉기는 간접적이기는 하지만 외부의 정치적 운동을 반영한다. 농민과 정치(이는 도시민의 전유물이다)의 관계는 언제나 특수하다. 그리고 우리가 말할 수 있는 것은 성숙된 시기라면 혁명의 발생이나 새로운 법의 제정과 같은 정치적 대변동, 혹은 마치 새로운 세계를 여는 것처럼 보이는 국제적 노동운동에 있어서의 어떤 사건 — 인터내셔날이 결성, 혁명의 무기로서의 총파업의 발견 — 등의 막연한 소식이 농민들의 반항을 일으킨다는 것 뿐이다.

이 모든 현상에 대한 가장 적절한 설명은 19세기 전반에 자본주의적 법、사회 관계가 남부의 변방에 침투한 결과로서 사회혁명의 관념이 발생했다는 것이다. 1813년에는 토지에 대한 봉건적 권리가 폐지되었고, 그로부터 1854년의 혁명시까지(진보적 부르죠아들이 자유통일당을 결성하여 헌법제정권을 취하려 했던 혁명 ; 역주) 농업문제에 자유계약을 도입하려는 전투가 계속되었다. 1855년 그러한 노력은 승리를 거두었다. 국가와 교회 재산의 일반적 개방이 재확인되었고 자유시장에서 판매될 길이 열렸다. 그 이후로 자유매매는 간단없이 계속되었다. 여기서 전례 없는 경제적 혁명이 농민계급에 미친 파멸적인 영향을 더 이상 분석하는 것은 불필요하다. 당연히 뒤이어 사회혁명의 관념이 발생했다.

안달루시아에 있어서 특이했던 점은 사회불안이나 혁명적 소요가 무정부주의자들의 지도 아래 농촌 사회혁명이라는 특수하고도 정치적 의식을 소유한 운동으로 아주 명백하고도 급속하게 전화된 것이다. 브레난이 지적한 대로 1860년에 안달루시아에서는 남부 이탈리아에서와 똑같은 미분화상태의 원시적 소요가 일어났다. 그 소요는 의적이나 부르봉 왕조적 혁명반도와 우발적 농민일규를 이탈리아식으로 결합한 혹은 그 양자와 마피아를 시칠리아식으로 결합한 양상을 띠었을 수도 있었는데, 그것은 의적행위와 토지귀족적 산적행위, 그리고 외침자에 대한 일반적인 자기방어 행위가 복잡하게 뒤섞인 형태이다. 이와 같이 복합적인 성격의 농민소요에 선명한 정치적 윤곽을 부여한 것은 부분적으로 무정부주의자들의 운동이다. 그들은 이스나할과 베나메히에서 일어났던 아르코스 데 라 후론테라와 오스나의 독립적 반란들을 단일한 운동으로 결합시켰던 것이다. 한편 이 무정부주의자들은 남부 이탈리아까지 진출했었으나 안달루시아에서와 같은 어떤 반응도 얻지 못했다.

여기서 특이한 안달루시아의 운동형태가 이루어진 것은 스페인의 국가와 교회가 지닌 어떤 특성 때문이라는 짐작이 가능해진다. 시칠리아섬(부르봉가의 혹은 사보이인의 국가)이나 남부 이탈리아(사보이인의 국가)의 국가는 외국인의 국가였으나, 이곳은 스페인인의 국가였다. 정통성을 지닌 지배자에 대해 반항하는 것은 외국인을 거부하는 것보다 훨씬 심화된 정치의식을 필요로 한다. 더구나 스페인 국가는 모든 촌락에 그들의 직접적 대리인을 상주시켜 통제를 강화하고 있었다. 그 대리인은 어디에서나 볼 수 있었고, 효율적으로 농민을 감시하던 농민의 적이었다. 1844년 주로 산적을 억제하기 위해 창설된 시민보호관(Guardia Civil)은 그들의 요새화된 병사에서 마을을 감시했고, 무장한 2인이 각 조를 이루어 외곽지대를 순시했다. 촌락사람은 결코 이 시민보호관에 임명될 수 없었다. 브레난의 정확한 관찰처럼 '모든 시민보호관은 무정부주의 운동에 대비하여 임명된 공무원이었으며, 무정부주의자가 늘어날수록 그들도 늘어났다.' 4)

국가는 농민들에게 시민보호관에 대한 적의를 통해 그들의 반항을 분명히 하도록 획책했으며, 교회는 농민들을 포기했다. 18세기 이후

4) 한 예를 들자면 카사스 비에하스에는 봉기가 일어나기 전에 4명의 시민보호관만이 주둔하고 있었으나(1933) 오늘 날에는(1956) 12명 내지 16명의 시민보호관이 주둔하고 있는 것으로 추측된다.

스페인 가톨릭의 변화과정을 분석할 여유는 없다. 단 교회는 경제적、정치적 자유주의에 대한 투쟁에서 패배하면서 나바레와 아라공(카를로스주의자들[Carlist] — 1829년 왕위계승에 관한 샐릭법[Salic law, 여성의 토지상속, 왕위계승권을 부정한 법]의 폐기에 의해 왕위계승의 주장이 묵살된 카를로스공[Don Carlos]과 그 후계자의 지지자들 ; 역주 — 의 주요 지점)의 소자산가들 사이에서처럼 보수 — 혁명적 세력이 되었을 뿐만 아니라 단적으로 말하자면 부유계급과 결탁한 보수적 세력이 되었다는 점만 지적하고자 한다. 현상유지의 교회, 왕과 과거의 교회라면 이미 농민의 교회일 자격을 잃은 것이라고 할 수 있다. 교회가 행하는 일은 이미 부유한 자들만을 위한 일로 간주되었다. 비적들이 전락하여 지방의 부유한 호족의 후원을 받는 도적(bandoleros, 고용된 산적)이 되고, 교회마저 부유한 자들만을 위한 교회가 되면, 정의롭고 자유로운 세계를 그리는 농민들의 꿈은 새로운 돌출구를 찾아야만 한다. 무정부주의운동의 지도자들이 농민들에게 해준 것이 바로 이것이다.

새로운 농민운동의 이데올로기는 무정부주의였다. 보다 정확한 명칭을 붙이자면 '해방적 공산주의'라고 할 수 있을 것이다. 그들의 경제계획은 이론적으로는 공동소유였으나, 실제적으로는 특히 운동의 초기 단계에서는 거의 예외 없이 토지의 분할(reparto)이었다. 정치계획은 공화주의적 반권위주의였는데, 그것은 자치촌락(self-governing pueblos)이 독자적인 주권단위이고, 왕、귀족、경찰、세리(稅吏) 그리고 초지방적 국가의 대리인과 같은 외부세력, 즉 본질적으로 '인간에 의한 인간착취의 대리인'이 완전히 절멸된 세계를 꿈꾸고 있었다. 안달루시아의 조건으로 볼 때 그러한 계획은 결코 보기보다 유토피아적인 것은 아니었다. 모든 촌락들은 경제적、정치적 면에서 독자적으로 운영되고 있었다. 그들은 실질적인 행정、정부、탄압조직이 거의 없는 원시적인 방법으로 운영되고 있었기 때문에, 권력이나 국가란 불필요한 침입에 불과하다는 주장이 어쩌면 타당하게 보인다. 그런데 실제로는 시민보호관소·임명시장 및 홍수 같은 공문서가 사라지고도 이 촌락들에 정의보다는 혼란이 일어난 원인은 무엇인가? 그러나 이러한 의문은 무정부주의자들의 열망을 단순히 경제적·정치적 요구의 좁은 틀 내에서 잘못 읽은 것이다. 그들은 새로운 도덕의 세계를 그리고 있었던 것이다.

이 세계는 과학과 진보와 교육의 빛에 의해 실현될 것이다. 무정부주의적 농민들은 이를 열렬히 신봉하고 있었으며, 모든 압제의 사악한 세계를 거부하듯이 종교와 교회를 거부했다. 그러나 그것이 반드시 부유함과 안락의 세계일 필요는 없었다. 왜냐하면 안달루시아의 농민들이 안락함을 꿈꾸고 있었다 하더라도 그것은 단지 언제나 충분히 먹을 수 있었으면 하는 소박한 것 이상은 아니었기 때문이다. 전(前)산업사회의 궁핍한 대중이 생각하는 선한 사회란 모두가 부자가 되는 사회라기보다는 차라리 모두가 똑같이 근검·내핍하는 사회였다. 그러나 그것은 자유롭고 정의로운 세계일 것이다.

이러한 이상은 결코 무정부주의자들만이 지닌 것은 아니다. 사실 시칠리아의 농민들이나 여타 혁명적 농민들의 마음을 사로잡았던 계획들이 실현되었더라도, 그 결과는 코르도바주의 카스트로 델 리오(Castro del Rio)에서 무정부주의자들이 권력을 장악해서 프랑코군대에 의해 점령당하기까지 일어났던 일과 그다지 차이가 없었을 것은 확실하다. 그 기간 중에는 토지수용, 화폐폐지, 사유물과 임금의 지불 없는 노동과 마을 창고에서 필요한 물품은 자유롭게 가져가는 것(그들은 모든 것을 공동화했고, 누구든 필요한 것을 가져갔다), 그리고 위대하고도 놀라운 도덕심의 고양 등이 실현되었다. 촌락의 술집이 문을 닫았고, 마을 창고에서는 커피가 사라졌다. 전사들은 마약을 모두 소거시켰다. 마을은 고립되었고, 아마도 전보다 더 궁핍하게 되었을 것이다. 그러나 그것은 보다 순수하고 자유로운 세계였으며, 그 자유에 적응하지 못하는 것들은 모두 살해되었다. 이러한 계획이 바쿠닌주의적 색채를 띠고 있다면, 그것은 근대에 있어서 신중하게 농민들에게 접근해간 바쿠닌주의보다 더 민감하고 정확하게 후진지역 농민들의 자연스런 소망을 반영한 정치운동이 없었기 때문이다. 더구나 스페인의 무정부주의는 우리 시대의 어떤 정치운동보다도 거의 절대적으로 농민들과 소규모 장인 계급에 의해 가꾸어지고 확산된 운동이다.

디아스 델 모랄의 지적대로 마르크시즘과는 달리 무정부주의운동은 실제적으로 지식계층을 참여시키지 않았으며 관심을 끌만한 이론가도 배출하지 못했다. 이 운동의 이론적 지도자들은 대개 그다지 박식하지 못한 설교자이거나 촌락의 예언자들이었다. 그들이 펴낸 문헌이나 잡지 혹은 선전물들은 기껏해야 외국 사상가들이 다듬어 놓은 이론을 보다 쉽게 대중화시켰을 뿐이다. 외국 사상가로서는 바쿠닌, 레끌루스(Reclus, 프랑스의 지리학자로서 파리꼬뮌에 참가했다 ; 역주), 말라테스타(Malatesta, 이탈리아의 무정부주의 이론가. 행동에 의한 선전선동을 역설했음 ; 역주)등이 있다. 한 명만 제외하면 — 그들은 갈리시아 사람이었다 — 무정부주의에 관한 이론가 중에 이베리아 반도의 사람은 전혀 없었다. 그것은 압도적으로 궁핍한 사람들의 운동이었다. 따라서 이 운동이 안달루시아 밀집촌락지대의 이해와 소망을 특출하게 반영하고 있는 것은 그다지 놀랄 만한 일이 아니다.

아마도 이들의 단순한 혁명주의는 사악한 이 억압의 세계에 대한 그들의 전적이고 절대적인 거부의 심정을 고려하여 파악하는 것이 보다 실제에 근접할 수 있는 방법일 것이다. 이들의 혁명주의는 달리 예를 찾아볼 수 없는 교회방화에 대한 특수한 무정부주의적 열정에서 보다 고양되며, 교회가 빈곤한 이들의 주장을 배반한 데 대한 농민들의 실망이라는 쓰라린 경험을 반영하고 있다. 1935년에 발간된 스페인에 관한 한 안내서(Guide Bleu)에는 아주 냉정하게 '말라가는 진보적 관념이 무척 우세한 도시다. 거기에서는 1931년 3월 12~13일의 양일에 걸쳐 43개의 교회와 수도원이 불탔다' 고 기술되어 있다. 그리고 5년 후 이전과 똑같이 불타고 있는 도시를 내려다보면서 한 늙은 무정부주의자는 브레난과 다음과 같은 대화를 했다.

'당신은 저것을 보며 무슨 생각을 하시오' 하고 그 늙은 무정부주의자는 물었다.

나는 '저들은 말라가를 온통 불태우고 있지 않소' 하고 대꾸했다.

'그렇소! 그들은 말라가를 온통 잿더미로 만들 것이오. 당신에게 말하건대 결코 어떤 건물도 온전하지 못할 것이오. 아니 어떤 나무나 야채도 이 땅덩어리에서 더 이상 자라지 못할 것이오. 그리하여 이 세상에는 더 이상 어떤 사악함도 존재하지 않게 될 것이오!'

그의 말은 아주 격앙되어 있었다.

이 양심적인 무정부주의자는 이 사악한 세계를 파괴시키려 할 뿐만 아니라 — 비록 그가 그러한 행위에는 실제로 무수한 방화와 살육이 뒤따른다는 것을 믿고 있지 않았더라도 — 전면적으로 거부하고 있다. 안달루시아인들을 전통주의의 사슬에 옭아맨 모든 것은 타파되어야 했다. 그는 결코 신이라는 말을 사용하려 하지 않았으며 종교와 어떤 관련도 가지려 하지 않았다. 그는 투우에 반대하였으며 음주나 흡연도 거부했다. 이는 볼셰비키의 시대에 채식주의의 경향이 운동에 침투된 것과 관련이 있다. 또 이 안달루시아의 무정부주의자는 자유연애가 공식적으로 인정되고 있었음에도 성의 문란함에는 강력히 반발했다. 사실 파업이나 혁명 시에는 무정부주의자들 간에 절대적인 순결이 엄수되었다는 증거가 있다. 그러나 이는 때때로 국외자에 의해 오독되기도 했다.[5] 과거의 모든 것을 거부하고 저주한 이 안달루시아의 농민들은 거의 모든 점에서 혁명적이었다. 그들은 바로 천년

5) 브레난은 1902년의 모론(Moron) 총파업 때 결혼은 토지 재분배의 날로 연기되었다고 보고하고 있다. 그러나 이러한 관찰은 운동을 너무 나이브한 낙관주의로 단순평가해버리는 오류를 범하고 있다.

왕국주의자였던 것이다.

다행히 촌락 무정부주의의 천년왕국주의적 측면에 관한 우수한 설명이 남아 있다. 그것은 예리한 학문적 능력을 지녔던 지방 법률가 모랄이 남긴 방대한 저서 『History of Agrarian Agitations in the Province of Cordova』로서, 여기에는 1920년대 초기까지 서술되어 있다. 다음의 분석은 주로 모랄의 저서에 기초한 것이며, 그 외 그다지 중요하지 않은 몇몇 자료와 촌락혁명의 한 사례 — 1933년에 있었던 카사스 비에하스(카디스)의 혁명 — 에 대한 나의 간단한 연구에 의해 보충된 것이다.

촌락규모의 무정부주의운동과 관련하여 세 개 정도의 집단으로 나누어 생각해 볼 수 있다. 첫째 집단은 촌락의 대다수 주민으로서 이들은 시기가 도래했을 때만 행동한다. 둘째 집단은 지방은 설교자, 지도자, 전도사 등의 소위 핵심적인 '의식분자(obreros conscientes)' 로서 이들은 끊임없이 행동하며, 오늘날 되새겨보면 이념을 가지고 행동했던 인물들이라고 할 수 있다. 셋째 집단은 촌락 외부의 인물들로서 국가적 지도자나 선동가 및 언론인 등 외부에서 영향을 미친 집단이다. 스페인 무정부주의운동에서 셋째 집단은 이상하게도 그다지 중요하지 않았다. 운동은 어떠한 조직도 거부했고, 어떤 경우에도 엄격히 훈련된 조직을 거부했다. 또 정치에의 참여를 절대 거부하여 결국 국가적 규모의 지도자를 거의 배출해내지 못했다. 언론은 대개 수많은 전단으로 구성되는데, 이 중 많은 부분은 다른 촌락이나 도시의 의식분자들이 집필한 것이다. 전단들은 대개 정치적 문제를 거론하지 않는 경향이 있었는데, 이는 지금까지 살펴본 대로 무정부주의운동이 정치를 신뢰하지 않기 때문이었다. 한편 신문에는 진리를 추구하는 논의와 부정의에 대한 공격이 반복적으로 강조되며, 마드리드, 뉴욕, 바르셀로나, 레그혼, 부에노스아이레스 등에서 동일한 투쟁을 하고 있는 형제들의 존재를 강조하여 그들과 안달루시아 소촌락의 구두수선공과의 연대의식을 창조하는 기사가 자주 실렸다. 외부세력 중에서 가장 활동적인 인물들은 순회목사나 선전요원인데, 이들은 언제나 환영받는 존재였다. 이들은 촌락을 돌아다니며 선한 말씀을 가르치고 지방학교를 개설했으며, 무정부주의에 대한 훌륭한 안내서를 쓴 위대한 인물들, 즉 크로포트킨이나 말라테스타 등의 이름을 은밀히 가르쳤다. 그러나 그들 중에 누군가가 그 순회강연을 통해 국가적 명성을 얻었더라도 촌락 단위의 현장을 멀리 하지 않았다. 사실 한 지방의 촌민이 그러한 명성을 얻는 것은 충분히 가능성 있는 일이었는데, 그것은 모든 의식분자들이 어디를 가든 끊임없이 선전하는 것을 자신의 의무로 생각했기 때문이다. 사람들에게 영향을 미치는 것은 어떤 사람이 아니라 바로 진리라고 그들은 믿었다. 그리고 운동은 전체적으로 그 진리를 얻은 사람이 그것을 다른 곳에 선전하는 방향으로 나아갔다. 더 이상 가난이나 미신에 시달리지 않아도 된다는 놀라운 계시를 얻었을 때 그들이 그 진리를 널리 알리지 않고 견딜 수 있었겠는가?

따라서 의식분자들은 교육자요 선전가며 선동가이지 조직가가 아니었다. 모랄은 이런 유형의 사람 중 특히 촌락의 소장인이나 소농에 대해 탁월한 설명을 가하고, 토지없는 노동자에 관해서는 별로 언급하지 않았다. 그러나 이는 확실치 않다. 그들은 놀라운 열정으로 신문을 읽고 자기교육에 열중했다(오늘날에도 카사스 비에하스의 주민들에게 이미 죽거나 사라져버린 이전 전사들의 가장 인상깊었던 점이 무엇인지 물으면 아마도 대개 '그 분은 항상 무엇인가를 읽고 있었으며 또 의논하고 있었다' 는 대답을 듣게 될 것이다). 그들은 의논하며 평생을 살았다. 그들의 가장 큰 기쁨은 무정부주의 신문에 편지나 원고를 보내는 일이었는데, 그 글들은 대개 과장된 구절과 긴 문장으로 가득 차 있었으며, 그들이 깨달아 이제 막 다른 이에게 전하고 있는 근대의 과학적 지식의 경이로움을 찬탄하고 있었다. 특히 재능이 있는 인물이라면 17세기 영국에서 발달됐던 대중적 웅변술을 습득할 수도 있었다. 그라살레마의 호세 산케스 로사(1864년생)는 스페인의 수도사들이 발전시켰던 옛날의 드라마(물론 내용은 전혀 다르지만)형식을 모델로 삼아 소설이나 연설문을 쓰기도 했으며, 선전소책자나 자본가와 노동자 사이의 대화체 글을 쓰기도 했다. 특히 드라마는 마을에서 벗어나 거대 라티훈디움에서 한 주일 동안 일하는 노동자들이 거주하는 소옥이나 막사에서 공연되던 — 때로는 꽤 즉흥적이기도 했던 — 것이었다.

의식분자들의 마을에서의 영향력은 사회적 지위 때문이 아니라 설교사로서의 덕에 의한 것이었다. 글을 못 읽는 동료에게 신문을 크게 읽어줌으로써 새로운 소식을 최초로 전해준 이들은 거의 맹목적인 마을의 신뢰를 받았으며, 촌민들의 퓨리탄적 자기희생이 그 가치를 증명받는 경우에는 더욱 그러하였다. 그러나 결국 음주·흡연·매춘을 금지시키거나, 교회의 세례 압력·교회결혼·교회장에 반대하도록 할만큼 강력한 인물이 없었던 것도 사실이다. 부하란세의 발레호친치야나 카스트로 델 리오의 후스토 엘라와 같은 인물은 모랄의 지적대로 저 위대한 정복자(Conquistadors, 16세기 스페인의 아메리카정복 시의 지도자들 ; 역주)들이 대중에 대해 지니고 있던 설득력과 지배력을 가지고 있었다. 카사스 비에하스에서 혁명의 필요성을 외치다 군대와의 12시간에 걸친 전투 끝에 사살당한 쿠로 크루스[6]도 이와 유사한 기능

6) 카사스 비에하스의 무정부주의자. 1933년 1월 8일에 FAI의 전투적 분자들이 주도한 소규모 반란이 바르셀로나에서 일어났다. 안달루시아에서도 총파업을 일으켜 그에 호응하려 했으나 실패했다. 이 때 세이스 데도스(seis dedos), 즉 육손이라고 알려진 쿠로 크루스가 여기에 호응하여 천년왕국주의 운동을 일으켰다. 그는 바야흐로 위대한 순간이 도래하였으며 '자유공산주의'가 실현될 것이라고 주장했다. 친구 및 친족들에게도 똑같은 열광을 불어넣고, 이어 몽둥이나 권총으로 무장하여 인근 치안경비대의 병사로 진군해갔다. 그들은 병사들에게 복음을 전하면서 이제 무기를 버려야 할 때가 왔다고 선언했다. 이제부터 모든 인간은 한 형제이며 모든 경작지는 공동으로 소유하고 경작하게 될 것이라는 것이 그 이유였다. 이 선언에 응하지 않는 경비대와 교전이 시작되고 군과 비행기의 출동에 의해 포위된 채 이 불행한 친구들은 끝

을 가졌던 것으로 보인다. 당연한 일이지만 신에게 선택 받은 소규모 집단은 굳게 결속한다. 개인적、가족적 관계에 의해 무정부주의의 지도적 멤버가 이루어진 카사스 비에하스의 사례는 아주 전형적이다. 쿠로 크루스의 손녀 마리아는 젊은 투사의 대장 호세 카바냐스 실바와 약혼했으며, 또 다른 실바는 노동조합의 비서를 하고 있었다. 크루스와 실바의 가족은 뒤이은 탄압에서 많은 사람이 사형 당했다. 그 후에는 의식분자가 지도하여 운동을 지속시켰다.

보통 마을 사람들은 의식분자를 가장 영향력 있는 시민으로 인정했는데, 그들은 마을사람들에게 순회곡마단에 구경가도록 권유하는 것으로부터(순회곡마단원들은 대개 지방 지도자들의 추천을 받는 것이 몹시 긴요하다는 것을 깨닫는다 ; 역주), 혁명 발발을 조장하는 언행에 이르기까지 광범위한 영향력을 행사했다. 그러나 물론 혁명은 마을이 스스로 필요를 느낄 때만 일어났다. 의식분자들은 정치적 선동을 자신들의 역할로 생각하지 않았으며, 단지 '선전' 만을 목적으로 했던 것이다. 그리하여 혁명은 의식분자들의 의견을 포함한 마을 전체의 여론이 크게 일어나 혁명이 불가피하며 당연한 것으로 간주될 때 발생했다(보다 정교한 조직과 노동조합적 정책을 소유한 아나코 — 신디칼리즘[anarcho — syndicalism][7]이 발전하면서 완전한 자발성에 기초한 운동의

까지 항복하지 않고 싸우다 전사했다. 세이스 데도스를 포함하여 모두 25명이 전사했다. 이 비극적인 전투는 스페인 전역의 노동계급에게 심각한 영향을 주었다 ; 역주

7) 이 아나코 — 신디칼리즘은 프랑스에서는 노동조합주의와 같은 의미로 사용된다. 신디칼리즘은 일반적으로는 혁명적 신디칼리즘으로 불리는데, 1890년대 플아스에서 의회민주주의적 사회주의에 대한 반동으로서 성장했다. 맑시스트가 소비자의 이익을 위해 국가와 그 기관에 의한 전면적 관리를 주장한데 비해 신디칼리즘은 지배권은 생산자의 수중에 놓고 노동조합에 의한 전면적 통제를 주장했다. 신디칼리즘은 총파업과 노동조합의 직접적 행동을 그 무기로 삼았다. 프랑스에서 전개된 신디칼리즘 이론은 스페인에서 거의 읽혀지지 않았지만, 그 사상은 충실히 실행되었다. 그것은 특히 폭력에 대한 신비주

기반은 약화되었다. 그러나 우리가 지금 관심을 기울이는 것은 촌락 무정부주의의 몰락이나 쇠퇴가 아니라 그 전성기이다). 실제 이러한 운동은 거의 10년 주기로 발생했다고 알려져 있다. 허나 촌락에 관한 한 혁명은 지방의 상황이 변하여 혁명이 불가피한 것이 될 때, 혹은 외부로부터의 자극이 잠재되어 있던 혁명의 관념에 불꽃을 일으킬 때 발생하는 것이 보통이었다. 시기가 도래했음을 입증하는 몇 가지 뉴스나 징조 혹은 혜성이 마을을 벌컥 뒤집어놓곤 했다. 1870년대 초기 바쿠닌주의 선전가들이 처음 마을에 도착한 일, 러시아 혁명에 관한 과장된 뉴스, 공화국선포에 관한 소식, 혹은 농지개혁법이 심의 중에 있다는 소식 등이 바로 그것이다.

> 지난 여름 초(1918년 — 저자주)……소위 '새로운 법령'이 제정되었다는 확신이 안달루시아 마을 사람들의 마음을 사로잡았다. 그들은 누가 언제 어디서 그런 법령을 포고했는지 몰랐다. 그러나 누구나 그것에 관해 이야기하고 있었다.

카사스 비에하스의 봉기 직전에 온갖 종류의 소문이 꼬리를 이어 마을을 휩쓸었다. '때가 왔다. 이미 200여 마을이 공산주의를 선포했다. 목하 토지가 분배되고 있다.' 특히 토지분배에 관한 소문은 근처의 큰 라티훈디움에서 당시 통과된 법에 따라 토지개혁을 계획 중에 있다는 뉴스에 근거한 것인 듯싶다.

국지적이었던 무정부주의의 불길이 광범하게 확산된 것은 이러한 상황 하에서였다. 모랄은 이 순간을 감탄어린 필치로 묘사하고 있다.

> 1918~1919년의 그 상황을 겪은 사람이라면 누구든 그 놀라운 광경을 잊지 못할 것이다. 들에서, 움집에서, 광장에서 농민들이 만나 이야기하는 어디에서도 화제는 오직 하나뿐이었다. 그들은 언제나 심각하고 열정적으로

의적 신앙에서 단적으로 드러나고 있다 ; 역주

사회문제를 이야기하고 있었다. 일을 마치고 휴식을 취할 때, 한낮에 잠시 담배 피우는 순간이나 저녁 식사 후에도 글을 읽을 수 있는 사람은 전단이나 신문을 큰 소리로 읽었고 다른 사람들은 깊은 관심으로 그 소식을 들었다. 이어 열변이 있고 방금 읽은 것에 대한 토론을 하고 그것을 찬양하는 이야기들이 끊임없이 계속되었다. 그들은 모든 것을 다 이해할 수는 없었다. 몇몇 말들은 생전 처음 듣는 것이기도 했다. 어떤 해석은 아주 유치하였고, 또 어떤 것은 아주 악의적이기도 했다. 사람의 성격에 따라 전혀 달리 해석되기도 했다. 그러나 근본적으로는 모두가 일치하고 있었다. 그 외에 달리 무슨 수가 있었겠는가? 그들이 들은 모든 것은 비록 훌륭하게 표현할 수는 없었더라도 모두가 그들의 삶으로써 느낄 수 있었던 순수한 진실이 아니었던가? 사람들은 한시도 읽는 것에 게으르지 않았다. 호기심과 배움에 대한 목마름에는 한계가 없었다. 말탄 자는 고삐와 굴레를 놓고 말 위에서 읽기에 여념이 없었다. 도시락을 쌀 때면 어김없이 보자기에 읽을거리를 넣곤 했다……거의 70~80%가 글을 읽을 줄 몰랐다. 그런 이는 결코 넘을 수 없는 장벽이 아니었다. 글을 읽을 수 없었어도 열정적인 사람들은 글을 읽을 수 있는 동료에게 신문을 낭독해달라고 부탁했다. 또 가장 마음에 드는 구절에 표시를 해놓고 다른 동료에게 표시된 글을 다시 읽어달라고 부탁했다. 얼마 후 그는 그것을 전부 외워버렸고 그 글을 아직 못 읽은 동료에게 그것을 이야기해주었다. 그 상황을 설명할 수 있는 말은 없다. '열광'이라는 말 외에는……

이러한 상황 하에서 훌륭한 말은 자연 이 사람 저 사람에게 전달되었다.

몇 주일이 지나자 원래 10~12명의 핵심적인 인물로 이루어진 조직은 공산주의를 선언한 200여 촌락의 한 부분에 불과하게 되었다. 몇 달 만에 실제적으로 전 노동인구가 타는 불과 같이 순식간에 전향하여 찬란한 이상을 열광적으로 외치게 되었다. 마음이 굳어서건 겁이 많아서건 혹은 공중의 존경을 상실할까 망설여서건, 이에 동조하지 않는 사람들은 밭을 갈 때, 주점에서, 오두막에서, 거리나 광장에서 산기슭에 거주하는 확신하는 사람들의 설득공세를 받아야 했다. 그들은 동의할 때까지 이성과 저주와 경멸 그리고 조롱 등 모든 수단을 다 동원한 설득의 포격을 받아야 했다. 저항은 불가능한 일이었다. 마을이 전향하자마자 소요는 확산되었다……모든 이가 선동가였다. 이와 같이 전향의 불꽃은 그런 소지가 있던 모든 마을로 급속히 옮겨붙기 시작했다. 어떤 경우에도 선전가의 할 일은 아주 쉬운 것이었다. 그들은 단지 청중들이 갑작스레 새로운 진리의 빛으로 깨달음을 얻도록 무정부주의의 기관지 『Tierray Libertad』나 『El Productor』를 읽어주기만 하면 되었다.

그러나 어떻게 해야 그 위대한 변혁이 이루어질 수 있을까? 어느 누구도 그것을 알지 못했다. 다만 근본적으로 농민들은 모든 사람이 동시에 그 변혁에의 의지를 천명한다면 변혁이 틀림없이 이루어질 것이라고 느꼈다. 농민들은 1873년에 그렇게 행동했으나 변혁은 이루어지지 않았다. 그들은 1882년에 조합을 결성했다. 조합의 소녀들은 노래했다.

모든 소녀들이
자신의 집에 써놓았던 것은
황금의 편지 속에 쓰여진 것은:
조합의 남자들을 위해 기꺼이 죽으리라

그러나 조합은 붕괴되었다. 1892년 그들은 헤레스읍으로 진군하여 읍을 접수하고 많은 사람을 살해했다. 그리곤 그들은 아주 쉽게 헤어져버렸다. 이어 1900년에는 당시 사회주의 운동의 큰 변동이었던 총파업이 국제적으로 논의되고 있다는 소식이 안달루시아에 전해졌고, 그것은 즉각 실천에 옮겨졌다(사실 천년왕국을 실현함에 있어 이 새롭고도 기발한 방법의 발견이 농촌 대중의 무관심을 깨칠 수 있었을 것이다). 이러한 파업은 완전히 자발적인 것이었으며 매우 강력한 것이었다. 심지어 하녀나 간호원들도 파업에 가담했다. 술집은 텅 비었다. 어느 누구도 어떤 청원이나 요구도 제기하지 않았으며 어떤 협상도 시도하지 않았다. 당국은 때로 농민들의 요구가 더 많은 임금인 듯 조작하는 데 성공했으며, 몇몇 협정의 타결에도 성공했다. 그러나 그러한 노력은 전혀 부적절한 것이었다. 파업의 목적은 임금 인상보다 더 중요한 다른 것이었다.

약 2주일 후 안달루시아에 사회혁명이 일어난 것이 아님이 명백해지자 파업은 순식간에 종결되었다. 파업 개시가 강력했던 것만큼 파업의 종결도 분명하게 이루어졌다. 모든 사람은 직장에 돌아가 일하기 위해 기다렸다. 사실 디아스 델 모랄이 날카롭게 지적한 바와 같이 파업을 조직 강화나 한정된 목표의 성취에 이용하려던 무정부주의자나 다른 지도자들의 시도는 반대에 부딪치거나 열기의 결핍을 초래했다. 농민들은 '메시아주의적 총파업'을 원했던 것이다.

이러한 파업이나 때때로 발생한 유사봉기를 분석하는 것은 쉽지 않다. 그것들은 당연히 혁명적이었다. 보다 근본적이고 놀랄만한 변혁의 성취가 운동의 유일한 목적이었다. 그 운동들은 혁명을 목표로 하지 않는 한에 있어서 천녀왕국주의적이었다. 레브리하(Lebrija)나 빌라마르틴(Villamartin)이나 보르노스(Bornos)의 남녀들은 파업을 단행했으나 그것은 자본주의를 전복시키기 위한 것은 아니었다. 단지 그들은 지금까지 전복을 위한 준비를 해왔고, 어떤 식으로든 이루어질 자본주의의 파괴를 위한 준비가 되어 있다고 표명할 뿐이었다. 다른 한편 그 운동들이 천년왕국운동으로 보인 것은 촌락 무정부주의의 조직 결여, 고립성, 상대적 취약성 등의 반영에 불과한 것일는지도 모른다. 그들은 공산주의가 단일 촌락에 도입될 수 없음을 충분히 알고 있었으나 한편 그렇게 도입되었을 경우 그것이 어느 정도 영향을 미칠 것이라는 점에 대해 추호도 의심하지 않았다. 1933년에는 카사스 비에하스에서 그러한 공산주의의 도입이 이루어졌다. 사람들은 전화선을 끊고 도로변에 참호를 팠다. 경찰관서는 고립되었으며 외부세계의 개입을 저지했다. 적색과 흑색으로 된 무정부주의의 깃발이 나부꼈으며 토지 분할이 시작되었다. 그들은 운동을 확산시키려는 어떠한 시도도 하지 않았으며 어떠한 인물도 살해하지 않았다. 그러나 외부로부터 군대가 진주하자 그들은 패배했음을 깨달았다. 지도자는 그들에게 산으로 이동하라고 말하고 스스로 직속 부하들과 더불어 막사에서 군대와 교전하다 전사했다. 그들은 전사할 각오였던 것이다. 세계의 여타 지역이 이 촌락과 행동을 같이 하지 않은 한 혁명의 불길을 사그러들 수밖에 없었다. 그리고 이 촌락의 사람들은 스스로 모범을 보이는 방도 이외에는 세계의 여타 지역에 영향을 미칠 수 있는 힘이 없었다. 이러한 환경 하에서 혁명 수단 중에 그들이 활용할 수 있었던 유일한 것은 천년왕국주의적 주장처럼 보이게 하는 것이었다.

촌락에서 고전적 혁명의 수행을 억제했다는 징후는 없다. 그들은 1936년 7월의 경우처럼 유효하게 활동할 수 있는 기회가 있을 때면 지방 공무원, 경찰, 지주로부터 권력을 쟁취했다. 그러나 스페인 촌락 무정부주의의 명백히 천년왕국주의적인 행동에 대해 역사적인 설명이 아니라 차라리 기능적인 설명을 한다 하더라도 그들은 그들이 그리는 위대한 변혁이 유토피아적, 천년왕국주의적, 묵시록적인 것이 아니었다면 결코 그와 같이 행동하지 않았을 것이다. 그리고 모든 증언은 이 점에서 일치하고 있다. 그들은 혁명운동을 적에 대한 지구전이나 국가 권력의 쟁취에서 정점에 이르고 이어 새로운 질서를 창조하는 일련의 캠페인이나 전투로 생각하지 않았다.

그들은 이 세계를 곧 멸망할 사악한 세계로 파악했다. 그리고 위대한 변혁의 그날이 되면 새로이 선한 세계가 열릴 것이며, 기층의 모든 민중이 부상할 것이며 지구의 모든 재물이 모두에게 골고루 분배될 것이라고 생각했다. 한 젊은 노동자는 어떤 신사에게 '그런데, 위대한 날은 언제나 올까요', '위대한 날이란 어떤 날일까요', '그 날이 되면 우리 모두가 평등해질 것이며, 모두에게 토지가 분배될 것입니다'라고 제 흥에 겨워 자문자답하고 있다. 변혁이 그렇게 완벽하고 묵시록적이기 때문에 그들은 변혁에 대해 아주 자유롭게 얘기했다. 심지어 신사계급의 면전에서도 공개적으로, 완전히 털어놓고, 고요한 기쁨으로 스스럼없이 변혁을 이야기했다. 이 점에서도 증언은 다시 한번 일치하고 있다. 그들이 신사계급의 면전에서도 그렇게 할 수 있었던 것은 천년왕국이 실현될 경우 그 힘이 신사계급조차 끝까지 버틸 수 없을 정도로 강력할 것이기 때문이다. 천년왕국이 성취되는 것은 계급투쟁의 결과가 아니라 — 왜냐하면 계급투쟁이란 결국 낡은 세계에 속해버리기 때문에 — 말로 표현할 수 없을 정도로 크고 보다 보편적인 어떤 것의 결과일 것이다.

스페인 농민의 무정부주의 운동은 근대의 대중 천년왕국주의적 혹은 의사(擬似)천년왕국주의적 운동 중에서 가장 감동적인 사례일 것이다. 이러한 이유 때문에 그 운동의 장점과 단점은 아주 쉽게 분석될 수 있다. 장점은 그 운동이 근대의 다른 어떤 사회운동보다도 훨씬 충실하고 민감하게 농민계급의 행동 양식을 표현하고 있는 점이다. 그리고 결과적으로 그 운동은 별다른 노력 없이도 자발적인 행동통일을 이루는 바, 이는 모든 관찰자들에게 깊은 인상을 심어주었다. 그러나 반면 그 단점은 거의 치명적이었다. 근대의 사회적 소요가 안달루시아의 농민들에게 이르러 그들에게 조직, 전략, 전술, 인내의 필요성을 교육시키는 데 실패하였기 때문에 그들은 그 혁명적 에너지를 거의 완전히 낭비해버렸던 것이다.

약 십년 간격으로 왕국의 광대한 지역에 걸쳐 자연스럽게 폭발되면서 거의 70년간이나 지속된 이러한 소요는 당시의 허약했던 스페인 정부와 거의 대등한 힘으로 여러 번이나 구체제를 전복시키기에 충분한 힘을 행사했을 수도 있었다. 그러나 브레난이 지적한 바와 같이 사실 스페인 무정부주의는 당국에게 일상적인 치안 문제 이상의 위협이 되지 못했다. 그 운동은 더 이상의 역할은 해낼 수 없었다. 왜냐하면 자발적인 농민 반란은 그 속성상 소규모 촌락에 한정되거나, 혹은 기껏해야 조금 더 넓은 지역에 걸쳐 일어날 뿐이었다. 그 운동이 보다 일반화될 수 있었다면 틀림없이 모든 촌락이 동시에 특수한 목적을 위하여 행동을 개시해야 한다는 조건에 부딪치게 되었을 것이다. 스페인 무정부주의는 1936년 7월에 단 한번 그러한 기회를 갖게 되었다. 당시 공화정부가 파쇼에 대한 저항을 호소해왔던 것이다. 그러나 무정부주의에 관한 한 그 호소해온 체제의 인정을 원칙적으로 거부해왔었고, 당연히 그 체제를 이롭게 할 어떠한 준비도 되어 있지 않았던 것이다. 틀림없이 순수한 자발성과 메시아주의가 지니는 이러한 단점은 아주 천천히 인식되어졌다. 순수한 무정부주의가 불투명한 노동조합주의의 방향과 정책을 인정한 아나코 — 신디칼리즘으로 대체된다는 것은 이미 조직, 전략, 전술에 있어서의 진일보를 의미했다. 그러나 그것으로는 조직을 충분히 강화할 수 없었으며, 지령에 따라 즉각적으로 하나의 운동에 참여하기에는 두 운동이 모두 바람직스럽지 못하며 불필요하다는 근본적 가정의 벽에 부딪쳤다.

무정부주의 운동은 한 번 패배하면 다시 일어설 수 없었고 지금도 그러하다. 단일 공동체인 촌락에서 비합법적 조직은 아주 쉽게 성립된다. 이미 살펴본 바와 같이 시칠리아의 피아나 데글리 알바네시는 이 점을 극명하게 밝혀준다. 그러나 무정부주의 촌락의 천년왕국주의적인 열광이 가라앉고 나면 진실한 무정부주의 신봉자인 소수의 의식분자와 다음에 도래할 위대한 순간을 기다리는 낙담한 대중만이 남을 뿐 모든 것이 사라지고 만다. 그리고 사망, 이민, 혹은 경찰의 조직적인 감시 등에 의해 그 소수의 그룹마저 사라져버리고 나면 쓰라린 패배의식 외에 아무것도 남는 것이 없게 된다. 피트 — 리버스의 관찰처럼 시민전쟁 이후 안달루시아의 무정부주의 운동은 더 이상의 적극적인 역할을 해내지 못했으며, 이전에는 그다지 중요하지 않았던 공산주의자들에 의한 활동만이 약간의 비합법적 활동으로 남아 있었음에 틀림없을 것이다.[8] 만약 사실이 그러하다면 그것은 우리의 예측에 맞아 떨어진 유일한 결과라고 할 수 있다. 즉 무정부주의 유형의 농민운동은 프랑코 정권에 의한 효율적인 억압과 끊임없는 통제에 보다 조직적으로 저항할 수 없는 것이다. 그러한 억압과 통제는 프랑코 이전의 스페인 정부가 결코 상상도 할 수 없었던 유형의 것이었다. 따라서 무정부주의 유형의 농민운동은 우연한 계기에 불꽃처럼 타오르다 고립무원 속에 소멸할 수밖에 없었던 것이다.

고전적 무정부주의는 결국 근대적 조건에 거의 적응할 수 없었던 농민운동의 한 형식이다. 그것은 피할 수 없는 결과였다. 그러나 만약 1870년대에 안달루시아의 촌락 지대에 다른 이데올로기가 침투했다면 농민들의 자발적이고 불안정한 반항의 열기는 보다 강력한 어떤 것으로 조직화될 수 있었을는지도 모른다. 공산주의는 때때로 그러한 작업을 성공적으로 이끌곤 했다. 그러나 안달루시아의 촌락에서는 그러한 일이 일어나지 않았다. 근대의 사회운동 중에서도 거의 유일하게 이 무정부주의 운동사는 피할 길 없는 패배의 역사였다. 그리고 만약 어떤 예견되지 않은 역사적 변화가 발생하지 않는 한 재세례파의 운동이나 여타 예언자들의 운동처럼 책 속에 묻혀버릴 것이다. 그 운동들은 무장을 했더라도 그 무장을 어떻게 활용해야 하는지를 알지 못했다. 그것은 결국 영원한 패자로 역사의 그늘에 묻혀버린 예언자들의 운동이었다.

---

8) 지브롤터 해협의 바로 뒤에 위치한 시에라스(sierras)에서는 시민전쟁 이후에도 그리고 1944~1946년에 다시 무장저항이 있었다. 그 핵심 세력은 보다 조직적인 무기, 장비, 인원의 공급에 의존하고 있었던 것으로 보이는데, 여기에서 공산주의자들은 무정부주의자들보다 훨씬 효율적인 저항을 했던 것이다.

제 6장 시칠리아의 농민연합과 농민공산주의

— 천년왕국운동Ⅲ —

시칠리아의 농민연합과 그들이 빚어낸 정치적 결과에 대해 설명하는 것은 원초적 사회운동이 완전히 근대적인 사회운동으로 흡수되는 전 과정을 조명해보려는 의도에서이다. 여타 남부 이탈리아 지역과 마찬가지로 시칠리아의 농민들은 농촌 무정부주의의 전개과정에서 그 침투를 받아본 적이 없었다. 그들은 일반적으로 원초적 관념을 넘어 진보하였더라도 대개 사회주의나 공산주의 운동에 바로 참가하였던 것이다. 이런 연유로 하여 안달루시아에서 촌락 무정부주의 조직의 단순한 형식을 결정지웠던 농민 천년왕국주의의 내용이 이탈리아에서는 놀랄만큼 정교한 정치적 구조에 적합하게 되었던 것이다. 그러나 이것이 시칠리아나 루카니아의 개별적 농민 공산주의자나 사회주의자 — 이들은 그 지역에서는 혁명적인 마르크스주의자이다 — 가 그 정치에 대한 개인적 접근에 있어서 안달루시아의 동료들과 크게 다르다는 것을 의미하지는 않는다. 이것이 의미하는 것은 그 촌락의 정치사와 운동이 상이했다는 점이다. 즉 그들이 참여한 원인이 그들로 하여금 안달루시아와 상이하고 보다 복합적인 행동, 예를 들면 선거, 농업협동조합에의 참여 및 강제적인 토지 점거나 총파업 등의 행동을 하도록 유도했던 것이다.

서유럽의 여러 운동 중에서 거의 유일하게 이탈리아의 혁명적 농민운동이 우선적으로 마르크시즘의 영향을 받아야 했던 이유를 설명하기란 쉽지 않다. 아무튼 바쿠닌주의자들이 남부 이탈리아에서 스페인에서보다 더 지속적인 노력을 펼치지 않았다는 것은 명백하다. 따라서 그들은 냉담한 반응을 얻을 수밖에 없었다. 그러나 남부의 젊은 지식층 사이에서는 예외적으로 많은 지지자를 확보했다. 이탈리아에서 위대한 무정부주의자가 지식인이었다는 것은 우연이 아니다. 에리코 말라테스타(Errico Malatesta)나 카를로 카피에로(Carlo Cafiero)와 같은 혁명적 신사계급출신의 무정부주의자가 그 예이다. 그 반면 스페인 무정부주의자들은 모두 일반 대중 속에서 출현했으며 이론가와는 정반대의 인물들이었다. 알려진 한에 있어서 혁명적 풍토가 드세었던 남부 이탈리아에서 심각한 무정부주의 봉기가 발생한 적은 없다. 베네벤토(Benevento)가 1877년에 일으킨 봉기는 무정부주의자에 의해 시도된 가장 유명한 사례이지만 이는 처음부터 실패하고 말았다. 그것은 농민들이 불만을 분출하는 리듬을 타지 못했기 때문이다. 만약 그랬다면 레티노와 갈로의 농민들이 만날 수 없었을지도 모른다. 분별있고 비스페인적인 의견을 개진하며 토지를 빼앗으려는 고귀한 말라테스타의 제안과 말라테스타는 '우리의 지역만으로는 전 이탈리아에 대항하여 스스로를 지킬 수 없다. 이것은 전체적인 봉기가 아니다. 내일이 되면 군인들이 들이닥칠 것이고, 우리 모두는 살해될 것이다' 라고 주장했다. 남부의 농민들은 봉기를 일으켰을 때면 대부분의 경우 토지를 빼앗기 위해 행진을 하곤 했다.

아마도 가장 유용하고 그럴 듯한 설명은 다음과 같은 것일 것이다. 이미 보아온 바와 같이 남부 스페인에서는 19세기 중엽 이전에는 활동적인 농민의 혁명관이 거의 발생하지 않았으며, 그 공백을 메꾸며 침투한 것이 바로 무정부주의였다. 이리하여 안달루시아의 농민운동은 처음부터 무정부주의 이데올로기의 영향을 받게 되었다. 반면 두 시칠리아 왕국에서는 원초적 성격의 농민 혁명주의가 근대적 이데올로기가 침투하기 이전에도 거의 풍토병처럼 뿌리를 내리고 있었다.

1820~1821, 1848~1849, 1859~1860의 자유당이나 1799년의 부르봉주의자들에 의한 것과 같이 외부로부터의 정치적 자극은 농민봉기를 유발했다. 무정부주의가 이들에게 침투한 것은 농민들이 여러 초기적 이데올로기 — 산적, 마피아, 부르봉주의, 가리발디즘의 맹아 등 — 의 부적합성을 깨닫기 이전, 즉 농민들이 아직 새로운 믿음이 긴요함을 느끼지 못하고 있을 때이다. 따라서 때가 되자 무정부주의의 조류는 쇠약해졌고, 마르크시즘의 강력한 흔적을 지닌 혁명적 국가사회주의가 우세한 신 이데올로기로 받아들여졌다.[9] 결국 농민들은 후자를 택하게 되었다. 안달루시아와 시칠리아의 경우에는 상이한 점이 있다. 그러나 스페인과 두 시칠리아 왕국의 역사와 사회에 대한 보다 깊은 지식을 갖추어야 확실한 분석이 가능할 것이다. 여기서 차이점에 대해 설명하는 것은 나의 목적이 아니다. 단지 그 점에 대해 주의를 환기시키고자 한다.

시칠리아는 너무 광대하고 복합적인 지역이기 때문에 여기서 아무리 간략하게 한다 해도 그 농업 및 사회 문제에 대해 요약하는 것은 매우 어렵다. 그러므로 여기서는 안달루시아와의 일반적인 유사성 및 그 외의 몇가지 문제에 대해 언급하는 것을 목적으로 하겠다. 첫째, 시칠리아는 이탈리아의 여타 지역에 비해 경제적으로 사회적으로 극히 낙후되어 있었다. 시칠리아는 1812년까지도 공식적으로 봉건사회로 남아 있었다. 심지어 봉건제도가 법에 의해 폐지된 이후에도 1838년 혹은 1862년까지 실질적으로는 봉건제도의 영향 하에 있었다. 프랑스가 유럽 대륙에 도입한 급진적 개혁이 시칠리아에서는 영국의 점령으로 인하여 지연되었고 변질되어 버렸다. 공식적이고 법적인 변혁 후에도 대부분의 지역은 계속 대토지소유의 지배하에 놓여 있었다.

---

9) 이는 주로 남부 이탈리아에 국한된 분석이다. 무정부주의가 우세했던 로마냐와 같은 지역의 경우는 다소 다르다. 그러나 경제적·사회적·정치적으로 남부나 혹은 안달루시아와 비교될 수는 없다.

대토지소유자들은 무장한 가신과 부하들을 거느리고 토지없는 노동자나 종속적 소작농을 부려 주로 가축이나 곡물을 생산했다. 이런 현상은 내륙 오지일수록 더욱 심했다. 마피아에 관한 3장에서 본 바와 같이 신흥 지방 부르죠아는 봉건지주의 합법적·비합법적 수단뿐만 아니라 기업지향적인 자본주의적 자영농민이나 지주들의 보다 근대적인 수단까지도 활용했다. 지방 호족과 그의 무장 사병과 경비병은 지배했고 농민은 고통과 복종을 강요당했다.

둘째, 시칠리아의 농민들은 비참할 정도로 극심한 가난에 시달리고 있었으며 무지했고 수탈당했다. 또한 그 시대의 기준으로 보더라도 그들의 비참한 상황은 다른 지역에 비해서 상대적으로 혹심한 것이었다. 피아나 데이 그레시의 수천의 농민 중에서 1870년대에 오직 4가구만이 신사계급에, 그리고 여섯 가구가 공민에 속하는 것으로 간주되었다. 그러한 신분은 곧 곡물 부역에 참가하고 이전의 봉건 영지를 임차할 수 있는 권리를 뜻했다. 셋째, 당시 시칠리아는 잠재적인 농민 혁명주의와 가까스로 억제되고 있는 계급투쟁 그리고 공법이나 공공질서의 전적인 결여가 뒤엉킨 상황에 처해 있었다.[10] 특히 이제까지 어떤 정부도 효율적인 행정의 손길을 미쳐보지 못했던 내륙 지방은 더욱 어려운 상황에 놓여 있었다. 그리고 시칠리아의 이런 상황은 어느 정도 지금까지도 계속되고 있다고 할 수 있다.

농민들이 불만을 표시하는 전통적인 방식은 지금까지 살펴본 바와 같이 지극히 원초적이며 실제 어떤 명료한 이데올로기나 조직 및 프로그램을 갖고 있지 않다. 언제나 농민들은 영주와 그의 가신 그리고 중간계급을 증오했다. 벙거지들(caps, 시칠리아의 농민들은 전통적인 지

10) 혈족 복수의 만연이 아주 극단적으로 높은 살인율을 낳았다. 초기에 있어서 그 중요성은 1834년 시칠리아에서 실시된 살인 동기에 관한 조사 목록에서도 드러난다. 살인 64건 중 강도 및 경제적 동기 18건, 질투 및 강간 16건, 복수 30건.

중해풍의 둥글고 긴 모자나 프리지아 풍의 원추형 모자를 썼다 ; 역주)은 갓 쓴 자들(haps)을 미워했다. 혁명의 잠복기에 농민들은 산적이나 마피아를 이상화시키곤 했다. 그것은 그들이 영주의 가렴주구가 아니라 농민들의 복수심과 열망을 대변해줄 때 특히 그러 하였다(남부 이탈리아에서 이 산적들의 전성기는 통일 이후의 20여 년 간이다). 혁명의 시기에, 보통 지속적으로 반란을 일으켜온 위대한 시칠리아의 여러 도시들 — 팔레르모, 카타니아, 메시나 — 중 한 도시에서 봉화가 타오르면 농민들은 맹목적이고 무자비한 공격을 시작한다. 그들은 공유지를 점거하고 군청, 세무서, 공문서보관소 및 신사계급의 집이나 연회 장소를 파괴했다. 버가(Verga)는 그러한 농민일규의 한 사례를 그의 단편소설 「해방」에서 묘사하고 있다. 19세기는 그러한 봉기가 연이은 세기였다. 1820, 1837, 1848, 1860 그리고 1866년에 농민봉기가 일어났다. 농민연합의 운동은 이러한 봉기 중에서 가장 규모가 큰 운동이었으며, 조직적 전개를 보인 최초의 운동이었다. 농민연합에는 지도자가 있었고 근대적인 이데올로기와 강령이 있었다. 사실 농민연합은 즉발적인 농민소요와는 전혀 질적으로 다른 최초의 농민운동이었다.[11)]

1891~1894년에 또 다른 농민소요가 폭발했던 정확한 이유는 여기서의 관심사가 아니다. 우리의 관심은 농민연합이 발생한 원인보다는 시칠리아 농민들의 혁명관의 형태를 살펴보는 데 있다.[12)] 자본주의적

---

11) 농민연합에 관한 이러한 설명은 주로 N. Colajanni의 『Gli avvenimenti in Sicilia』(Palermo, 1894), Adolfo Rossi의 『L'agitagione in Sicilia』(Milan, 1894)와 시칠리아의 농민연합에 관한 『Movimento Operaio』(N.S. Nov.~Dec., 1954)의 여러 논문에 기초한 것이다.

12) 농민연합 발생 원인에 관한 여러 자료 중에서 『Giornale degli Economisti I』(1894)의 세 논문만을 참조했다. 특히 우수한 논문인 La Loggia의 「I Moti di Sicilia」와 F. Voechting의 저서 『La Questione Meridionale』(Naples n. d.)204~211을 참조했다.

제관계의 도입이 야기한 일반적인 영향이 1880년대의 세계적인 농업 불황으로 더욱 강화되었고, 그것이 시칠리아의 특징적 현상이 되어버린 대규모 해외 이민에 의해서도 부분적으로조차 경감되지 않았다는 것은 충분히 관찰된 바이다. 사실 농민연합의 시기는 대규모 해외 이민의 태동기이며, 이는 1차세계대전의 여파가 밀어닥칠 때까지 농민연합에 뒤이은 농민반란이 폭발하지 않은 이유를 설명해준다. 운동은 주로 사회주의자들의 지도 아래 농민연합이 설립되고 확장되는 형태로 진행되었는데, 그 폭동과 농업 파업의 규모는 이탈리아 당국이 그 효율적 진압을 위해 특별한 군사조치를 취할 만큼 놀라운 것이었다.

사실 농민연합은 애초부터 의도적인 반란 운동은 아니었다. 1820, 1848, 1860, 1866년에 일어난 봉기들은 이탈리아 내지 시칠리아의 정부 타도와 권력 장악을 겨냥한 자유주의적이고 민족적인 시도가 그 핵심이었다. 그러나 농민연합은 물론 그 참가자들의 가슴 속에 보다 큰 목적이 있었을 수도 있었겠지만 기본적으로 운동의 전 과정을 통해 특수한 경제적 조건의 개선을 위한 운동이었다. 그러나 농민연합 운동을 단순히 개량주의로 파악하는 것은 영국의 차티스트 운동을 의회제도의 개선을 위한 운동으로 파악하는 것만큼 잘못이다. 실제 시칠리아의 역사에 있어서 농민연합 운동은 다소간 영국 역사에 있어서의 차티스트 운동에 버금가는 위치에 있다.

운동의 지도부는 도시의 노동자들이었다. 잘 알려져 있듯이 1889년 이후 유럽 전역에서는 사회주의자의 영향력과 선전 활동이 급격히 신장되고 있었다. 그리고 제2인터내셔날의 이론과 선전이 시칠리아에 침투한 것은 급진주의적 지식인과 여러 도시에서 이제 막 좌익 결사조직이나 조합 및 상호방위조직을 결성하고 있던 장인계급에 의해서였다. 시칠리아의 혁명적 풍토 속에서 이 이론과 선전은 전 지역에 걸쳐 확산되었고 불만을 품고 있던 모든 시칠리아의 주민들에게 호응받는 조직이 되었다. 물론 여기에는 농민들도 포함되었으나 농민연합의 조직은 도시의 조직보다 다소 늦게 성립되는 것이 상례였다. 이와 같은 조직은 시칠리아의 농민들에게는 낯선 것이었다. 그들은 촌락이 아니라 커다란 집촌을 형성하여 살고 있었는데, 그곳에서는 각 계급이 종교적인 상조조직을 갖고 있었다. 그러나 장례식의 경우 그러한 상조조직이 경제적으로 필요하지 않았고, 또 그들의 개인주의와도 충돌을 일으킨다는 것을 발견한 중간계급만은 예외였다. 소농들의 결사조직은 1880년대에 여러 곳에 존재하고 있었지만 그러한 초기적 유형의 조직이 농민연합으로 탈바꿈할 수 없었다는 것은 이미 증명된 바이다.

따라서 농민연합이 종교적·사회적 이익에 중점을 두었다는 점에는 의심의 여지가 없다. 본래 농민연합은 경제 조직이었으나 사회주의자들의 선전에 고무되어 그러한 반항을 위한 조직이 되었다. 그들의 요구는 결코 천년왕국주의적인 것이 아니었다. 그들은 거의 변함없이 지방 행정의 개선과 과중한 세금의 철폐를 요구했다. 그 이유의 일부는 이미 라지레티주의자에 관한 장에서도 설명했지만, 또 다른 이유는 중간계급 도당들이 지방 행정을 장악하여 저지르고 있는 극심한 부패의 만연이었다. 발달이 늦은 지역의 농민들은 대토지의 분할을 요구했고, 조금 더 발달한 지역의 농민들은 농업 계약 조건의 개선을 요구했다. 후자는 농업노동자나 소작인이나 차지농(借地農)이나 모두가 바라는 일이었다. 성공률이 높았던 파업은 주로 후자의 이슈를 문제 삼았던 경우였다. 발달이 늦은 지역의 비조직적인 중심지에서 발생했던 폭동이나 시위는 압도적으로 지방 행정이나 세금을 문제 삼았다. 운동의 지도자들이 즉각적인 권력의 장악을 목표로 삼았다는 증거는 결코 없다.

농민들 사이에 특별히 천년왕국주의를 고무시킨 어떤 것도 없었다. 또 운동에 참여한 농민들의 세계관이 본질적으로 '중세적'이었다는 것도 유념해야 한다. 그들은 '세금을 내려라' 라고 외칠 때조차 종종 '왕과 왕비 만세' 의 구호를 외치곤 했다. 그것은 왕이 왕의 이름으로 부정이 이루어지고 있다는 것을 알기만 하면 그 부정을 결코 용서하지 않을 것이라는 전통적 사고방식 탓이었다. 그들이 십자가와 성자의 초상을 들고 행진하는 것도 마찬가지로 자연스러운 일이다. 또한 농민연합의 본부에서 십자가 앞에 촛불을 켜놓는 일이나, 사회주의 지도자들이 방문했을 때 사제들이 방문했을 때와 마찬가지로 모든 사람이 그 앞에 엎드리고 그 가는 길에 꽃을 뿌리는 것도 모두 전통적 사고방식에서 연유한 행동인 것이다. 다른 혁명운동과 비교해볼 때 농민연합에 많은 농촌 여성이 적극적으로 참여한 것은 이러한 성격에 비추어볼 때 그만큼 더 자연스러운 일이다. 따라서 농민들이 농민연합에 기대했던 광범위하고 선동적인 혁명의 희망이 전통적인 천년왕국운동의 방식으로 표현되었다는 것은 놀랄 만한 일이 못 된다.

농민들의 바램이 새로운 평등과 정의와 공산주의 사회를 위한 혁명이었다는 점에는 의심의 여지가 없다. 한 북부의 언론인이 운동의 강력한 중심지였던 졸레오네에서 농민들에게 '당신들은 사회주의가 무엇이라고 생각하십니까?' 하고 묻자 몇사람이 일제히 '혁명, 그것은 같이 소유하고 동등하게 나누어 먹는 것' 이라고 대답했다. 피아나 데이 그레시의 한 촌부는 그들의 열망을 아주 명료하게 이야기했다.

> 모든 사람이 노동해야 합니다. 거기에는 부유한 사람과 빈한한 사람의 구분이 있을 수 없습니다. 모든 사람은 평등해야 합니다. 토지나 가옥을 분배해야 할 필요도 없습니다. 모든 것을 공동으로 소유하고 모든 소득이 공정하게 분배되기 때문이죠. 그렇게 되면 말썽이 생길 염려도 없고 자기 욕심만 채우려는 일도 없게 될 것입니다. 모두 형제애로 굳게 맺어질 것이며 — 농민연합에서는 그 회원을 형제라고 불렀다 — 형제애를 파괴한 사람은 처벌받게 될 것입니다.

이러한 감정은 결코 새로운 것은 아니었다. 그러나 이제까지 가능하지 않았기 때문에 감추어 왔던 열망이 선하고 고귀한 분의 계시에 의해 실현될 수 있는 것처럼 보였다. 카니카티의 한 농부는 '그 분은 천국에서 온 천사입니다. 우리는 지금까지 암흑 속에 있었으나 천사가 우리에게 빛을 가져다 주었습니다. 그 분은 단결해야 강해지고 조직 활동만이 새로운 사회를 보장한다고 계시하셨습니다'라고 말했다. 농민들이 농민연합에 가입한 것은 조직을 위해서일 뿐만 아니라 배움을 위해서이기도 했다. 피아나 데이 그레시의 한 촌부는 다음과 같이 얘기했다.

> 우리는 더 이상 교회에 나가지 않습니다. 우리는 농민연합에 나가지요. 우리는 거기에서 배울 수 있고 우리의 권리를 되찾기 위해 조직을 만들기도 합니다.

라자레티주의나 무정부주의의 의미에서 이 운동을 천년왕국운동이라고 설명하는 것은 결코 정확한 설명이 못 된다. 농민연합이 농민들에게 가르쳤던 것은 천년왕국주의가 아니라 근대의 정치였다. 그러나 시칠리아와 같은 조건 하에서는 단순히 혁명적이라는 이유만으로도 천년왕국주의적 성격을 강력히 띠지 않을 수 없었다. 모든 관찰자가 동일하게 얘기했듯이 그것은 하나의 새로운 종교였다. 로시는 '이들은 새로운 신앙에 미쳐버린 원초적 민중이다'라고 설명했다. 후에 공식적인 의회의 조서도 다음과 같이 쓰여지지 않을 수 없었다.

> 그리고 사회주의자들의 설교를 들은 농민들은 그것에 충격을 받고 진정한 예수의 종교가 도래했다고 진실로 믿었다. 그들은 진실한 예수의 종교가 부자들과 야합한 사제들에 의해 배반당했다고 생각했다. 농민들은 여러 촌락에서 더 이상 사제를 따르지 않았다.

사회주의자의 주장이 진실한 예수에의 믿음과 상반되지 않는 것은 이치상 당연하다. 피아나의 한 촌부는 얘기했다. '예수야말로 진정한 사회주의자였으며, 농민연합이 요구하고 있는 것을 원했던 사람이다. 그러나 사제들은 그의 뜻을 정확히 대변하지 않았다. 특히 사제들이 고리대금업을 할 때는 더욱 그러하다.' 농민연합이 성립되자 사제들은 그에 대항하기 위하여 고해(告解)를 수단으로 사용하였으며 사회주의자들은 파문되었다고 말했다. 그러나 농민들은 사제들이 잘못했다고 주장하며 항의의 표시로 성체배수(聖體拜受, Corpus Domini)의 행진을 거부했다. 더군다나 비국교도 기독교도들의 반란은 농민연합의 힘을 여러 곳에서 강화시켜 주었다. 비사퀴노에서는 마돈나 델 발쪼 교회의 신부인 로렌쪼가 사회주의자로 지목되었는데, 그 이유는 그가 복권 추첨시 농민들에게 연설하면서 농민연합에 가입한다고 파문당하는 것은 아니라고 공공연히 말했다는 것뿐이다. 또 성 프란시스는 다른 무엇보다도 화폐제도를 철폐했었다는 이유로 최초의 가장 위대한 사회주의자로 숭앙되었다. 수십년 전 그로테에서는 중산계급 출신으로 이전에 사제였던 디미노가 유황광 광부들 사이에서 복음교회를 설립하였는데, 그것은 혹심한 기성 교회의 반대공작에도 불구하고 자리잡았다. 이제 복음교회의 모든 광부들은 사회주의자가 되었고 사보나롤라 교회를 설립하여 거기에서 디미노의 기독교 사회주의에 관해 배우게 되었다. 몇몇 교인들이 사회주의 인텔리가 설교한 신의 말씀이 바로 진정한 종교라고 인식하게 된 것은 그다지 놀라운 일이 못 된다.

이렇듯 안달루시아와 달리 이 새로운 종교가 구래의 종교와 명백한 대치 상태에 있었던 것은 아니다. 물론 사회주의자들이 반종교적 선전에 보다 전력투구했다면 무정부주의자들이 했던 것처럼 보다 많은 지역의 농민들을 탈 기독교도화 시켰을 가능성도 충분히 있었지만 실제로 몇몇 농민들은 교회에서 세례 받은 아이를 농민연합에 데려가기도 하였다. 그러나 근본적으로 종교는 운동에 적합하지 못했다. 단지 농민들의 열망이 종교적 용어로 자연스럽게 표현되는 경우만은 예외였다. 중요한 것은 새로운 세계였다.

빈곤과 굶주림과 추위가 없는 새로운 세계의 도래는 그것이 하나님의 뜻이기에 분명한 사실이었다. 그것은 아주 절박한 바램이었다. 섬 전역에서 마술에 걸린 듯이 농민연합이 성립되었다. 바르바토나 베로가 던지는 몇 마디의 말도 사람들의 가슴 속에 깃들어 있던 수세기의 혼돈을 깨칠 정도로 효과적이었다. 이 때 과연 누가 곧 위대한 변혁이 일어나리라는 사실을 의심할 수 있었겠는가?

그리고 이 새로운 복음은 이미 안달루시아에서 관찰한 것과 유사한 열병과 같은 분위기 속에서 확산되어 나갔다. 다음과 같은 로시의 언급은 코르도바성뿐만 아니라 시칠리아에도 그대로 적용될 만하다.

몇 지역에서 그것은 마치 전염병처럼 퍼져나갔다. 대중의 가슴 속에는 새로운 정의의 통치가 임박했다는 믿음이 넘실거렸다.

안달루시아에서와 마찬가지로 새로운 세계가 도래할 정확한 방법이 무엇인지는 불확실했다. 그리고 이미 살펴본 바대로 운동의 지도자들은 그것을 실현시키기 위한 즉각적인 반란의 계획을 갖고 있지 않았다. 그 지도자들이나 농민연합은 전혀 천년왕국론적인 열망을 갖고 있지 않았다. 결국 그들은 지금 여기 농민들의 고통을 경감시킬 소폭의 양보를 요구하고 그것을 수락했을 뿐이다. 결국 운동은 실패하고 말았다. 그러나 안달루시아와 시칠리아의 차이점은 여기서부터 시작된다. 스페인에서는 정치와 조직화의 논리가 단지 서서히 그리고 느슨하게 스며들면서 새로운 천년왕국운동적 봉기를 기다리고 준비하는 주기가 다시 시작된다.

그러나 시칠리아의 어떤 지역에서는 비무정부주의적인 사회주의자들의 가르침이 패배의 쓰라림 속에서도 무엇인가를 남겨놓았다. 즉 압제의 회오리 속에서도 살아남아 비혁명적인 시기에도 계속 살아 움직이는 영구한 농민운동이 여러 곳에 존재하게 된 것이다. 특별히 혁명적이었던 한 농촌 지역인 피아나 데이 그레시(현재는 피아나 데에리 알바네시라고 불린다)의 사례를 살펴봄으로써 이 과정을 조감해보는 것이 보다 편리할 것이다.[13)]

피아나는 터키의 점령을 피해 알바니아족이 시칠리아에 이주해온 15세기 말엽 성립되었다. 오늘날까지도 시칠리아에서 알바니아인이라는 자의식의 가장 강력한 중심지인 이 지역은 모국어와 그리스정교의 의식을 그대로 유지하고 있으며 주민의 대부분이 정착민의 후손으로 구성되어 있다.

고귀한 알바니아 가계로서 15세기에서 그 연원을 찾을 수 있는 많은 성씨들, 마트란가 · 스타씨 · 쉬로 · 바르바토 · 로야카노 등의 가계가 여전히 실제적으로 피아나 지역 주민의 대부분을 이루고 있는 것이다. 이탈리아에 거주하는 알바니아인들은 필연적으로 혁명에 친숙할 수밖에 없었다. 그것은 첫째, 알바니아인들이 정착지에서 얻었던 특권들을 감소시키려는 지방 호족들의 본질적 책략, 둘째 알바니아인들을 로마 가톨릭으로 개종시키려는 교회의 집요한 노력, 셋째 봉건제 폐지 이후 토지 분배 과정에서 특히 척박한 지역을 배당받은 특수성과 그로 인한 당국과의 관계 악화 등에 기인한 것이었다. 아마도 알바니아인들의 민족적 동질성을 유지하려는 본질적 노력이 또한 그 원인이었을 것이다. 어쨌든 피아나는 1893년 이후 오랫동안 반란지역으로서의 명성을 유지했다. 그러나 사실 반란은 그 이전에도 자주 있었

---

13) 피아나에서의 운동에 관한 이 단편적인 설명은 피아나 지역 대의원인 Michele Sala경의 도움을 얻어 읍에서 수집한 정보와 신문이나 그 외의 2차 자료에서의 여러 기사에 기초했다. 다행히도 피아나는 팔레르모와 인접해 있기 때문에 저널리스트 등에 의해 많은 기록이 남겨져 있다.

을 것이다. 트레벨리얀은 피아나를 '서 시칠리아의 자유의 용광로' 라고 묘사하면서, 그 이유로 피아나 주민들이 가리발디와 그 병력 일천이 마르살라에 상륙하기 전에 이미 반란을 일으켰었다는 점, 그리고 그 수년 전에 가리발디 장군이 나폴리의 국왕에게 '여러 지역 중에서 피아나는 특히 언제라도 혁명을 일으킬 수 있는 거친 주민들로 구성되어 있다' 고 보고하지 않을 수 없었던 점을 들고 있다.

혁명의 원인에 관한 한 관찰자들은 모두 일치된 견해를 보이고 있다. 특히 빌라리는 『남부로부터의 편지(Lettere Meridionali)』에서 주민들의 참혹한 상황과 1878년까지 주민들의 경제적 조건이 얼마나 열악했는가를 묘사하고 있다. 피아나는 대토지 소유제 하의 곡물 재배를 주로 하는 고지대였으며, 지금도 그러하다. 그 주민은 1890년대까지 주로 토지 없는 노동자와 프롤레타리아화 된 차지농으로 구성되어 있었다. 농민연합의 봉기가 일어났을 때 소작인과 일고 노동자는 그 빈곤한 정도가 거의 비슷했으며, 라 로지아의 묘사에 의해 판단해보면 임금 수준은 발라리가 묘사하던 시대보다 훨씬 하락해 있었다. 1890년대 약 100명 정도로 구성된 미미한 조직이 있었기는 하지만 실제 피아나에는 내세울만한 농민 조직의 전통이 없었다. 혁명의 시기를 제외하면 지방 정치는 지방 중간계급의 지배 하에 놓여 있었다. 그들은 마피아나 지방 호족의 사병들에 의한 테러, 그리고 '갓 계급' 에 대한 말 못하는 '벙거지 계급' 의 증오와도 맞서면서 지방 정치의 장악을 위해 싸웠다.

농민연합은 물밀 듯이 읍내를 휩쓸었다. 다행히도 그들은 민족적 지도자 중의 한 명이 — 아마도 가장 유능한 인물이었을 것이다 — 30대 초반에 의사 생활을 했던 피아나 사람 니콜라 바르바토 박사였다. 로시에게 신중하게 정보를 제공하던 어떤 사람은 '바르바토는 하룻밤 새에 지역의 실질적인 두목이 되었다' 고 전했다. 1893년 4월 조금 늦게 농민연합이 당도했을 때 부자들을 제외한 전 성인 남녀가 모두 가입하였다. 경찰은 그 회원 숫자를 2,800 정도로 추산했는데, 이는 팔레르모의 경우를 제외하면 전 섬의 다른 지역 회원 숫자의 2배를 상회하는 정도의 숫자였다. 이 지역의 조직은 매우 완벽한 것이어서 농민연합의 지도 간부 몇몇이 살해되었음에도 불구하고 쉽사리 중요한 반란을 일으키지 않았다. 그 살해는 아마도 전사들을 살해하겠다고 위협했던 지주들의 소행이었을 것이다. 조직은 바르바토가 체포된 이후에도 존속했다.

이미 본 대로 피아나 주민의 기대가 천년왕국주의적이었고 놀라운 열정으로 농민연합에 참가했었지만 — 그 중에서도 여성들의 적극적인 활동은 특이했다 — 그들을 받아들인 운동은 매우 차가운 논리를 갖고 있었다. 운동은 그들에게 보다 좋은 효과를 이루기 위한 비천년왕국주의적 정치에 관해, 즉 조직과 당분간이었지만 선거에 관해 가르쳤다. 다른 지역에서 농민연합은 신속하게 지방 의회 선거에 후보를 내세웠고 몇몇을 당선시켰다. 로시가 그들에게 사회주의가 어떻게 다가온 것으로 생각하느냐고 물었을 때 몇 번 인용한 바 있는 그 촌부는 언제나 그 과정에 대해 명료한 생각을 지니고 있었다. 그 다음 선거에서 농민연합은 피아나에서 거의 대부분의 표를 얻을 수 있었다. 이전에 호족이었던 계층을 제외한 모든 유권자들이 농민연합에 표를 던졌던 것이다. 이것은 명백히 이전의 지방 정치가 신사계급의 과도한 권력 남용에 대항하여 농민들을 지켜주지 못했음을 의미하는 것이다. 그러나 때 맞추어 농민연합이 지방행정관과 의원을 배출하였고, 더구나 로마에서 사회주의자가 다수를 차지하게 되자 모든 악법이 사라졌다. 사회주의자가 권력을 장악하고 있는 한 피아나는 이 계획을 실행할 수 있었다. 지방 의회와 그 의원들은 1차세계대전 이전에 사회주의자의 세력 하에 있었고 그 이후로는 공산주의가 득세하였다. 넨니(Nenni, 1944~1963 사이 이탈리아 사회당 서기장 : 역주) 사회주의에 대한 투표는 계산하지 않더라도 1953년에 공산당은 투표의 절대다수를 점하고 있었다.

보다 중요한 것은 피아나인들이 그들의 조직을 보전하고 심지어 확장시키기까지 했다는 점이다. 농민들의 연합 조직은 농민연합 이후에도 비록 쇠잔했을망정 무시할 수 없는 정도로 존속되었다. 그들의 회원 숫자는 1906년에 600, 1907년에 1,000, 1908년에 400이었다. 1893년 이후 사회주의 지도자들은 집단농장의 설치를 강력하게 선호하였다. 그들은 집단농장을 농민 소요의 보조적 수단으로 파악했을 뿐만 아니라 구체제 속에서 새로운 사회를 건설해낼 핵심으로 파악하였다. 자연 이러한 형태의 협동 노동은 별다른 야심이 없는 전통적 농업의 협동작업보다 농민들에게 훨씬 더 설득력 있게 접근하였다. 농민들은 땅을 빌려 공동으로 경작하고 그 수확을 분배하였다. 자연 피아나는 처음부터 집단농장을 소유하였으며 1890년대 이래의 모든 경제적、정치적 소용돌이 속에서도 꿋꿋이 그것을 유지하면서 놀라울 정도로 인상적인 성과를 보여주었다. 1953년에 집단농장에는 거의 다 공산주의자거나 사회주의자인 750여 명이 소속되어 있었다(피아나 전체의 2,000여 가구 중에서).

피아나 주민들은 농민연합 이래로 공산주의, 알바니아, 그리스정교의 세 가지 점에 대해 특히 애착을 지니고 있었다. 그들의 그러한 애착은 피아나 주민들이 일찍이 채택했던 이러한 대의에 스캔더베그 고향이 개종함으로써 더욱 강화되었다. 1893년 5월 이래로 그들이 포텔라 델라 지네스트라에 있는 아주 먼 산으로의 행진을 거른 적은, 파시즘 하에서도 한번도 없었다. 그들은 그 산에서 노동절 기념 회합을 갖고 바르바토 박사가 일찍이 그 위에 서서 그들에게 가르침을 베풀었던 '바르바토 박사의 돌' 에서 들려오는 가르침에 귀 기울였다. 물론 파시즘 하에서는 단지 상징적인 행진만이 있었을 것이지만, 피아나인들은 누군가가 항상 그곳에서 노동절을 기념했다고 주장한다. 1947년에 마피아는 산적 지울리아노를 고용하여 이 시위에 총격을 가하도록 사주했다. 지울리아노는 이 총격으로 14명 정도를 살해하여, 국가적인 정치 스캔들을 일으켰다. 이 사건은 결국 대학살의 책임을 물어 체포된 일당에 대해 유죄 판결을 내림으로써 막을 내렸다. 좌익 정치인들은 이 지역에서 활동하려면 상당한 정도의 신변 위협을 감수해야만 했다. 앞 장에서도 살펴보았지만 피아나에서는 농민연합 이래로 시칠리아의 어느 곳보다 마피아의 활약이 약했음에도 역시 위험은 마찬가지였다.

현재 피아나인들의 이데올로기는 결코 천년왕국주의적이지도 않고 자발적 반란의 성향이 있는 것도 아니다. 또 여전히 매우 가난하긴 하지만 1890년대와 같이 그렇게 절망적인 상황도 아니다. 그러나 피아나인들은 끊임없이 혁명가적 성향을 보여주고 있다. 그들이 지닌 조직화의 단순한 힘은 그들에게 많은 이점을 안겨주었다. 그들의 혁명정신은 예스럽긴 하지만 결코 단순한 개량주의로 전락하지 않았다. 그것은 1943년 파시즘이 몰락하자 며칠 동안 독립공화국을 선포한 행위에서도 의심할 여지없이 드러난다. 이 독립공화국은 공산당에서 바람직스럽지 못하다고 지적할 때까지 계속되었다. 오늘날도 시칠리아의 어디에서든 직접적인 토지 점유와 같은 농업 시위에는 틀림없이 피아나인이 개입되어 있다. 그들이 지닌 본래의 천년왕국주의적 열광은 보다 지구적인 형태, 즉 근대적인 사회 혁명운동에의 영속적이고 조직화된 헌신으로 변형되었다. 그들의 경험은 천년왕국주의가 결코 일시적인 현상만은 아니며, 알맞은 조건 하에서는 영구적이고 특히 강인하며 저항적인 운동 형태의 기초가 될 수 있음을 보여준다.

지금까지 농민 천년왕국주의의 원인과 특성, 그리고 그것이 근대적 사회운동과 어떤 관계를 맺고 있는가를 살펴보았다. 남은 문제는 농민운동에서 천년왕국주의가 어떤 기능을 했는지 살펴보는 것이다. 실제로 천년왕국주의는 실질적인 기능을 가진 것으로 판단되는데, 만약 그렇지 않다면 그렇게 수많은 혁명운동의 분위기가 천년왕국주의적일 수 없었을 것이다. 천년왕국주의는 비조직 대중을 국가적인 규모로, 그것도 동시에 조직하는 데 큰 역할을 했다.

모든 사회운동은 격동의 와중에서 팽창된다. 모든 역사에는 그때까지 움직이지 않던 대중이 아주 환상적으로 신속하고 용이하게 동원되는 비정상적 시기가 포함되어 있다. 그러한 팽창은 거의 언제나 전염병처럼 확산되는 형태를 띠고 있다. 선전가가 한 지방에 당도한다 — 짧은 시간 내에 전 지역이 그 영향 하에 놓이게 된다 — 누군가가 해체되었던 조합에서 연합 단체를 설립하거나 재건한다 — 수주일 내에 회원들은 이 새로운 조직을 혼란의 와중으로 몰고 간다 — 파업이 발생하고 운이 좋으면 성공한다 — 수일 내에 이 최초의 파업자들과 접촉한 수백개의 공장에서 역시 파업이 발생한다. 촌락이나 읍에서는 모든 사람이 개인적으로 가깝게 접촉하고 있기 때문에 그러한 확산이 쉽다. 보다 발전된 지역에서는 신문이나 라디오 그리고 TV 등으로 소식이 전해지며, 의사소통이 용이한 편이다. 그러나 변방 지역에서는 소식 전달이 느리고 단편적일 뿐이다. 운동을 국가적 규모로 조직하는 데 있어서의 어려움은 역설적으로 1890년 첫 번째 노동절 시위를 조직할 때의 시칠리아의 경험에서 엿볼 수 있다. 만약 지방 관리들에게 그날의 소요 방지에 주의하라는 당국의 예민한 반응이 없었다면 — 이 소식은 소문을 타고 신속하게 확산되었다 — 지방의 사회주의자들은 인터내셔날이 그들의 시위를 기대하고 있다는 사실조차 알지 못했을 것이다. 그러나 고양된 분위기로 인하여 그 소식은 용이하게 퍼져 나갔다. 이런 상황에서는 수많은 사람이 천년왕국을 대망하며 가능한 여러 지역에 이 즐거운 소식을 퍼뜨리게 되며 안달루시아에서 보았듯이 모든 사람이 선전가가 된다. 트라파니성의 한 신문에는 '피아나와 산지우세페 이아토의 농민들이 추수 기간에 여기로 와서는 자신들의 열광을 설명하며 우리 지역 농민들에게 불을 지피고 있다' 라는 기사가 실려 있었다. 아무리 작은 조직적 전진도 무적의 기상과 미래의 승리의 징조로 해석되었다. 사실 승리에의 확신은 가장 강력한 확산의 힘이다. 이러한 수단에 의하여 운동은 광범위한 지역에 걸쳐 거의 동시에 대중을 동원하게 된다. 이 일시적 동원이야말로 정치적으로 가장 중요한 사항이다. 동시에 여섯 마을에서 운동이 발생하며 매우 강력한 영향을 미치게 되며, 여섯 마을에서 동일한 성격의 운동이 한 일년 간격을 두고 따로 따로 발생했을 때와는 비교할 수 없을 정도의 강력한 정치적 효과를 창조하게 된다. 사실 천년왕국주의는 단순히 고대적 운동의 잔존 형태만은 아니다. 천년왕국주의는 근대의 사회·정치 운동이 그 영향권을 확대하기 위해 유용하게 활용할 수 있으며, 또한 그러한 열광을 지닌 사람들에게 그들의 주장을 펼 수 있는 지극히 유용한 현상인 것이다. 이미 살펴본 대로 정치 조직, 전략, 전술, 그리고 정확한 계획과 같은 올바른 종류의 이념과 만나지 못했을 때 천년왕국주의의 패배는 필연적이다. 그때 그것은 기껏해야 라자레티주의자와 같은 종파의 신앙의 저류로서, 혹은 안달루시아에서처럼 잠재적 지도자층이나 주기적 반란의 경향으로서 잔존할 수 있을 뿐이다. 인간의 운명에 관심있는 모든 사람에게 천년왕국주의는 강력한 감동을 줄 수 있으며 사실 언제나 그럴 것이다. 그러나 이미 살펴본 바와 같이 천년왕국주의는 언제고 패배할 수밖에 없을 것이다.

그러나 천년왕국주의에 근대적 운동의 방법론이 가미된다면 그것은 정치적으로 효과적일 수 있으며, 또 그 열정, 새로운 세계에 대한 불타는 확신, 가장 원초적이고 유별난 형태에 있어서조차 그 특징을 이루고 있는 대담하고 솔직한 감정 표현 등이 지닌 힘을 손상치 않으면서 정치적 효력을 발휘할 수 있을 것이다. 그리고 피아나의 저 이름 알려지지 않은 촌부의 선언이 지닌 의미를 읽으려면 그들의 혁명 정신이 영원할 수 있으리라는 희망을 간직해야 할 것이다.

제 7 장 도시폭동

지금까지는 그 세계관이나 구성원에 있어서 원초적이었던 사회운동만을 전적으로 다루었다. 산적, 마피아, 라자레티주의자, 시칠리아의 농민 사회주의자, 안달루시아의 농민 무정부주의자 등이 14세기가 아니라 19세기와 20세기에 등장했던 것은 역사적인 착오였다. 그들은 전통적인 생활 방식대로 살아가려고 했다. 그러나 그들이 전혀 이해할 수 없었던 새로운 세계가 그들을 미래로 밀어내고 희망과 폭력으로 그에 대항하게끔 했다는 것은 그들의 비극이었다. 이제 새로운 도시 산업 세계, 근대적 자본주의의 세계에 속하게 된 일단의 대중이 벌인 사회운동의 원초 형태를 살펴보고자 한다. 당연히 여기에서 그렇게 많은 원초적 흔적을 발견할 수 있으리라는 기대를 해서는 안 된다. 그러나 근대 산업 인구의 첫 세대가 새롭고 혁명적인 생활 방식에 제대로 적응하지 못했다는 점을 고려하면 그러한 흔적을 어느 정도는 발견할 수 있을 것이다. 결국 그들은 소위 근대 산업 사회의 '운동법칙'을 습득했고, 이러한 교육의 가장 충격적이고 보편적인 열매가 바로 근대의 노동운동이었다. 그러나 명심해야 할 것은 어떤 지역에서든 대부분의 노동자가 미국에서처럼 전(前)산업사회에서 이주해온 첫 세대로부터 비롯되었다는 점이다. 이는 그들이 태어난 곳에서 실제적으로 이동하지 않았을 경우에도 마찬가지라고 할 수 있다. 즉 상황이 바뀐 것이다. 모든 첫 이주 세대와 마찬가지로 그들은 전통주의적 성향과 진보적 성향을 함께 지니고 있었다.

그러나 근대 자본주의 사회의 특징적 계급이 지닌 원초성을 검토하기 전에 신·구 운동 사이에 존재하는 어떤 운동, 즉 전(前)산업사회의 거대 도시에서 일어난 운동을 살펴볼 필요가 있다. 그러한 중심지의 가장 특징적인 운동은 그때나 지금이나 장인 길드였다. 그것은 전(前)산업사회의 도시라면 언제나, 어느 곳에서나 항상 존재하는 조직 유형이다. 그러한 길드의 성격과 도시 정치에서의 역할은 더 이상의 논의가 필요 없을 정도로 잘 알려져 있다. 그러한 길드와(그리고 그와 유사한 조직) 그 후의 숙련된 도시 임노동자들의 운동이 어떻게 연계되는가도 역시 자세히 알려져 있다. 넓게 이야기하자면 장인 계급 내의, 혹은 그 사이의 사회적 분화로 말미암아 전통적 길드 조직의 유형을 본떴지만 특수 집단, 특히 직인 계층의 특수 이해를 대변하는 조직이 발생하게 되었다. 그리고 이어 수많은 전통적 유형들은 산업 시대 숙련 임노동자들의 초기 노동조합으로 대체되었다(그 정확한 과정은 아직도 종종 논쟁의 대상이 된다). 다른 한편 몇몇 구래의 직인 조합들 — 프랑스의 꽁바뇨나쥬(Compagnonnages) 혹은 독일의 게젤렌훼르벤데(Gesellenverbaende) — 은 보다 근대적인 최신의 노동조합에 그 자리를 빼앗기기 이전에 노동조합의 몇몇 기능을 수행하고 있었다. 그러한 전통의 살아남은 몇 측면들에 대해서는 「사회운동과 의례」에 관한 제9장에서 살펴볼 것이다.

유사하게 도시 직인과 전(前)산업사회 숙련 노동자들의 정치 행위는 꽤 잘 알려져 있다. 보다 정확히 말하자면 그들이 정치적으로 지극히 행동적이고 의식적이었다는 사실은 누구나 잘 알고 있다. 구두수선공이 급진적이었던 것처럼 많은 소규모 장인이나 그 직인들도 급진적이었다. 그들의 운동은 사실 원초적 관념의 표징을 보여주고 있다. 그러나 전체적으로 보아 그들은 노동 빈민 중에서 가장 근대적이고 진보한 계층이면서 주로 쟈코뱅주의의 변형인 새로운 이데올로기를 가장 잘 받아들인 계층으로 간주되어야 할 것이다.

그러나 도시 노동자들 사이의 조직과 정치의 중심적 흐름은 본서의 관심사가 아니다. 차라리 하나의 흐름이라기보다 도시 생활에 있어서 영원한 소용돌이라고 할 만한 어떤 것에 더 관심을 두고자 한다. 그것을 고전적인 영국의 문구를 빌어 짧게 표현한다면 '폭동(mob)' 이다. 관찰자들에게 비치는 폭동의 변덕스러움은 가장 명백하게 표면적인 특징의 하나이다. 폭동은 도시의 모든 빈민 계급이 직접적 행동을 취하여 — 즉 반란이나 소요 — 정치적·경제적 변화를 이루려는 운동이라고 규정될 수 있다. 그러나 폭동은 아직 특수한 이데올로기의 영향을 받지 않은 운동이며, 그 바램의 표현도 전통주의나 보수주의의 틀에서 벗어나지 않은(교회와 왕을 내세운 폭동) 운동일 뿐이다. 폭동은 전(前)정치적 운동이며 본서에서 다룬 다른 운동과 마찬가지로 원초적 운동이다. 폭도와 그들의 소요에 대해 수 세대에 걸쳐 비난을 포함한 많은 얘기가 전해졌지만 이상스럽게도 그에 대한 연구는 놀라울 정도로 빈약한 형편이었다. 그러나 이제 여러 지역에서 폭동에 관한 진지한 연구가 진행되고 있다. 특히 프랑스와 영국의 자료로 연구해 온 루데 박사(Dr. George Rud)가 두드러지는데 18세기의 폭동에 관한 그의 지식은 나에게 큰 도움을 주었다.

폭동은 오늘날 충분히 연구되어져야 한다. 왜냐하면 세계의 많은 지역에서 폭동은 오래 전부터 더 이상 이전처럼 공통된 대중행동의 방식이 아니었기 때문이다. 사회 현상으로서의 폭동은 많은 지역에서 산업 사회의 노동계급에게 그 역할을 넘겨주면서 계속 사라져갔다. 더군다나 프랑스혁명과 사회주의 운동의 태동 이래 당국은 특히 대도시나 수도에서의 군중들의 무질서에 대해 이전보다 훨씬 민감해졌다. 결국 지난 150여 년 간 공공질서를 유지하기 위한 수단은, 특히 국가적 단위의 행동을 일으킬 혐의가 짙은 지역에서 크게 강화되었고 그 효율성도 증대되었다. 오직 서유럽을 제외한 지역의 거대 도시의 일반 시민들만이 전(前)정치적이고 전(前)산업적인 소요나 폭동을 경험할 수 있었을 것이다.

폭동이 전(前)정치적 현상이라고 해서 정치에 관한 명백한 혹은 암시적인 견해를 전혀 갖지 않았다는 것은 아니다. 사실 폭동은 종종 구체적인 이념 없이, 즉 보통 실업문제와 물가 앙등에 대한 반발로 발생한다(산업화 이전의 시기에는 보통 물가 앙등과 실업문제가 동시에 발생하곤 했다). 결국 시장, 고리대금업자, 지방 세무서 등이 폭동의 명백하고 거의 변함없는 표적이 되는 것은 어느 지역에서나 마찬가지다. 1647년의 혁명 중에 나폴리 시민들은 다음과 같은 노래를 불렀다.

> 옛날에는 식료품에 세금이 없었지,
> 어떤 소비세나 관세도 없었고

이는 거의 모든 도시 빈민들이 어디에서나 외치던 바램을 표현한 것이다. 도시 빈민의 대부분이 평상시에도 기아선상에서 헤매고, 물가가 앙등하거나 실업률이 증대하면 바로 생존의 위기에 빠진다는 사실을 고려한다면 그들의 소요는 종종 단지 그러한 변화에 대한 자동적이고 불가피한 반응일 뿐이었다. 잘 알려져 있듯이 프랑스혁명 중에 파리에서의 대중 소요를 정확하게 지시해주는 것은 식료품 물가의 운동 곡선이었다. 그러나 '폭동'의 이상과 행위가 단순히 식료품 소요에 머무는 것은 아니다.

폭동에는 최소한 두세 개의 명백히 드러난 이념이 있었다. 첫째 폭동에는 고려될 수 있는 요구가 있었다. 고전적인 폭동은 단순한 항의로서 뿐만이 아니라 그로써 무엇인가를 성취할 수 있으리라는 기대 때문에 발생했다. 폭동은 당국이 그 운동에 민감한 반응을 보이고, 아마도 즉각적인 약간의 양보 조치를 취하리라는 가정 하에 이루어졌다. 이는 폭도가 몇 가지 특수한 목적을 위하여 결집한 임시적인 집합대중일 뿐만 아니라, 항구적인 조직의 형태는 갖추지 않았을지라도 어떤 의미에서는 영원한 실체였기 때문이다. 때로 유럽 여러 도시의 종교 결사나 중국의 여러 방회(幇會)와 같은 대중의 영원한 조직 형태는 — 장인 길드는 별도로 하더라도 — 계속적인 탐구의 대상으로 남는다.

둘째, 폭도들의 행위는 그 표면상의 목적이나 이데올로기가 무엇이든, 그리고 이론이 아무리 결핍되어 있다 하더라도 항상 부자와 권세 있는 자를 향한 것이었다(반드시 국가나 도시의 공식적 지배자였던 것은 아니다). 고오돈(Gordon) 폭동 — 18세기 말엽 영국에서 발생한 소요로 정확하게 묘사되어 있는 유일한 폭동이다 — 에서 가톨릭 인구가 많았던 교구는 비교적 쉽게 피할 수 있었다. 파괴된 대부분의 한 곳만 제외하면 가톨릭 인구가 아주 적었던 지역의 것이었다. 폭동 후에 보상을 요구한 136명의 시민의 밝혀진 직업을 살펴보면 귀족、외교사절 등이 33인, 공무원 계통이 29인, 교수와 사제가 23인, 상인、고리대금업자、소매상인이 33인, 장인이 대략 15인, 그리고 단 4명이 임금생활자였다. 1793년 프랑스 왕의 박해에 대항하여 폭동을 일으킨 비엔나 사람들은 프랑스에서 이민온 귀족들에게 그 분노를 터뜨렸다. 전형적 폭도인 나폴리의 라자리(lazzari)는 열렬한 교회와 왕의 지지자였으며, 1799년에는 격렬하게 쟈코뱅에 반대했다. 그러나 그들은 그들의 관점에서 보아 왕을 배반한 상층 계급, 특히 기사와 수도승에 반대하는 노래를 불렀으며, 모든 귀족들의 가옥을 약탈했고 자산가, 심지어는 마차를 소유한 모든 사람들을 쟈코뱅 혹은 왕의 적으로 몰아부쳤다. 이러한 기질 때문에 이 폭도들에게 냉담했던 관찰자들 — 그 정치적 성향에 관계없이 거의 모든 관찰자들은 이 고전적 폭도에게 전혀 동정을 보내지 않았다 — 은 자주 그들을 룸펜이나 약탈을 노린 범법자들의 집합으로 간주하곤 했다. 그러나 사실 의심의 여지가 없는 것은 대도시에 우글대던 이 라자리와 범법자들이 그토록 쓰라리게 필요로 하던 — 이는 나폴리나 팔레르모에서 몇 시간만이라도 있어본 사람이라면 금방 알 수 있다 — 어떤 기회를 잡았다는 점이다. 그러나 곧 살펴볼 것처럼 폭도가 그러한 사람들로만 구성된 것은 아니었다.

세 번째의 변함 없는 요소는 아마도 외래인, 즉 이방인에 대한 적대감일 것이다. 일종의 본능적인 애향심은 고전적 폭도에게서 나타나는 변함없는 특징인 것 같다. 1700년에서 1860년에 이르기까지 교외의 일반 대중을 상대로 상연된 비엔나의 대중 코미디는 통상 분명한 의사표시를 못하는 사람들이 지닌 관점을 훌륭히 표현해내고 있는데, 여기에는 도시민들의 가슴 속에 흐르는 자부심이 아주 잘 반영되어 있다. 나폴리의 라자리는 쟈코뱅을 지지하는 희생을 감수하면서까지 경멸하는 촌뜨기들에 대항하여 도시의 영광을 지키려고도 하였다.

그러면 과연 어떤 사람들이 폭도로 변신하였는가? 그 주요한 힘의 원천은 보통 대륙에서 서민(little people, menu people, popolino)이라고 불리는 계층이다. 특히 파리 앙뜨완느가의 포부르, 로마의 트라스테베르테, 나폴리의 메르카토처럼 도시 내에서도 오래되고 응집력이 강한 지역의 주민들이 바로 주된 세력이다. 그런 지역에는 임금 생활자, 소자산가, 그리고 구분이 어려운 도시 빈민 등이 뒤섞여 살고 있다. 나폴리에서 그들은 특히 라자리라는 이름으로 그 집단적 존재가 의식되며 종종 거의 거지나 룸펜으로 구성된 집단이라는 의심을 받기도 하는데, 그들을 통해 폭도의 출신 성분에 대해 좀 더 자세히 알 수 있다. 괴테는 라자리가 단순히 서민이나 실업자라고만 생각했다. 그러나 1799년 혁명 중에 쓰여진 한 일기는 — 크로체(Corche)가 쉽게 해설해놓은 — 그 성분에 대해 좀더 상세한 분석을 해놓고 있다. 그들은 다른 도시에서도 주도적인 폭동 세력인 짐꾼(porter) — 아마도 부두 노역자도 포함한 — 과 새끼제작공, 대장장이, 놋그릇제조공, 양철공, 자물쇠공, 무두쇠꾼, 재봉사, 제화공 등의 하급 기술을 지닌 도제나 직인으로 구성되었다. 모직이나 비단 관계 노동자, 목공, 금은세공사 그리고 다른 보석의 세공사뿐 아니라 부유한 집의 하인들도 그들 자신이 라자리보다는 신분이 높다고 생각하였다. 또한 도붓장사나 계급구분이 어려운 소규모 돈놀이꾼 및 전산업사회 도시 주민의 대부분을 차지하는 빠듯한 생활 대중도 마찬가지였다.

라자리는 그 뛰어난 응집력만 아니라면 여타 도시의 서민과 근본적으로 별반 다른 것이 없었다. 그러나 그들은 매년 일종의 우두머리를 선출했고 팔레르모와 비슷한 수준의 집단이 그 도시 성인 로살리아(Rosalia)를 열렬히 숭배하듯이 성 야누아리우스(St. Januarius) 숭배에 열광적으로 집착하였다. 그들이 한 계급으로 인정되어 사회에 부상한 것은 1647년 혁명 시에 그들 중 한 명인 생선 판매상 마사니엘로(Masaniello)가 일시적으로 권력을 장악했을 때이다. 그것은 최초의 사건도, 최종적인 사건도 아니었지만 도시의 수많은 반란 중에서 가장 충격적인 사건이었음에 틀림없다. 그 이름이 처음 등장한 것은 1647년 마사니엘로의 파르티잔이라는 표현에서이다. 그 이름은 1650년에서 1750년까지 거의 사용되지 않았으나 그 이후 다시 출현하였으며 1799년 그들이 일으킨 반혁명에 의해 확고하게 그 자리를 잡았다.

로마의 원주민들은 아마도 오랜 전통의 영향 탓이겠지만, 기술 직업을 싫어하는 경향이 있다. 그들은 행운을 쫓아 로마에 들어온 이방인들에게 기술 직업을 내주고 백정, 선부, 마부, 어부, 짐꾼, 행상 등의 직업을 택해온 듯하다. 당연히 룸펜의 비율이 급증했다. 반면 밀라노와 같은 북부의 대도시에서 룸펜의 비율은 낮았는데, 그것은 남성 주민 중 노동자와 소상인이 27,000여명이었고, 거지ㆍ무능력자ㆍ방랑자ㆍ죄수 및 그들의 부인이 단지 2,500여 명에 불과했기 때문이다.

아무튼 폭도를 구성하는 층이 단순한 부랑 계층만이 아니라 정상적인 도시 빈민이었다는 것은 분명하다. 심지어는 장인 조합과 같은 도시의 존경받는 계층도 폭동에 가담하거나 협력하기도 했다. 1773년의 팔레르모 소요나 1790년대의 볼로뇨 폭동이 그러한 경우인데, 거기에는 저급하고 상스러운 계층의 사람들뿐만이 아니라 장인 직업의 사람들도 가담했었다.

경찰과 군대의 감시가 느슨한 거의 모든 주요 도시에는 그러한 잠재적인, 그리고 종종 실질적인 반란의 무리가 존재했다. 궁궐이나 정부 혹은 교회나 상류층이 거주하는 전(前)산업사회의 전형적인 거대도시 — 보통 수도 — 에서 폭도들은 특별히 비중 있는 그룹이었으며, 때론 자신들의 독특한 준정치적 복합체를 발전시키기도 했다. 이러한 경향은 주로 남부 유럽에서 발견되는데, 특히 이러한 여러 속성이 복합적으로 뒤섞이는 현상은 주로 중세로부터 계속 이어져 내려오지만 한번도 공화정이 실시되지 않았던 도시에서 발견된다. 아무튼 이러한 도시적 전통의 가장 순수한 사례는 로마, 나폴리, 팔레르모, 그리고 비엔나나 이스탄불 — 오랫동안 군정이 실시된 거대도시 — 과 같은 도시에서 발견된다.

그러한 도시에서 서민들은 지배자와 기생(寄生)과 반역이라는 기묘한 이중의 관계를 맺으며 살았다. 그들의 관점은 아주 명료하게 설명될 수도 있다. 지배자와 그 상류 계급의 사업은 인민의 호구지책을 마련하는 일이다. 그들은 왕족과 신사계급에게나 어울리는 소비 풍조를 조장하거나 지방 상인을 후원하여 고용을 증대시키며, 혹은 여행이나 순례로서 고용을 유도하기도 한다. 이러한 사업은 더욱 필수적인 것이다. 이는 왕도가 보통 산업 도시가 아니면서 지방 공장의 고용수준으로는 어림도 없을 만큼 너무 거대하고 또 전(前)산업사회의 거대 도시가 주로 행정이나 왕정의 중심지인 까닭에 비대해진 때문이다. 물론 로마에서 살펴보았듯이 서민들은 거대도시의 위엄을 깎아내린다는 이유로 산업화에 반대하면서 자유업에 종사하고자 한다. 그러나 어떤 이유로든 인민의 일상적 생존이 위협받거나 파괴되면 그것은 구제와 최저생계비 보장의 책임이 있는 왕과 귀족들의 실책으로 돌려진다.

왕과 귀족이 그 책무를 다한다면 적극적이고 열광적인 인민의 지지를 받는다. 사실 대중은 아무리 걸레조각처럼 찢겨지고 비참한 상황에 놓여 있을지라도 그 자신을 도시의 영광 및 위대함과 동일시한다. 그 영광과 위대함은 자연 종종 — 반드시 그런 것은 아니지만 — 지배자와 동일시된다. 비엔나는 제국의 수도였으며, 로마는 교황의 권능이 상주하는 곳이었다. 또 프랑스 부르봉 왕조는 베르사이유의 평화를 위해 파리시민들의 반항적이면서도 중요한 충정을 무시할 정도로 잘못 판단했을는지도 모른다. 베르사이유의 폭동은 통제하기 쉬웠지만, 왕이 거주하는 파리는 그로 하여 많은 정치적 이점을 상실했다. 서민들이 도시와 지배자를 동일시한 것만큼 일을 손쉽게 하는 것은 없었다. 상황이 아무리 비참하고 절망적이었다 하더라도 그것은 부르봉 왕가나 교황에 의한 착취 때문은 아니었다. 오히려 그 범인은 지방과 농민 — 지중해변 전산업사회의 모든 도시 경제의 뿌리 — 에 대한, 그리고 무역、여행、순례에 의해 여타 세계에 대해 가해진 도시의 일반적 착취를 나누어 먹는 기생 계층들이었다. 그리하여 지배자와 기생적 빈민들은 일종의 공생 관계에 있었던 것이다. 근대 도시에서처럼 그 두 계급을 따로 분리할 필요는 전혀 없다. 전통적인 중세의 거대도시나 절대 왕정 하의 거대도시에는 아름다운 거리는 없었다. 팔레르모나 로마의 많은 지역에서는 지금도 그러하듯이 빈민가와 상가가 왕궁에 인접해 있었다. 파리의 오래된 가로도 마찬가지였지만 혁명 후에는 변화되었다. 도시는 하나의 문화 단위였다. 비엔나, 베니스, 나폴리 등의 귀족 계급이 방언 연극을 후원하고, 또 특수한 상층언어를 사용하지 않고 일반적으로 쓰이는 대중들의 어법을 약간 변화시켜 사용한 관습이 외래의 착취자에 대항하는 도시 전체의 근본적인 공동의 이해를 반영하고 있는 것은 당연하다.

지배자가 그의 의무를 다한다면 대중은 열광적으로 그를 지지하려 한다. 그러나 그렇지 못할 경우 대중은 지배자가 그 의무를 수행할 때까지 반란을 일으킨다. 이러한 메카니즘은 위의 양 측면을 함께 살펴봄으로써 완벽히 이해할 수 있다. 대개의 경우 반란은 서민들의 도시와 지배자에 대한 애착이 다른 정치적 이상으로 대체되지 않거나 혹은 지배자의 의무 불이행이 일시적인 현상이 아닌 한 약간의 우발적인 자산 파괴 정도에 그칠 뿐 더 이상의 정치적 문제를 야기시키지는 않는다. 지배자는 이 끊임없는 반란의 위협에 대응하여 물가를 조정하거나 고용을 증대하고 빈민을 원호하지 않을 수 없게 된다. 또 여러 다른 문제에 관해서도 그들의 충성스런 서민들의 의견을 경청해야만 한다. 반란이 사회 체제에 대한 직접적 공격이 아니라면 공공질서는 현대적 기준에서 보더라도 놀라울 정도로 그에 대해 느슨한 반응을 보이기도 한다. 그러나 대중은 그들의 정치적 요구를 표현하는 데 있어서 이러한 메카니즘의 효용성에 대해 지극히 만족해한다. 또 이러한 요구는 기껏해야 근근한 생계의 유지, 약간의 오락, 허구적 영광 정도의 것이기 때문에 대중은 더 이상의 다른 것을 요구하지 않는다.

이러한 상황을 가장 적절하게 보여주는 사례는 파르마(Parma)의 사례이다. 파르마에서 공작의 원호에 의해 근근이 연명하는 비숙련 실업 프롤레타리아는 언제나 바리케이트를 축조하고 벽돌을 던지는 그들의 성스러운 반항을 일으켰다. 그러나 그들은 여전히 그들이 존경하는 공작에 대한 진지한 애착을 버리지 않는다. 결국 파르마 사람들은 선거나 노동조합과 같은 19세기 말엽의 새로운 정치적 기술에 적응하는 데 많은 어려움을 겪었다. 그들은 그러한 정치적 기술이 불필요하다고 생각했다. 이리하여 1890년대에 이르러 그 주변 지역의 모든 사람들이 새로운 방식에 적응해갔지만 파르마 사람들만은 개혁주의적 노동 지도자들이 있었음에도 불구하고 여전히 반란을 일으켰다. 1895년에는 밀라노와 로마냐의 주민들이 좌파에 표를 던졌지만 파르마 주민들만은 그렇지 않았다. 무기명 비밀 투표는 아직 민중들의 중요한 무기로 인식되지 않았다. 1898년에 지방의 주민들은 파업을 조직하고 반란을 일으켰으나 파르마에서는 반란이 일어났을 뿐이었다. 그러나 이탈리아 사회주의의 발전에 있어서 중요한 분기점이었던 1898년의 전국적인 반란의 물결은 파르마 주민들까지도 좌익의 집회로 유도했다. 그때까지만 해도 파르마는 사회주의의 지역 내에 떠 있는 메이슨적 급진파의 섬으로 남아 있었다. 즉 파르마의 좌익으로의 선회는 노동계급에 의해서가 아니라 쁘띠부르조아에 의해서 주도되었던 것이다.

산업화되지 않은 지방도시들이 이처럼 정치적으로 뒤떨어진 것은 예나 지금이나 단지 파르마에 국한된 것은 아니다. 대도시에서의 좌파에 대한 투표가 지난 십년간 증가되기는 하였지만, 오늘날까지도 이러한 정치적 후진성은 남부 이탈리아에서 아주 광범위하게 보이는 현상이다. 이리하여 마피아에 관한 3장에서 살펴보았듯이 파쇼 후의 첫 번째 선거에서 팔레르모, 메시나, 카타니아의 좌익 투표율은 농촌 지방에서의 투표율에 비해 절반도 되지 않았다(비록 그 이후 2배 가량 증가하기는 하였지만). 같은 해(1946)의 선거에서 로마에서의 비정치적 투표는 왕정주의자들의 투표를 포함해서 라티움(Latium)의 다른 어떤 지역보다 매우 높았다. 또 나폴리에서는 캄파니아(Campania)의 어떤 지역보다도 다소 높았다. 코센자의 칼라브리아에서 1953년에 좌익은 왕정주의자-신파쇼주의자보다 2배 이상의 득표를 했다. 그러나 코센자성의 수도에서는 오직 15%의 우세를 점했을 뿐이다. 선주나 대도시의 거물 등 선동적인 백만장자들의 이해관계를 대변하는 일종의 왕정주의는 이탈리아의 여느 대도시에서보다 나폴리에서 상당한 영향력을 행사했다. 1956년에는 공산주의보다 3배에 가까운 득표율을 보였다. 그러나 대도시 빈민들의 근대 정치에 대한 관심의 결여 — 이들은 투표 시에 스스로를 일종의 보수주의자로 생각한다 — 는 이렇게 기묘한 공생의 결과일 뿐만 아니라 그들의 정치적 견해를 구체화시킬 수 있는 거대 공장이나 조합, 혹은 마을의 공동체적 유대의 부재와 무력감의 탓이기도 하다. 런던의 정치사에서 가장 잘 알려진 사실 중의 하나는 동부 빈민 지대(the East End)의 비정치적 투표 성향이다. 그곳은 20세기에 이르러서 초기 단계의 정치의식, 즉 자유주의적 급진주의의 단계를 거치지 않고 노동당으로 선회했다. 장인들과 소상인들의 오랜 전통은 보다 일찍 급진주의의 정치의식을 지니고, 보다 오랫동안 급진주의에 충실했다. 그들은 1920년대가 되어서야 노동계급과 연대를 맺었다.

그러나 폭도와 폭동이 겨냥한 사람들 간의 이러한 공생 관계는 그 정치 역학에 있어서 근본적인 요소는 아니었다. 폭도는 반란을 일으켰다. 그러나 반혁명으로 위장되기도 하지만 때로 혁명을 일으키기도 했다. 폭도들은 가난했고, '그들'은 부유했다. 빈민들은 근본적으로 불공정한 삶을 강요당하고 있었다. 이러한 조건이 바로 빈민들의 태도를 결정지은 기초 조건이었다. 그것은 수없이 떠도는 거리의 노래에서 확인된다.

이 세상 어디나 마찬가지
비난받는 것은 가난한 이들 — 런던

나는 감옥에 갇힌 죄수
단지 충분한 돈이 없기에
황금의 열쇠만 있으면
열리지 않는 문 없네 — 세비야

산적이나 비적들의 무정부주의적 반란을 이상화하는 데서도 그러한 기초 조건은 발견된다. 그들은 항상 영주나 국가와의 반목으로 하여 법을 어기게 되고, 항상 배반당하고, 항상 복수를 수행한다. 이 폭도들의 잠재적 혁명주의는 원초적이었다. 그것은 농촌의 의적들에 의해 대표되는 정치의식과 유사한 거대 도시의 행동 방식이었다. 의적 행위와 마찬가지로 도시의 폭동은 분명한 정치적 현상으로 표현될 때 소위 합법적 엄폐물, 예를 들면 절대 왕정 하에서의 '교회와 왕을 내세운 폭동' 임을 내세우며 행동한다.

잠시 이러한 인민주의적 정당화는 분석해볼 만하다. 그 근저의 가정이 거대 도시에 국한된 것이 아니고 전(前)정치적 인민 사이에서 광범위하게 발견되는 현상이기 때문이다. 짜르 치하의 러시아에서의 농민운동도 20세기 초엽까지 이러한 정당화에 깊숙이 물들어 있었다. 그 주요한 가정은 아마도 다음과 같을 것이다.

첫째, 어떤 의미에서 무식한 대중들이 보았을 때 지배자 혹은 교회와 같은 제도는 인민과 그 생활 방식을 상징하고 대변한다. 지배자는 사악하고 타락하여 부정할 수도 있다. 혹은 그로써 대변되는 정부 체계가 그럴 수도 있다. 그러나 그가 주재하는 사회가 안정되어 있고 전통에서 벗어나지 않는 한 그는 삶의 규범을 대변한다. 이러한 규범은 서민들에게는 혹 대단한 행운이 없는 한 특별히 행복한 것은 아니다. 기근, 전염병, 전쟁, 살인, 횡사, 가난과 부정은 언제나 서민들의 주변을 떠나지 않는다. 그것은 사람의 운명이다. 그러나 비록 가난할지언정 이러한 안정된 질서가 외부나 혹은 내부로부터 위협받는다면, 그리고 지배자가 인내할 수 있는 정도 이상의 가난과 부정의와 죽음을 강요하지 않는 한(중국의 문구를 사용한다면 '천명(天命)이 다하지 않는 한')인민은 지배자 주변을 떠나지 않을 것이다. 왜냐하면 지배자는 상징적이고 주술적인 의미에서 바로 그들 자신이며, 혹은 최소한 사회 질서의 인격화이기 때문이다. 이런 이유로 하여 카스틸랴(Castile) 사람들은 외래의 침략자에 대항하여 부르봉 왕조의 깃발 아래 결집했다. 이는 그 자체로서는 사회운동이 아니다. 그러나 구질서에 대한 도전이 새롭고 파괴적인 사회 세력의 형태를 띤다면 '정당화' 는 일종의 정치적 러다이즘(Luddism)과 같은 새로운 질서의 부정의에 대항하여 대중의 반란을 저지시키기도 한다. 합법적 왕정이나 교회와 같은 제도는 이런 것을 환영하지 않을지도 모른다. 오스트리아의 황제 프랑시스 Ⅰ세는 그의 인민들의 혁명적 정당화에 대해 빈약한 견해를 갖고 있었다. 그러나 그의 관찰만은 정확했다. '지금 그들은 나에게 충성하고 있다. 그러나 언젠가 그들은 나에게 항거하는 애국자가 될 것이다.' 순전히 보수적인 제도의 견지에서 보면 가장 이상적인 것은 복종일 뿐 결코 열광주의 — 그 성격이 어떠하든 — 가 아니다. '평온함은 시민의 제일 의무이다(Ruhe ist die erste Buergerpflicht)' 라는 모든 독일 왕자들의 구호는 괜한 것이 아니었다.

둘째, 지배자는 정의를 대변한다. 호족, 공직자, 성직자 등의 착취자가 빈민의 피를 빨고 있는 것이 명백함에도 불구하고 이 명제는 사실일 수 있다. 왜냐하면 왕은 그의 이름으로 행해지고 있는 착취를 알지 못하기 때문이다. 짜르나 프랑스의 왕이 이런 사실을 알기만 하면 틀림없이 그의 독수리의 눈으로 전국의 불의한 공직자들을 몰아내고 그의 충성스런 백성들에게 정의를 되돌려줄 것이다. 수많은 민간 신화에는 이러한 태도가 표현되어 있다. 예를 들면 거기에는 나라 안을 잠행하면서 부정을 발견하고 정의를 베푸는 왕에 대한 꿈이 절실하게 표현되어 있다. 왕이(혹은 교황이) 이 불의한 현장에서 멀리 떨어져 있는 것은 오히려 그의 명성을 드높여준다. 그러나 반대로 백성의 고통과 부정의가 코앞에 다가오면 왕의 명성은 사라져버린다. 3년에 걸친 대학살 후의 니콜라스 Ⅱ세처럼 아무리 합법적일지라도 불의한 왕을 위해서는 닭조차 울지 않는다. 왜냐하면 불의한 왕이란 곧 그 왕권의 부정이기 때문이다. 보다 덜 개인적인 교회 제도는 그 오류의 발견이 용이하지 않다. 그러나 이미 천년왕국주의자에 관한 논의에서 살펴보았듯이 교회는 진정한 교회가 아니라 빈민들을 무지 속에 방치해두려는 압제자의 음모라는 동일하게 충격적인 발견에 의해 그마저도 깨져버리고 만다. 유럽의 혁명사에 있어서 독실하면서도 격렬한 반성직자주의자인 기독교인의 모습은 쉽게 발견된다.

'교회와 왕을 내세운' 운동은 소위 러다이트적인 국면에 있어서만 혁명적 성격을 띠지만 일반적으로 사회적 항쟁이라고 할 수 있다. 일반적으로 그 운동의 목적은 사회 관계의 전통적 규범을 보존하는 것이다 .물론 거기에는 전통적 계급질서의 인정도 포함되어 있다. 그러나 때때로 '갓 계급' 도 '벙거지계급' 도 없는(시칠리아인들의 표현을 빌자면) 순수하고 완전하게 자유로운 사회에의 세속적인 꿈이 거친 대량학살의 형태로 폭발되기도 한다. 그들은 혁명적 시기에만 '바보들의 혁명주의' 로 무장한다. 그들이 합헌적인 이론을 갖고 있다 하더라도 왕의 합법성과 차이나는 것은 왕의 합법성이 무엇보다도 복종의 독점을 의미한다는 점이다. 그것은 왕이 지켜주는, 혹은 그렇지 않다면 수호될 수 없는 정의에 대한 백성의 실질적이고 환상적인 충성인 것이다. 교회와 왕을 내세운 대중 운동은 무비판적인 것도 아니며 무조건적인 것도 아니다. 그리고 사실 그들은 왕과 교회가 무슨 생각을 하고 있는지에 대해 근본적으로 관심을 두고 있지 않기 때문에 그에 대해 거의 알지 못한다. 1588년에 파리인들은 앙리 3세가 그의 이름으로 이루어진 반역의 코뮌에 찬성했는지 여부에 관심을 두지 않았다. 나폴리인과 파르마인들은 지배자가 그들의 권리라고 느꼈던 안정된 생활의 제공에 실패한 것으로 판단되면 추호의 망설임 없이 반란을 일으켰다. 오케이시(O'Casey)의 희곡에 나오는 더블린 사람들은 교회가 반란에 찬성하고 있는지 여부에 대해 전혀 고민하지 않았다. 사실 18세기의 세속주의와 이신론(理神論)에서 비롯된 교회와 에이레 공화주의 비밀결사와의 관계는 매우 오래된 것이었다. 교회가 에이레를 대표할 수 없다는 것을 그들은 이해할 수 없다. 그 합법화의 주체가 왕에게서 갑작스레 떨어져나간 것은 그다지 신비한 일은 아니다. 그로하여 지난 50년 간 1914년에 중부, 남부, 동부 유럽에서 거의 보편적이었던 왕정주의는 그다지 비중 없는 정치 체제로 변형되었다.

그리하여 인민은 왕이나 짜르의 깃발 아래 정의를 위하여 반란을 일으켰다. 1799년 나폴리의 광포했던 도시 폭동이나 수많은 농촌의 봉기가 그에 해당된다. 농민들은 시칠리아든 볼가든 국군이 그들을 억누르리라고는 결코 믿을 수 없었다. 왜냐하면 그들은 지배자의 요구를 실행하고 있다고 믿었기 때문이다. 베스다나의 농민들은 아프락신 장군에게 십자가를 그어 보이며 외쳤다. '우리에게 총을 쏘지 마시오. 당신들은 지금 알렉산더 니콜레예비치에게 총을 쏘고 있는 것이오. 당신들은 짜르의 피를 흘리고 있소.' 그들은 어떤 실질적 지배자나 실존하는 짜르에 대해 생각하고 있었던 것이 아니다. 그들은 결코 존재할 수 없는 이상적이고 정당한 민중의 짜르를 얘기하고 있었던 것이다. 나폴리에서처럼 왕이 너무 멀리 떨어져 있기 때문에 개인적으로 거의 알려져 있지 않거나 인지될 수 없을 때에는 지배자가 지닌 합법적 권위에 대한 헌신은 명백히 결여된다. 라자리는 부르봉의 왕이 아니라 한명의 왕에게 — 왜냐하면 그들에게 비인격적 공화정이란 이해할 수 없는 것이기 때문에 — 충성을 했다. 사실 프랑스가 그들을 정복한 이후 그들은 아주 기꺼이 왕 대신 프랑스의 장군 샹피모네에게 충성을 바쳤다. 그들은 그 장군과 '사라진 왕' 을 곧잘 비교하곤 했는데 그것은 장군의 품행이 보다 민주적이었기 때문이다. 폭도들의 변덕에 대한 수많은 소문은 바로 이러한 경험주의의 탓이다. 그들은 자신의 의무를 다하는 왕을 원했다. 성인에 대한 기대도 마찬가지였다. 아무튼 누군가 그 의무를 다할 것이다. 라자리가 그들의 패배 이후 성 야누아리우스에게 의심을 품고 일시적으로 성 안토니우스를 공경한 것은 불가피한 것이었다.

그러나 근본적으로 폭도는 어떠한 왕이나 지배자 혹은 체제에도 충성하지 않는다. 그 운동의 정치적 성향은 부자에 대한 증오나 일종의 무정부주의에 가까운 공리주의를 제외하면 어떠한 적극적인 계획도 지니지 않은 것이었다. 그러나 무정부주의조차도 적극적인 해결책을 제시해주지 못했다. 농민들은 오직 착취하고 간섭하는 국가, 법, 부자가 사라지기만 하면 공동체의 의견 일치에 의해 움직이는 마을을 기대할 수 있었다. 그러나 도시는 그러한 방식의 해결을 기대할 수 없었다. 초기의 무정부주의가 제안했던 바 도시의 유일한 해결책은 그 모든 것의 파괴였다. 그것은 이미 살펴보았듯이 농민 무정부주의자들이 환영할 만한 제안이었으나 도시 빈민들은 그들의 상황 때문에 결코 그로써 득을 볼 수 없는 제안이었다. 누군가 도시를 조직하여 그 생활을 보장해야만 한다. 그러나 도시에 평등이 찾아온다 하더라도 그것은 교묘한 투표의 평등, 혹은 평등한 기회와 같은 종류의 평등일 뿐 공동 경작과 주기적인 생산물의 분배라는 모든 사람의 단순 평등일 수는 없었다. 이런 상황에서 폭도들은 반란을 일으킬 수 있었다. 그들은 놀랍도록 효율적으로 반란을 일으킬 수 있었는데 그것은 그들이 도시나 수도에 살면서 정부, 권력, 권력 장악 등이 무엇을 의미하는지 멀리 떨어진 촌락의 농민들보다 훨씬 정확하게 인식하고 있었기 때문이다. 그러나 그들은 간헐적으로 운명에 항거하여 반란을 일으키는 외의 별다른 일을 할 수 없었다. 그들은 반란 후 곧 원상태로 되돌아가 묵묵히 정부와 고용주들에 복종하며, 또 제한된 짧은 범위의 목적을 이루기 위해 반란을 일으키곤 한다. 그들이 어떤 명분 아래 반란을 일으키는가는 크게 문제가 되지 않았다. 지난 2세기 동안 고전적인 대도시의 폭동 중에서 천년왕국주의적 운동은 거의 발견되지 않았는데, 그것은 그들이 새롭고 완전한 세계라는 인식을 획득하는 것이 지극히 어려웠기 때문이다.

그럼에도 불구하고 폭도들의 성격은 여러 면에서 변화했다. 비교의 편의를 위해 남부 유형의 절대주의 혹은 이전에 절대주의 왕정 치하에 있던 도시들로 한정하여 관찰해보면 그 변화 과정은 프랑스혁명 이래 몇 가지 단계로 나누어진다. 혁명 후에는 파리의 서민들이 무슨 폭동을 일으키든 그것은 좌익의 원조 하에 이루어졌다. 비엔나의 대중은 1790년대에는 충실한 반쟈코뱅의 입장에 있었으나(구두수선공은 특별한 예외였는데, 그들은 프랑스가 종교에 대해 적대적이었기 때문에 프랑스에 찬동하고 있었다) 1848년에는 혁명의 전렬에 섰다. 도시 주변에서 상연되던 코미디를 연구해 보면 1830년대에서 1848년 사이에 대중의 정치적 분위기가 어떻게 변화했는지를 더욱 정확하게 알 수 있다. 스페인에서는 19세기 중반 이후 세비야와 바르셀로나의 카페에서 노래하던 영웅들은 그 노래의 내용과 그들의 경험으로 판단해볼 때 자유주의자였다. 극단적인 빈민 보수주의의 요새였던 나폴리에서도 1860년에 보수주의자들이 1799년의 라자리 봉기가 재연되기를 기다렸다. 그러나 라자리는 침묵했다. 사실 카모라가 몇 년 동안 자유당과 화해하게 되었고, 가리발디는 다른 모든 빈민들의 마음을 사로잡듯이 나폴리 빈민들의 마음을 사로잡았다. 그리고 1866년의 팔레르모 봉기는 여전히 성 로살리아(Sta Rosalia)를 위한 것이었지만 또 한편 가리발디와 공화국을 위한 것이기도 했다. 팔레르모에는 오랫동안 자유당과 공동으로 혹은 그 선렬에서 봉기를 주도해왔었던 전통이 있었다. 그러나 이런 사실이 순수하게 전(前)정치적이며 우익적인 폭도가 존재하지 않게 되었다는 것을 의미하지는 않는다. 그것은 이제 대개 보수주의적 요소를 그대로 노정하곤 하는 허물만의 좌익 구호 — 비엔나의 반(反)셈족주의, 바르셀로나의 반성직자주의와 반부호주의 — 에 의해 움직이는 폭동에 비해 오히려 의식적으로 전통주의적인 세력으로서 기능하는 경향이 덜했다. 파랄레오의 황제 알레얀드로 레룩스(Alejandro Lerrou)가 1909년의 무정부주의적 폭도의 손아귀에 있던 비극의 한 주일 동안 구 바르셀로나의 중심에 있는 시궁창 같은 빈민 매음굴 지역 바리오 치노에서 그의 부하들을 모을 때 외쳤던 것은 그러한 구호들이었다.

그럼 이러한 변화는 왜 일어났는가? 분명 폭도들이 경험주의자였고 또 한편 교회와 왕의 체제가 제 도리를 다하지 못했던 것이 한 원인이 될 것이다. 방데(Vande) 농민들의 완고하고 무조건적인 전통주의나 나바레와 아라공 주민들의 카를로스주의는 대도시의 빈민가에서 발견되지 않는다. 변화의 다른 이유는 분명 새 시대의 혁명운동과 대중을 대표하고, 대중 속에서 나온 새로운 종류의 영웅의 출현이다. 그 영웅은 단순한 규격 사회가 아닌 자유로운 사회의 빛나는 광휘를 위해 싸우는 투사다. '민중의 투사' 라는 대중적 이상을 기적에 가까울 정도로 체현할 수 있었던 가리발디는 — 그는 오늘날까지도 언젠가 런던에서 있었던 대규모의 대중 시위를 단독으로 조직한 인물로 남아 있다 — 아마도 가장 생생한 예일 것이다. 남부 이탈리아인들이 전통적 혁명주의를 포기하기 훨씬 전에 가리발디는 그가 헌신하는 실제 이유에 대한 대중의 몰이해를 이겨냈다. 그것은 아마도 가리발디가 단순한 전(前)이데올로기적 인물로서 전(前)정치적 빈민들을 다루는 방법을 본능적으로 이해하고 있었기 때문일 것이다. 폭도들은 단순히 보다 나은 어떤 것을 원하는 전통주의자였을 뿐이다. 그리고 새로운 운동인 쟈코뱅주의, 민족주의, 사회주의가 제공했던 것이 좀 애매하긴 하지만, 바로 이러한 것이었다.

당연히 그들은 이러한 운동을 불완전하게 수용했을 뿐이었다. 폭도들의 내재적인 소요의 가능성은 혁명 초기에 혁명가들의 작업을 수월하게 해준다. 그러나 그것은 폭도들의 소요의 직접적인 목적이 성취되어도 사회 혁명이 끝난 것이 아니라는 것을 전혀 이해할 수 없다는 점과 그 교육의 결여로 인하여 상쇄되고 만다. 거의 모든 근대의 사회주의 운동이나 공산주의 운동은 가능한 한 팔레르모 같은 대도시의 격렬한 분위기보다는 자그마한 탄전의 통제하기 쉬운 둔감함을 택하려 한다. 그리고 사실 몇몇 예외를 제외하면 근대 노동운동의 실질적인 힘은 처음부터 산업화되지 않은 수도보다는 지방 도읍에 있었다. 거대도시가 혁명화된 시기는 쟈코뱅주의나 초기 급진주의가 발생한 시기와 비슷하다.

그러나 그 근거지에서조차 고전적 폭동은 쇠퇴해갔다. 그 이유는 첫째로 산업화로 인하여 서민들이 산업 노동계급으로 전화해 간 점을 들 수 있다. 노동계급은 조직과 지속적인 연대에 의해 규정되지만 고전적 폭동은 간헐적이고 순간적인 소요일 뿐이다. 둘째, 경제적 조건이 변화하여 높은 실업율을 동반한 주기적 기근이 사라졌고 그것의 자동적이고 필연적인 결과로서 경제 위기는 발생하더라도 기아 폭동을 유발하지 않는 형태로 바뀌었다. 셋째 프랑스혁명 이후 수도에서의 소요에 대한 정부의 점차 민감해진 반응과 19세기의 도시 구조의 진화가 설사 소요의 원인이 여전히 존재한다 하더라도 고전적인 자생적 소요의 발생을 어렵게 만들었다. 19세기의 도시 구조는 빈촌과 부촌이 따로 특수 지역으로 분리되고 양자가 모두 주요한 상가나 관가(官街)에서 멀리 떨어진 곳에 위치하도록 분리되었다. 19세기 말엽의 런던, 파리, 베를린 정도나 알고 있는 관찰자라면 도시 폭동이 과연 무엇인지를 파악하는 데 많은 어려움에 봉착할 것이다. 대중의 주장이 고전적 폭동의 시기에 과연 무엇을 의미했는지 뼛속 깊이 느끼려면 팔레르모를 걸어보아야 할 것이다. 팔레르모의 중심가에는 여전히 궁성과 관공서, 그리고 빈민가와 상가가 서로 사정거리 안에 밀집되어 있다.

어느 누구도 도시 폭동의 소멸을 안타까워하지 않을 것이다. 현상을 유지하고자 하는 측은 그 도시 폭동으로 하여 이득을 보았을지라도 농민 보수주의에 대한 평가와는 달리 폭동의 분명한 보수주의를 좋게 평가하지 않았다. 노동운동에서도 역시 마찬가지로 도시 폭동을 산업화되지 않은 거대 도시의 점령을 지연시키는 세력으로 보았다. 또 설령 도시 폭동이 노동운동의 편에 섰을 때도 그것을 우회적으로 설명하려고 하였다. 원초적이고 자생적인, 그리고 부정적인 반란에 관한 한 가장 논리적이랄 수 있는 무정부주의도 도시 폭동을 이상화하는 데는 망설였다. 거대 도시의 서민들이 근대의 노동계급으로 변화한 것은 그 특색의 상실을 의미한다. 그러나 나폴리의 준프롤레타리아가 처한 두려운 광경을 본 사람이라면 누구든 스토우크 언 트렌트가 처한 상황조차 은혜로운 것이라고 생각할 것이다. 그러나 그 모든 약점에도 불구하고 폭동은 역사 속의 엄연한 사실이다. 폭동은 끊임없이 일어난 사회적 항쟁으로서는 가장 오래된 기록을 갖고 있다. 폭동은 그 특징을 인식할 수 없을 정도로 변덕스러운 것은 아니다. 그리고 폭동은 보다 진보된 운동과 빈민들의 또 다른 집단에 그 자리를 물려주기 전에 근대 세계의 정치적 진화에 중요한 역할을 했다. 물론 그것은 그다지 의식적인 것은 아니었다. 그러나 역사가들은 다른 원초적인 사회운동에 대해서처럼 관심을 기울이기는 어려울지라도 도시 폭동의 운동 방식에 대해 이해할 수 있도록 노력해야 할 것이다.

제 8 장 노동 종파

I

18세기의 미국혁명과 프랑스혁명은 전통적인 종교를 통해서가 아니라 세속적인 합리주의를 통해서 스스로의 이념과 포부를 표현한 대중적 정치운동으로서는 세계사에 있어서 최초의 사건이었을 것이다. 그로 말미암아 사람들의 삶과 사상은 심대한 혁명을 겪었다. 그러나 정치에 관하여 불가지론적(不可知論的)인 시대 — 정치가나 유권자들의 사적인 신념이야 어떻든 간에 — 를 자라온 우리들로서는 그 본질을 헤아리는 것조차 어려운 일이 되었다.

근대의 노동운동은 이러한 시대의 산물이라 할 수 있는 바, 그것은 다음과 같은 두 가지 점에서 그러하다. 첫째 그것의 주이데올로기인 사회주의(또는 공산주의나 무정부주의. 이들은 모두 동일한 가계에 속한 것이다)가 18세기 계몽주의와 합리주의의 최후 그리고 가장 극단적인 후예이기 때문이며, 둘째는 그것의 지지자이자 역사상 전혀 새로운 시대의 산물인 노동계급 자체가 어떤 특정한 계층이나 또는 중산층계급 지식인 같은 엘리트 집단을 제외한다면, 전통적 종교에 의한 영향을 그 어떤 사회집단보다도 적게 받았기 때문이다. 이 말은 노동자들이 과거에 있어서나 현재에 있어서 현저하게 불가지론적이거나 무신론적이란 뜻이 아니다. 단지 시골로부터 도시로, 농민으로부터 노동자로 역사적 혹은 개인적으로 옮겨감으로 말미암아 일반적으로 전통적 종교 및 교회의 영향력이 급격히 감소했다는 것을 의미할 뿐이다.

1840년대로부터 1950년대 사이에 행해진 노동계급의 종교 관계 및 관행에 관한 조사 연구를 살펴보면, 다른 계급과 비교해 볼 때 종교적 무관심주의[1]가 비상하게 두드러진다는 진술을 거의 예외 없이 하고 있다. 그리고 노동계급 중에서도 유별나게 종교적인 집단들 — 서구에서 그들은 보통 가톨릭 신자이다 — 은 영국에 있어서의 에이레인이나 독일제국에 있어서의 폴란드인처럼 흔히 소수민족이기 때문에 종종 실제보다 눈에 두드러져 보이는 예외라고 할 수 있다. 이러한 경우 그들 고유의 종교는 국적에 대한 표지로서의 구실도 아울러 하고 있는 것이다. 그러나 그들은 다른 노동자들에 비해서는 현저하게 종교적이지만, 자기네 고국의 노동계급에 속하지 않는 사람들과 비교해 볼 때에는 보통 훨씬 덜 종교적이라는 것이 드러난다. 사회주의 운동의 지도자나 전사들을 보면 그들은 거의 처음부터 단순히 종교적으로 무관심한 데 그치지 않고 적극적으로 불가지론, 무신론, 그리고 반(反)성직자적 태도를 취하고 있는 것이 일반적인 현상이다.

그리하여 노동계급운동의 '근대적' 형태의 특징은, 전투적이진 않더라도, 순전히 세속적이라는 점이다. 그러나 오랜 옛날부터 일반인의 삶을 지배해 온 전통 종교의 제형태와 양식이 갑작스럽게 그리고 완전하게 사라져 버릴 수는 없는 일이다. 극히 세속적인 사회·정치운동에 있어서조차 그 초기 단계에서는 흔히 구래의 종교에 대한 일종의 향수를 드러내는 바 이를 좀 더 정확하게 표현하자면 기왕의 패턴을 따르지 않는 새로운 이데올로기가 머리에 떠오르지 않음으로 말미암아, 신(神)을 희석(稀釋)하고 변형시켜 다시 내세우고 종전의 의례의 그림자를 남기는 것이다. 계몽주의 하의 중산계급은 프리메이슨의

1) 잉글랜드 및 웨일즈 지방에 대한 1851년의 「宗敎 센서스」는 대조사로서는 최초의 것이었다. 최근의 연구로서는 1941년 이래의 Le Bras 및 프랑스 가톨릭계 '종교사회학파' 의 작업이 가장 훌륭한 것이다.

이신교(理神敎)를 섬겼으며 프랑스혁명은 이성과 최고존재(the Supreme Being)를 숭배했었다. 보다 더 적절한 예로는 소블(Albert Soboul)이 최근에 보여준 바와 같이, 하층사회 출신의 혁명가들이 옛 모델(삼색의 날개를 달고 하늘로 올라갔으며 그의 무덤을 만지면 병자가 나았다는 싸르 Sarthe의 뒤게 Perrine Dugue나 파리 과격공화파 중의 마라 르쁠레띠예 Marat Lepeletier 또는 살링 Chalier 등과 같은)을 따라, 기적을 행한 살마들을 포함한 성인과 순교자들에 대한 숭배를 다시 창출해냈었던 사실을 들 수 있다.

공상적 사회주의의 초기 단계에서는 새로운 종교의 형태를 취하거나(생 시몽 식으로) 혹은 예언적 종파주의의 형태를 취하는(빌헬름 바이틀링 식으로) 경우가 종종 있었다. 세속적 운동에 있어서 숭배를 창조하는 일은 상당한 기간에 걸쳐 계속되었다. 심지어 오귀스뜨 꽁뜨의 실증주의조차 인도(Humanity)라는 종교를 갖고 있었다. 그러나 최초의 단계를 제외한다면 그러한 현상은 주요한 것이라기보다는 오히려 진기한 것에 속했다. 새로운 사회주의 운동은 분명히 그 구성원에 대하여 전통 종교의 많은 기능을 대신해주었으며 전통 종교와 유사한 제현상을 발달시켰다. 스페인의 사회주의자들은 편지 속에서 서로를 '같은 종교를 믿는 사람(coreligionario)' 이라고 부르기까지 하였다. 그러나 그와 같은 사회학적 유사성의 문제는 본 논의의 범위를 벗어나는 것이다. 그 세속주의에 있어서, 노동운동과 사회주의 운동은 판연하게 '근대적' 이다.

이상과 같은 일반화에 대한 주된 예외가 되는 것이 앵글로 — 색슨계(系)제국의 노동종파다.[2] 영국 노동운동의 이데올로기사(史)는 물론 대륙의 그것과는 전혀 다르다. 영국의 노동운동·사회운동 역시

2) 유사한 단체가 다른 곳에서는 전혀 존재하지 않았다는 말은 아니다. 그러나 편의상 나는 거의 전적으로 영국에서의 현상만을 다루려고 한다. 어쨌거나 그것이 가장 중요한 사례로 판단된다.

대륙에서와 마찬가지로 세속주의적·급진주의적 전통, 즉 페인(Thomas Paine)으로부터 브래드래프(Bradlaugh), 브래치포드(Blatchford)에 이르는 막강한 영향력을 떨쳤던 팜플렛 작자들은 물론 스펜서주의자, '노동 경제학자', 오웬주의자, 오브라이언주의자로부터 시작하여 맑스주의자, 페이비언주의자, 그리고 대부분의 정치 세력에 이르기까지 사실상의 모든 운동이론가를 배출하였던 전통 위에 서 있다. 그들의 산지는 주로 런던이었지만, 그 장인 및 노동자 소요사로 말하면 산업혁명 이전으로까지 소급되는 그 밖의 다른 도시도 있었다. 이들 도시에서는 종교적, 혹은 노동종파적인 노동전사란 항상 드문 현상이었다. 아무튼 런던의 자코뱅주의자와 플레이스(Place)파로부터 반종교적인 오웬주의자와 그 협력자들, 저널리스트와 서적상, 홀리오크(Holyoake)를 추종하고 브래드래프의 과학회관에 모여 자유로이 사유하던 급진주의자들을 포함하여, 사회민주주의 동맹(S.D.F) 및 예배 시의 수사(修辭)에 대해 노골적인 증오감을 표했던 런던의 페이비언주의자들에 이르기까지 런던의 노동사를 연면히 꿰뚫고 있는 이념적 실(絲)은 세속주의인 것이다. 런던에서는 랜스버리(George Lansbury) 같은 순수한 종교적 반역아조차도, 종교적 색채가 있는 독립노동당은 런던에서 도저히 큰 발판을 확보할 수 없었기 때문에 무신론적·맑스주의적인 사회민주주의 동맹에서 자기 경력을 쌓아가지 않으면 안 되었다. 그러나 전체적으로 볼 때 영국에서는 전통 종교와 노동운동 간의 관계가 밀접했으며 그러한 관계가 아주 뒷날에 이르기까지 다른 나라들에 있어서보다 훨씬 중요한 요소로 작용했다는 것은 부정할 수 없다. 독일의 한 학자가 조사한 것을 보면, 1929년이란 시점에 와서도, 노동당 소속 국회의원 249명 가운데 스스로를 불가지론자나 무신론자라고 표명한 사람은 겨우 8명에 지나지 않았다. 이러한 종류의 조사는 그 이후로는 아직 행해지지 않고 있다.

전통 종교와 노동운동 간의 정확한 관계에 대해서는, 일반적으로 말해서 불충분한 정보를 바탕으로 한 것이거나 혹은 어느 정도 왜곡된 특정 종파적 또는 정치적 편견에 입각해서 행해졌다 할 수 있지만,[3] 지금까지 많은 논의가 있었다. 여기서, 노동종파주의의 문제에 바로 들어가기에 앞서 먼저 산업혁명기 이래에 있어서 종교와 영국 노동계급 간의 일반적 관계에 관해 우리가 알고 있는 바를 간단히 정리해두는 것이 좋을 것 같다.

영국의 산업화 시기(대략 1790~1850)는 동시에 종교상으로도 중요한 변화의 시기였는 바, 이 때에 국교를 따르지 않는 프로테스탄트파가 하나의 대중 종교로서 수립되었던 것이다. 이 종파들은 혁명의 17세기에는 세력을 크게 떨쳤었지만 18세기를 거치면서 그 지반을 잃고 있었다. '구(舊) 비국교도들', 조합교회파, 침례교파, 영국 장로회파, 유니테리언파, 퀘이커파 등의 제 종파는 중산계급 내지 중하(中下)계급의 소규모적인 공동체를 이루고 있었으며, 이신론과 합리주의 세력에 의해 다소 잠식되어 있었다. 감리교는 프랑스혁명을 즈음하여 비로소 신도수가 6만을 밑도는 정도까지 신장되는 부흥을 보았지만 그 이전에는 개종자가 별로 증가하지 않았었다. 1851년에 이르면 상황은 근본적으로 바뀐다. 이 해에 행해진 종교 센서스를 보면 국교회가 전체 프로테스탄트파에 대해서 간신히 우위를 점하고는 있었지만 도회지나 공업지역에서는 분명히 훨씬 열세에 놓여 있었다.

---

3) 대부분의 그러한 논의의 기초가 되어온 것은 '감리교의 발흥이 영국에서의 혁명을 막았다'는 Halevy의 이론이다. 비판적 논의르는 『History Today』(1957년 2월)에 수록된 나의 「Methodism and the threat of revolution in Britain」참조. 자료의 대부분은 영국 노동운동에 대한 감리교의 공헌을 드러내려는 열망에 가득찼던 감리교파 역사가들, 특히 이 문제 — 본장에서도 이 문제에 대해 많이 논했지만 — 에 관한 일련의 저술을 발간한 바 있는 위어마우드(R. Wearmouth)등에 의해 수집된 것이다. '영국의 노동계급은 맑스보다는 웨슬리에 힘입은 바 더 크다'는 최근의 슬로건은 논의의 초점을 흐리는 우견이다.

놀랄 만큼 많은 사람들이 프로테스탄트파의 여러 종파로 개종한 것은 주로 1805년부터 1850년 사이의 기간에 일어난 일이다. 그리하여 감리교파는 1805년의 10만 7천명에서 1851년에는, 웨일즈 지방의 12만 5천명에 달하는 칼뱅주의 침례교파를 제외하고도, 거의 60만에 육박하는 숫자로 성장하고 있다. 개종이 경제적, 사회적인 신장기와 상관관계에 있음은 명백하다. 감리교파의 신장 속도가 가장 컸던 기간은 프랑스혁명에 있어서의 쟈코뱅기(1793~1795), 나폴레옹 전쟁 말기의 긴장이 한층 고조됐던 시기(1805~1816, 특히 1813~1816), 선거법 개정과 빈민구호법이 제정된 시기(1831~1834) — 이 시기에 연간 성장률이 최고를 기록한다 — 등이다. 그러나 1850년대의 전반기에는 모든 종파에 걸쳐 교세 신장이 혹은 완화되거나 혹은 일시적으로 정지되거나 하는 바, 신도수의 실질적인 감소를 기록한 것은 19세기에 있어서 이 때가 유일한 기간으로, 이는 상기 현상과 마찬가지로 크게 주목할 만한 일이다. 이 기간에는 차티스트운동(chartism)과 급진주의도 역시 쇠퇴를 보였다. 종교적 의식의 운동과 사회·정치적 의식의 운동이 서로 상응하고 있었다는 것은 분명하다.

당시의 통계나 각 종파의 기록이 이 새로운 개종자들의 사회적 구성에 관하여 정확하게 드러내주고 있지 않기 때문에 그들 중에 노동자가 차지하는 숫자가 얼마나 되는지 알 수는 없다. 그러나, 중산계급과 노동계급 간의 경계층에서 출발하여 위로는 상층 부르죠아 계급으로까지 올라감에 따라, 혹은 아래로는 밑바닥의 극빈층으로까지 내려감에 따라 비국교에 대한 매력이 차차 감소되어간다는 것을 우리가 인정한다 하더라도(그러나 가능성은 높다) 이 광범위한 종교운동으로부터 수많은 노동자들이 영향을 받았다는 것만은 명백한 일이다. 그들 중에는 19세기의 프로테스탄티즘에 특징적 현상이었던, 어느 정도 광적인 흥분상태를 몰아오는 주기적인 '신앙부흥운동'을 통해서이거나 또는 프로테스탄트파의 커다란 양적 신장이 이루어지거나 시작되었던 때인 1797~1800, 1805~1807, 1815~1818, 1823~1824, 1831~1834, 1849, 1859, 1904~1905년의 시기에 비국교파로 휩쓸려 들어간 사람들이 많다.

사실상 이 모든 개종은 한두 종류의 종파에서 일어난 것이었다. 왜냐하면 로마 가톨릭 공동체의 확장은 비(非)가톨릭의 개종에 의한 것이기보다는 에이레 가톨릭 신자들의 이주로 인한 것이며, 일부 부유한 비국교도들이 국교회에 흡수된 것은 하나의 사회적 상승 현상이지 개종 현상이라 할 수 없기 때문이다. 기독교의 여러 종파가 초기 산업노동자계급의 삶에 대해 수행한 역할은 무엇이었는가?

기독교의 제 종파가 가장 크게 어필했던 프롤레타리아 계층으로 말하면 역사상 전혀 새로 출현한, 생소한 계층이었다. 산업화되기 이전의 런던에 있어서 숙련 장인 계급은 그래도 자기 나름의 생활방식과 정치운동의 방식(급진주의적, 과격파적인)을 확립해 갖고 있었다. 물론 그것들의 바탕이 된 것은 흔히 그 이전에 있었던 혁명적 성격의 프로테스탄트적 종파주의가 변형된 것이었지만, 셰필드 같은 공업도시를 지배한 것은 페인과 오웬의 사상이었다. 그러한 곳의 비국교도들은 주로 상인과 소규모 제조업자들이었다. 그러나 새로운 공업지역들, 다시 말해서 여태까지 촌락으로 있다가 갑자기 공업도시가 된 곳에서는 새로운 시대에 맞는 생활 패턴이란 것이 아직 전무했을 뿐만 아니라 어떤 형태로든 인간적인 공동체를 건설해야겠다는 책임감을 느낀 사람은, 아마 선술집 주인을 제외하고는, 아무도 없었다. 여러 곳에 널려 있는 초기의 탄전(炭田) 같은 지역에 있어서는 주민의 대부분이 토착민들로서, 높은 출생률에 의거하여 점차 확대되어가고, 결국 고립되고 멀리 떨어진 채로 각각 하나의 중심지를 형성해가고 있었다. 그들은 자기들에게 익숙한 영적 자원과 공업화 이전의 관습 및 종교에 의지하여 살았다. 산업화 초기의 민요들은 바로 그러한 지역에서 발달되었으나, 후에 도시화와 이주의 홍수 속에서 소멸되었다. 그러한 민요의 창조자는 탄갱부나 직공(織工) 또는 선원들이었다. 또 어떤 지역에서는 한두 개의 기간 산업을 중심으로 그 지방민들과 잡다한 이주자들이 모여 한데 얽혀 살기도 했다. 세 번째 그룹은 런던 같은 도시나 또는 항구에서처럼 수많은 이주자로 구성되어 있었다. 이 경우 사회적 분해가 가장 격심하게 발생한다. 사람들의 직업은 분류할 수 없을 정도로 잡다하지만 그 대부분은 숙련된 기술을 요구하지 않았다. 크든 작든 간에 그러한 도시에서는 촌락으로 있다가 공업도시가 된 곳처럼 적응한 새로운 토대 위에서 공업화 이전의 생활을 재창조 해야 하는 것은 애초부터 문제가 되지 않았다.[4)]

이 모든 지역에 있어서 노동계급의 삶은 비참하고 불결하고 야만적이고 결핍되고 무엇보다도 불안정한 것이었다. 그리고 그들이 택한 종교는 그들의 처지를 그대로 반영했다. 그들의 신앙심은 뜨겁고 강렬했다(사회보장이 결여되어 있는 비참한 현실이 집회 시 회중의 뜨거운 열기에 의해 보상된다 — L. Pope). 영광과 심판 그리고 악한들에 대한 지옥의 유황불 따위에 관한 비전들은 현실의 고통의 짐을 견뎌내는 데 도움을 필요로 하는 사람들의 마음을 쉽게 차지할 수 있었거니와, 지옥의 영원한 형벌에 관해 선고할 때 또는 부흥회 때나 그 비슷한 행사에 있어서의 감정적인 몰입은 그들에게 기분 전환을 가져다 주었던 것이다. 에섹스주(州)의 1840년대의 코트올드 공장들에 대해 기술한 어떤 부인은, 여공들에게 일이 없을 때에는 어떤 자극제가 필요하다는 것을 인정하면서 다음과 같이 말했다. "다른 것이 제공되지 않을

4) 초기 공업주의 단계에 있어서의 노동계급 종교에 관한 설명으로서 내가 아는 가장 훌륭한 것은 포우프(L. Pope)의 『Millhands and Preachers』(예일, 1942)인 바, 이 책은 1900~1939년경에 있어서의 가스토니아와 북부캐롤라이나를 다루고 있다. 나의 설명은 영국의 제 조건을 바탕에 둔 것이지만, 공장 노동자가 된 가난한 백인 임부(林夫)들이 믿었던 종교가 19세기의 노동종파와 너무나 흡사하기 때문에, 이하에서 나는 때때로 포우프의 책에서 인용하여 설명할 생각이다.

때에는 때때로 종교적 열광이 그 대신의 역할을 한다." 또 어떤 목사는 자신의 회중(會衆)을 가리켜 "그들은 많은 피를 요구한다"라고 말하기도 했다. 사회적으로 가장 심하고 분해된 극빈자층만이 종교조차도 접근하지 못한 계층이겠으나, 구세군은 이들에게도 접근하려는 노력을 보였다.

또한 그들의 종교는 전혀 비신학적·비지성적인, 완전히 감정적인 것이었다. 노동자들은 교육을 받을 수 없는 운명에 있었기 때문에, 무학자들도 동등한 조건하에 경쟁할 수 있는 열성과 도덕성만이 신앙과 구원의 절대적 기준이었다는 것이 당시의 노동종파들을 특징지운 점이었다. 새로운 산업노동자들(경제적으로 보다 나은 처지에 있으며 전에부터 존재했던 장인들과는 구별되는)에게 어필한 종파들은 모두 '큰 소리로 떠들썩하게' 설교하는 경향을 띠었거니와, 포오프(L. Pope)의 다음과 같은 관찰은 영국의 경우에도 들어맞는 말이었다. "그들은 그 근원이 극히 다양한 신학적 개념들을 무조건적으로 받아들여서는, 일관성 여부를 고려하지 않고 마구 뒤섞어 가지고 살고 있다." 동일한 이유로 그들은 또한 민주적이었다. 신도들은 합창단에 가입하고 자기 의견을 표명하고 또는 스스로(여자도 포함해서) 설교를 하는 등의 행위를 통해서 다른 종파보다 훨씬 더 널리 그리고 적극적으로 신앙에 참여했으며 또한 교회 내에 증가하고 있는 각종 위원회나 직책에 참여했다. 교회의 민주주의는 교회적 공동체를 낳았는 바, 이 종파의 훌륭한 점의 하나는 노동계급의 사회에 단결심을 심어 주고 새로운 가치 척도를 제공해 줌 — 가난은 은총의 전제가 되었고 그들의 엄격한 도덕성은 사악한 계급의 방종에 대조되는 것이었으며 새로운 영적 신분 체계가 현실 세계의 신분 체계를 대체하였다 — 과 아울러, 그들에게 다른 곳에는 없는 공용 시설들을 또한 제공해주었다는 점이다.

그 반면에 이 종파는 통상 — 이 점이 영국 노동종파의 현저한 특색을 이루는 것이지만 — 프롤레타리아들이 당면하는 제 문제에 대해 문제 해결을 회피하거나 아니면 해결에 임하더라도 계급을 위해서가 아니라 당사자 개인이나 특정 집단을 위한다는 태도를 취했다('큰 소리로 떠들썩하게 설교하는' 이 종파들이, 상호간에 독립적이고 경쟁적인 여러 비밀집회로 분열되는 어쩔 수 없는 경향을 갖게 된 것도 아마 그 때문이었을 것이다). 노동자들이 종교에 도움을 기대할 수 있었던 것은 오직 그들의 운명을 어떤 식으론가(가령 그들이 속한 공장이나 광산의 번창과 경영에 영향을 끼치는 식으로) 지배하고 있으리라 생각되는 마법과 미신[5]의 범주에 한해서였다. 그러나 경제적 조건은 투쟁할 문제가 아니라 운명의 문제였다. 중요한 것은 개인적인 구원이었으니 포우프는 말하기를, "공장 노동자들의 신학에서는 세상은 주님과 악마가 각 개인의 영혼을 두고 서로 싸우는 거대한 싸움터이다. '예수의 보혈' 에 의해 그리고 성서를 되풀이 읽음으로써 승리는 주님께 돌아간다." 정치적으로 말해서 노동종파의 신자들이 자기네 종교로부터 이끌어낸 태도는 보통 인내와 일종의 영적 보복의 두 가지였다. 그들은 1930년대의 대공항기에 널리 퍼졌던 수많은 종파들(제닝스양의 『Brynmawr』에 나오듯이)에 있어서처럼 '진노가 내리기를 기다리는 사람' 이 되거나, 아니면 토마스(Gwyn Thomas)가 경탄할 만한 그의 사우스 웨일즈 지방소설들 속에 묘사한 바와 같은 '기대하며 기다리는 사람' 이 되는 것이다. 이 양자는, 1844년 실레지아 지방에서 발생한 러다이트(Luddite) 폭동에 관해 역사적으로 정확한 묘사를 하고 있는 하우프트만(Gerhart Hauptmann)의 희곡 『직공(職工)들』 속에 고전적으로 표현되어 있다. 이 주목할 만한 희곡에 나오는 한 늙은 노동종파 신도의 말 중에서 두 대목 인용하는 것보다 더 효과적인 설명은 없을 것이다.

---

5) '그들의 종교는 그들의 불안정한 삶에 일어나는 매일매일의 고투와 희비에 밀접하게 관여하고 있었으며, 해석하고 구원받는 데 있어서의 유용성을 인정받고 있었다. 그들의 종교는 작용하고」, 「사물을 변화시켰다」.' — Pope, p. 86

주여, 당신께 향한 감사의 마음을 어떻게 표현해야 되올지요? 은총과 자애를 베푸사 다시 또 밤을 내려 주셨고……저희를 긍휼히 여기셨으니, 간밤은 아무런 위해도 없었던 안식의 밤이었습니다. '주여, 당신의 자애로우심은 무한하나이다.' 그러나 저희는 보잘 것 없고 죄악에 물든 자식들입니다. 당신의 발아래 밟힐만한 값어치도 없으며 썩어빠지고 죄악으로 가득 차 있을 뿐입니다. 그렇지만 사랑하는 아버지, 당신께서는 당신의 아들, 우리 주 예수 그리스도를 보시어 기꺼이 저희를 굽어 살피고 긍휼히 여겨 주십니다. '예수의 보혈과 정의가 빛나는 나의 장식이요 외투입니다.' 저희가 당신의 징벌로 인해 때로 믿음을 잃고, 당신의 정화로(淨化爐)가 너무 뜨거워 때로 못 견뎌내더라도 부디 노여워하지 마시고 저희 죄를 사하여 주십시오. 세상의 고통이 끝난 뒤 당신의 영원한 구원을 입을 수 있도록, 하늘에 계신 성부여, 저희에게 참을성을 내려 주십시오. 아멘.

또한

이봐 고트리브, 우리 가난한 사람들이 유일하게 가지고 있는 그것을 의심해서는 안 돼. 그렇지 않다면, 내가 왜 나의 비애로부터 황금을 짜내 포식을 하며 당당하게 살아가는 저 사람 밑에서 40년 동안을 디딜방아나 밟고 있었겠는가? 무엇 때문이었겠나? 내게는 희망이 있었기 때문이야. 간절히 바라는 그 무엇이 있었기 때문이야. 그대의 몫은 이 세상에 있지만 내 것은 저 세상에 있다 — 이게 내가 저 사람 집을 올려다 볼 때마다 하는 생각이었네. 내 사지가 다 잘려 나간다 해도 여전히 나는 확신하노라 하고 말이야. 예언자들은 지금까지 다 그렇게 말해 왔어. 심판의 날은 반드시 오네. 그러나 심판관이 되는 것은 우리 인간이 아니야. "복수는 내가 한다" 고 주(主), 우리 하나님께서 말씀하셨어.

사실 '인민의 아편' 이란 말은 이 종파의 거개에 있어서는 결코 틀린 말이 아니었다.[6] 노동계급의 종교는 트뢸취(Troeltsch)의 표현대로 대부분이 비공격적인 종파였다. 그들은 진정한 신앙인이라면 현세에 대해서는 등을 돌리고 오직 영원한 구원(이는 개종하기만 하면 보장되는 것이다)의 영광만을 바라보며 살아야 한다고 믿었다. 신도가 모두 프롤레타리아였음이 분명한 '월워드 점퍼즈파'(Wal worth Jumpers, 예배시 춤추며 뛰어다녔다는, 웨일즈 지방에 있었던 감리교계 종파 ; 역주) — 매우 도취적 종파로서 이들에 대해 묘사한 글이 지금도 남아 있다 — 는 그러한 믿음을 극단적으로 밀고 나가, '개종하고 죽으면 영원한 생명으로 다시 태어나며 그 뒤로는 영원히 죽지 않는다'고 실제로 믿고 있었다.

II

노동종파는 우선 능동적이라는 점에서 이상과 같은 종교와는 구별된다. 이 파의 구성원들이 반드시 임금노동자였던 것은 아니지만 전 종파는 교의 상이나 조직 상으로든 또는 구성원의 제 활동을 통해서든 노동운동 및 노조운동과 밀접한 관계를 맺는다. 뿐만 아니라 이 파는 노동자계급의 운명만이 아니라 그 집단적 소망도 아울러 반영하는 그런 교리와 조직을 추구한다. 그러나 그 형태가 극단적인 것은 드물다. 구성원이 계급의식을 가진 노동자들임으로 말미암아 극단적인 형태를 취한 종파의 예로서 내가 알고 있는 것은 '노동교회' 밖에 없다. 물론 다른 것도 있겠지만, 그러한 것은 나중에 와서 성립된 것이고 또

---

6) '공장지대의 종교는 경제적 조건들에 대해 분명히 무관심한 것처럼 보인다. 실제에 있어 부분적으로는 경제적 조건의 산물인 그들은, 관심을 딴 데로 돌림으로써 간접적으로는 그것들을 시인하고 있는 것이다' — Pope, p. 91. 여기서 우리는 Pope가 「역사의 경제적 해석」을 지극히 혐오했던 기독교인이라는 점에 유의해야 할 것이다.

오래가지 못한 현상이다. 그것보다는 자꾸만 사회적 저항으로 나아가는 신도들의 압력에 의해 비공격적 종파로부터 노동종파로 부분적으로 변모해 간 형태가 훨씬 더 많다. 일반적으로 노동계급적 웨슬리파나 그 밖의 노동계급적 종파는 같은 교단 내의 보수파와 결별하고 러다이트 운동이나 급진주의 운동, 차티스트 운동 따위에 참가하기도 했다. 1929년의 파업 시 '가스토니아 하나님의 교회'와 '성오순절교회'의 목사들은 그들의 그 내세지향성(노조에 대한 적의를 포함하여)에도 불구하고 단지 교회는 노동자들과, 완전히 일체라는 이유로 파업자들을 옹호했었다. 그러나 노조의 투쟁성이 일시적인 것이 아니라 자기 안에 뿌리를 내린 그런 종파는 극히 드물다. 그러한 종파로서 가장 유명한 것이 '감리교수구파(Primitive Methodists)'이다.

감리교수구파는 나폴레옹 전쟁 말기에 웨슬리파로부터 떨어져 나온 것인데, 이 시기는 노동자들의 대량 개종이 시작된 때이다(감리교수구파와 매우 유사한 집단인 '성서 크리스찬파[the Bible Christians]' — 이 파가 성했던 곳은 잉글랜드 서부지방 및 나중에는 켄트주였음 — 는 약간 더 먼저 떨어져 나온다). 이 분열의 표면적 원인은 이른바 종교상의 민주주의에 관하여 견해가 서로 달랐던 점이다. 웨슬리파는 주지하다시피 신학상으로는 아르미니우스주의 및 중앙 집중제, 성직자 계급제를 견지하였으며, 조직상으로는 목사가 평신도와 엄격히 구별되어 있다는 점에서 성직권 존중주의를, 그리고 정치적으로는 극히 보수주의를 취했다. 이 파는 애초에 계급적 구별이 존재할 수 없는 감정에다 직접 호소하는 비지성적인 신앙으로서 그 발판을 확보했었던 것이지만 그럼에도 불구하고 심지어 그 종교적 열성에 관해서조차 몇 가지의 금지사항을 두어 왔다. 그리하여 18세기 말에 미국 변경에 복음을 전도하던 사람들이 천막교회(天幕教會)란 것을 고안해 냈을 때 — 이 방식은 몇 년 후 영국으로도 건너갔다 — 정통적인 웨슬리파 교도들은 수많은 군중이 성스럽지 못한 모습으로 감정을 방출하고 집단적 흥분

상태에 이르러 대량으로 개종하는 이 종교적 몰입의 군중적 표현방식에 관하여 의심스러운 눈초리로 바라보면서 냉담한 태도를 취했던 것이다. 그러나 저 '떠들썩한 사람들' 이란 별명이 그들의 집회 스타일을 그대로 표현해주고 있는 감리교수구파는 그러한 것을 환영하였다. 뿐만 아니라 그들은 평신도에 의한 설교 — 여기에는 여성의 설교권도 포함되는 바, 이 점이야 말로 또 하나의 불화점인 동시에 그들의 본능적인 급진주의를 명백히 드러낸 것이었다 — 를 강력히 고집하였다. 이 파는 그 존재 기간의 전체에 걸쳐서 평신도설교파 중에서 단연 최대의 위치를 차지했다. 비록 정치 그 자체가 의식적으로 문제삼아진 적은 없었지만 반보수주의가 지배적이었음은 물론이다. 그런데 의회법 개정 문제 및 원시기독교에 있어서처럼 목사는 전도에 대한 보수를 전혀 받아서는 안 되는가 어떤가 하는 문제와 관련하여 이 파에서 다시 또 떨어져 나온 분파가 있다. 그 새로운 파는 감리교수구주의의 본거지 역할을 하면서 한 때는 공식적으로 급진주의적 태도를 취하기도 했다.

누구나 예상할 수 있듯이 이들의 설교에는 신학이 — 의식적으로는 — 거의 들어가 있지 않았지만 그러나 종교의 분위기는 거칠고 비타협적이었다. 그 정확한 내용이 무엇이든 간에 가난하고 불안한 사람들의 종교는 황금빛의 구원받은 자와 암흑의 저주받은 자 사이의 날카로운 대조를 요구하는 바, 그러한 요구는 지옥의 영벌(永罰) 및 하나님의 예정설을 앞세웠던 칼뱅주의 사상과 서로 합치되는 것이었다. 만약에 보다 온화한 종파와 보다 엄격한 종파 중에서 선택해야 할 입장에 놓인다면 그들은 반드시 후자를 택할 것이었다. 가령 랭카셔주 같으면 온건한 파보다는 '특별침례교(Particular Baptists)' 처럼 엄격한 칼뱅주의파를 택했을 것이다. 그러나 그러한 것이 프롤레타리아트에 특유한 제 조건을 반영한 것은 아니라는 점에 주의할 필요가 있을 것이다. 왜냐하면 가난하고 불안한 사람은 그들만이 아니었기 때문이다. 그 삶이 고립되고 고되고 불안정하고 가난했던 그 밖의 다른 사람들 — 가령 잉글랜드 북부와 서부의 산간(이 곳에는 감리교수구파가 흔했다)이나 미국의 애팔래치아 산맥에 살던 임부(林夫)들, 변경의 주민들, 특히 어민들(영국의 그림즈비나 야아머드의 감리교수구파이든 노르웨이나 네덜란드에 존재했던 좀 섬뜩한 형태의 다른 여러 가지 종파의 신도이든, 그들은 노르웨이와 아이슬랜드의 경우와는 달리 공산주의라는 대안이 상대가 안될 정도의 열성으로 '지옥의 유황불을 강조하는 종파' 를 찾았다)따위의 — 에게 어필한 종교 중에도 완강하고 비극적인 형태의 종교가 똑같이 존재했었다. 노동자 종교는 아주 광범위하게 퍼져 있었던 어떤 교파종교의 한 변형, 즉 공업화 이전의 시대에 있어서의 가난한 노동자들 — 프롤레타리아든 아니든 간에 — 의 종교인 경우가 보통이다.

그 독자적인 모습을 드러낸 과정은 점차적인 것이었지만 새로운 종파는 처음부터 노동계급을 위주로 하는 종파로서 인식되었다. 이 점은 사실 켄달(Kendall)의 역사책에 나오는 그들의 초기 교회당의 사진이나 또는 설교문들을 읽어 보기만 해도 곧 알 수 있는 일이다. 영국의 종교 지도를 보면 상당히 복잡한 양상을 보여주는데, 다른 종파가 이미 뿌리를 내려 동일한 기능을 수행하고 있는 지역에서는 감리교수구파가 침투에 실패하는 경우가 적지 않았다. 예를 들면 콘월주, 도오셋주, 요크셔주의 서구(西區), 링컨셔주 등의 지역을 차지하고 있었던 것은 여전히 웨슬리 본파인 것이다. 그런 까닭에 그들은 어느 정도까지는 지역적인 종교였다. 그들의 교세는 주로 북부(특히 더햄주)와 동부(특히 노오퍽주), 웨스트 미들랜드주 등의 비참한 소규모 공장 지대 및 템즈강 유역의 여러 마을에 걸쳐 있었다(덧붙여 말한다면, 남부 웨일즈 지방에서는 — 이 지방의 침례교나 조합교회 내에 '지옥의 유황불' 이 충분히 있었기 때문이겠는 바 — 일반 관념과는 반대로 감리교파는 전혀 힘을 못썼다. 북부 웨일즈 지방에서는 준국가적인 종파인 웨일즈어로 설교하는 칼뱅주의적 감리교가 우세했다).

그 정도에 있어서는 더 두드러지지만 다른 종파와 마찬가지로 수구파의 교세는 사회적 불만이 최고조에 달하고 산업화가 급속히 이루어지던 1815~1848년의 시기에 가장 급속히 신장되었다. 그러다가 19세기의 후반기에 접어들면, 세필드시의 동단 지역처럼 숙련노동을 요구하지 않는 — 예로부터 식탁용 철물을 제조해왔던 그런 지역과는 달리 — 새로이 형성된 공업지역에서는 어느 정도 괄목할 만한 신장을 기록하기도 했지만, 일반적으로 말해서 그 신장세가 감소된다. 노동계급의 종교로서 그들은 실업률의 주기적인 고저변동에 특히 민감했으며 신도수의 증감에 대해서도 일차적으로는 경제적인 용어로 설명하는 것이 상례였다. 하여간에 그들은 늦어도 19세기의 마지막 사분기에 이르면 그 다이내미즘을 상실해버리는 것이 일반적인 현상이었다.

감리교수구파는 단지 노동계급만의 종파였던 것은 아니다. 그것은 분명히 '촌락(village)' 노동자들을 위한 종파이기도 했는 바, 이 점에 관해서는 이미 앞에서 충분히 논급하였다. 그것이 혹지(或地)의 광산이나 농촌 지역에서 그들이 굉장한 교세를 떨치고 있었던 이유가 될 것이거니와, 이들 광부나 농부 중의 일부는 당연하게도 이 종교에서 여느 형제들보다 훨씬 더 혁명적인 의미를 읽어냈던 것이니, 일꾼들이 곡물가리를 불태워버렸던 버어크셔주에서의 폭동(1830년)에 관한 보고서를 보면 "폭동은 '그 소란스러운 설교' 때문에 일어난 것이다. 그들은 누구나 '무슨 짓을 하든 아무 죄도 안 된다' 고 말하고 있었다" 라고 쓰여 있다. 수구파의 세력 기반은 노동계급의 종교에 호의적이었던 공업화한 읍지역 — 대도시는 물론이고 — 에서부터 반(半)촌락 지역으로 차차 옮겨 갔다. 그러한 사실이, 1850년에 신도수에 있어서는 웨슬리 본파가 수구파의 3배가 넘는데도 교회당 수에 있어서는 수구파가 1배 반으로 오히려 더 많았던(각가 1,555개 및 1,034개) 이유를 설명해 줄 것이다. 그리하여 1863~1864년에 이르면 뉴 카슬시에서는 신도수가 700명이 못됐지만 단지 촌락에 불과했던 쇼틀리 브릿지에는 800명의, 쏘온리에는 700명의 신도가 있었다. 다음과 같은 촌락, 즉 사퍼크주의 왕퍼드, 노오퍽주의 로클랜드와 도킹, 월트셔주의 브링크워드, 도오셋주의 못컴, 시롭셔주의 민스털리 등의 제 촌락에 있어서 그 주민의 대부분이 이 종파에 속해 있었다는 사실을 알게 되면 사람들은 누구나 놀란다. 도시화 및 공업화가 더욱 진전됨에 따라 그들에게 유리한 제 조건이 차차 사라져 가는 경향에 있었다는 사실로부터, 사람들은 노동종파는 공업화의 초기 즉 비교적 미발달한 단계에 있어서의 현상일 뿐이라고 결론지을지도 모른다. 아마 그렇게 생각하게 되는 이유 중에는 감리교수구파가, 여느 노동계급적 종파와 마찬가지로, 소규모 집회의 형태 — 이러한 형태에 있어서야 말로 신도들 간의 소박한 민주주의에 가장 근사한 것이 나올 수 있고 평신도의 참여가 최대한으로 성취될 수 있다 — 에서 그 기능을 가장 잘 발휘했었던 사실도 포함될 것이다. 그러나 이 종파는 활동가들의 종파였다는 사실도 잊어서는 안 될 것이다. 1853년까지를 살펴 볼 때 신도 중에 각 지방을 돌아다니거나 혹은 지방집회를 담당하고 있는 사람들의 숫자가 전체의 10%를 크게 하회한 적은 한 번도 없었던 것이다.

이러한 개인적인 활동 경향은 감리교수구파에 관한 극히 놀라운 사실 하나를 설명하는 데 도움을 줄 것인 바, 그 사실이란 그들이 노동조합주의와 밀접한 관련을 맺고 있었다는 점이다. 사실 그들은 기본적으로 노조 간부들의 종파라고 보는 것도 그리 지나친 것은 아니다. 1844년에 런던데리 경이 자기 광산의 파업자들을 전부 쫓아냈을 때 감리교수구파의 더햄주 순회단원 가운데 그 3분의 2가 집을 잃었던 것이다. 실제에 있어 19세기의 노썸벌랜드주와 다럼주 광부 지도자들은 전부 이 파에 속해 있었다. 그들은 심지어 숫자상으로 훨씬 열세에 있던 여러 탄전에서조차 그 숫자에 걸맞지 않게 파워가 강했다. 그러한 사정은 농업 노동자조합의 경우에 있어서도 마찬가지였는 바, 머리에 얼른 떠오르는 이름으로는 아아크(Joseph Arch), 에드워즈(George Edwards), 구우크(Edwin Gooch) 등을 들 수 있겠다. 그러나 노오퍽주에 있어서처럼, 사실상 교회의 직접적인 분가로서 조합이 출현한 지역들도 있었다. 이 파의 그러한 조합지향적 경향은 다른 종파 — 예를 들어 웨슬리파 — 에서는 조합 지도자를 별로 배출해내지 못했던 점을 생각하면 그만큼 더 두드러져 부각된다. 사실 19세기의 웨슬리파 출신 조합 지도자로서 중요한 인물을 꼽아본다면 — 웨슬리 본파가 숫자상으로는 수구파의 거의 다섯 배에 달했음에도 불구하고 — 겨우 세 사람에 불과하다. 오직 도우셋주 같은 궁벽한 곳에서만 그들도 동일한 역할을 수행했는 바, 톨퍼들에서 희생자 6명 중에서 3명이 웨슬리파의 평신도 설교자였다.

그러나 우리는 감리교수구파와 노동운동 사이에 '직접적'인 관계는 엷었다는 것에 주의해야 할 것이다. 그들의 교리는 급진주의나 개혁, 또는 좌파가 벌인 절대금주운동 기타 제운동의 대의에 동조적이긴 했지만 그렇다고 그 정도가 여타의 비국교파보다 현저하게 두드러졌던 것은 아니었고, 나아가서는 오히려 구 비국교파 중의 어떤 집단 — 예를 들어 조합교회파나 유니테리언파 같은 — 보다 못하기조차 했던 것이다. 이 파의 지도자들이 노동조합에 대해, 그리고 어떤 상황하에서는 파업자들에 대해 호의적이었던 것은 분명한 사실이지만, 그러나 그 정도는 그 신자들이 양자 모두에 그처럼 열성적이었던 교파에 대해 우리가 기대하는 만큼에는 미치지 못하는 것이었다. 그들의 역사가는 '교회와 사회가 절주운동 또는 그 철저한 형태로서의 절대금주운동의 영향을 받음으로써 개인주의의 단단한 외각이 깨뜨려지고 의식적 이익사회에 살고 있는 사람들이 서로 융합하기 시작했다는 지적' — 나도 옳은 지적이라고 생각한다 — 을 하고 있지만, 그러나 그들에게 어떤 집산주의적(集産主義的)인 정치 혹은 경제 사상이 조금이라도 있었다는 흔적은 찾아보기 어렵다. 사실 감리교수구파와 조직노동자 간의 관계가 어느 정도로 밀접했는가 하는 것을 알기 위해 그들의 교리와 조직을 조사해보는 방법을 취한다는 것은 유견(謬見)을 낳기 십상일 것이다.

그렇다면, 그들로 하여금 노동종파로서 그처럼 두드러지게 만든 것은 무엇이었을까? 내 생각에 첫째로 들 수 있는 것은 일반적으로 그들이 취한 전도 상의 기술과 교리가 노동계급에 적합했다는 점이다. 둘째는 그 신도들로 하여금 — 고대의 예언자들처럼 — 모두 '림몬신(Rinmon, 구약 시대에 다마스커스에서 숭배되었던 신 ; 역주)한테는 좀처럼 고개를 숙이려고 하지 않는 목이 곧은 사람' 이 되게 만든, 구약의 헤브라이즘적 설교를 들 수 있다. 수구파의 설교 속에는, 노동계급의 방어를 위한 조직화를 저상시키는 것이라곤 하나도 없었고 그것을 격려하고 조장하는 것이 많았다는 것은 극히 명백한 사실이다. 세 번째로 들 수 있는 것은 그들의 조직이다. 위어마우스 박사가 그들은 노동운동 속에는 감리교로부터 차용해 온 요소가 얼마나 많은지에 관해 장황하게 기술한 바 있거니와, 그의 기술에는 과장된 것이 적지 않기는 해도 그러한 요소가 강했던 것은 사실이다. 교회당, 특히 독립적으로 존재한 작은 마을 교회당은 갖가지 목적의 조직에 관해서 배우는 학교로서의 역할을 하였으며, 광부나 농부들 중에는 이 교파의 신앙형식을 조합 내로 차용해 가는 경우가 적지 않았다. 그리고 무엇보다도 이 교파는 그 반성직자적 성격으로 인하여, 지도자와 간부를 선출하고 훈련하는 데 있어 최상의 메커니즘을 제공해주었다. 평신도 설교자들은, '자기를 드러내세우는 것' 에 대한 사회적 금압 같은 것이 전혀 존재하지 않았기 때문에 배운 것이 없어도 동료들 가운데에서 드러날 수 있었으며, 또한 설교를 자주 해봄으로써 설교 솜씨도 늘고 스스로에 대한 신뢰감도 얻어 갔다. 흔히 평신도이면서 동시에 노조

지도자인 경우가 많았다(특히 광부들 중에). 그렇듯 감리교수구파란 계급의식을 가진 노동자들을 위해 특별히 맞춰 지어진 종파가 아니었던 것이니, 그러한 류의 종파는 중요한 것으로서는 극소수에 불과했고 그나마도 차츰 사라져갔던 것이다. 그러나 일단 노동자들 속에 뿌리를 내렸다 하면 그들의 교회당은 그 뛰어난 기술적 적합성으로 인해 거의 반드시 '노조간부를 양성하는 학교'가 되어 갔다.[7)]

그러나 수구파와 노동운동 — 특히 그 간부와 지도자들에 있어서 — 은 다른 통로로도 서로 관련을 맺고 있었으니, 그것은 '개종'의 과정, 다시 말해서 감리교 — 이것은 크게 말한다면 성인의 '거듭남'에 관한 교회라 할 수 있다 — 의 도움을 얻어 갑자기 저항할 수 없는 심정으로 죄를 깨닫고 은총을 발견하게 되는 그런 과정을 통해서이다(또 하나의 '거듭남'의 종파인 침례교파가 육체 노동자들에 대한 호소력에 있어 아마 감리교수구파 바로 다음을 차지했었다는 것은 매우 시사적인 현상이다). 노동운동 지도자 중에는 정치적 의식 및 활동이 그러한 개종과 더불어 혹은 개종에 바로 뒤따라 시작된 사람들이 놀랄 정도로 많다. 핸더슨(Arthur Henderson)이 종교를 발견한 것은 16세 때였다. '신앙과 더불어 인생이 시작되었다.' 펜윅, 베이티(「채탄기술협회」의 서기), 리이드(「노썸벌랜드 및 더럼주 상설구제기금」의 관리계원), 더햄주의 광부 리, 중부지방의 광부 패럿, 듀즈베리의 잭스, 스태퍼드셔주 지하소방수협회의 블루어, 더어비셔주의 광부 캐넌, 노오퍽주의 농업노동자 에드워즈 등은 모두 10대에 개종한 사람들이다(다시 말해서 그들은 다른 많은 노조운동가들처럼 태어날 때부터 신앙을 가졌던 것은 아니다). 철도원 토마스가 침례교도가 된 것은 10대 때였으며 노동당 의원이었던

7) 노동자들 가운데에서 자연적으로 부각된 지도자들에게는 교회가 그들의 지도력을 표현할 수 있는 거의 유일한 수단이었다. 이것이 다수의 신도에게 발언할 기회가 주어지는 신앙간증회가 계속해서 인기를 끌었고 공장의 교회에 임원이나 위원회가 비교적 많았던 이유이다.

에서는 21세 때였다. 더럼주의 광부 윌슨처럼 그보다 더 늦게 귀의한 사람의 수효는 적었다. 그 반면 훨씬 일찍 귀의한 사람, 즉 소위 '소년 설교자' 들은 흔했다. 농업 노동자로서 후에 노동자연합(Worker's Union)의 지도자와 국회의원까지 됐던 댈러스는 17세 때 주일학교를 이수했었다. 국회의원이었던 시몬즈는 16세 때에 평신도 설교를 했다. 사무직공무원협회의 브라운, 「남부웨일즈 광부와 공산주의자당」의 쿠크와 호오너 등은 모두 소년 설교자로서 출발했었다. 물론 사실적(事實的) 통계는 얻기 어렵다는 말을 덧붙여야 할 것이다. 노동당 국회의원들의 신앙관계에 관한 유일한 조사인 프란츠 린덴의 조사조차도 훌륭한 것이기는 하지만 충분히 만족스러운 것은 못되며, 노조 지도자들에 관한 사실적인 조사는 하나도 없다. 그런 까닭에 이상의 인상은 물론 잘못된 것일 수도 있다. 그러나 많은 노동자들이 사실상 태어날 때부터 신앙을 가졌던 것이고 그렇기 때문에 혹은 개종할 필요성을 전혀 느끼지 않았거나 혹은 그것을 특별히 적어놓지 않았거나 했던 것을 상기하면 이상의 인상은 오히려 더 강화해야 할 것인지도 모른다.

각 개인에 대한 상세한 자료가 없기 때문에 우리는 이상의 개종에 관하여 면밀한 분석을 가하는 것에 주저하게 된다. 그리하여 우리가 말할 수 있는 것이라곤, 그러한 개종이 당사자의 삶에 대한 일반적 태도, 다시 말해서 그의 정신적 및 일상적 활동에 있어서 갑작스러운 변화가 일어났다는 것을 가리켜준다는 것 정도이다. 왜냐하면 노동종파를 믿는 사람들의 특징적 태도는 현세적, 비신비적이라는 것이며, 설사 신비적일 경우에도 현세적 활동에 맞도록 단련된 그런 것이기 때문이다. 그러므로 개종이 곧 노동자의 투쟁에 있어 필연적 전제가 되는 비이기적, 헌신적인 활동을 그대로 가리켜주고 반영하고 혹은 자극하기조차 했다는 것은 전혀 놀라운 일이 못된다. 지금이나 마찬가지로 그 때도 노동운동을 진지하게 하는 사람은 어느 정도 헌신적인 사람이며, 기타의 활동, 가령 돈벌이 같은 흔히 외관상 더 매력이 있는 활동 따위는 단념한 사람인 것이니까. 물론 노동운동에 있어서 개종은 아주 흔히 있는 일이다. 그러나 영국에 있어서의 개종은 그것이 보통 전통적·종교적인 것이었거나, 아니면 종교적 형태를 취한 정치적인 것이었다는 점에서 특히 구태적(舊態的)이다.

말이 나온 김에 덧붙이자면, 노동계의 간부와 일반 노동자들 사이에 종교 문제에 있어 어떤 차이점이 있는가 하는 의문이 있을 수 있다. 그러한 예상은 가능한 것이기는 하지만 그러나 우리가 단정을 지을 수는 없다. 1929년도 노동당 국회의원에 대해 분석한 것은 좀 모호한 것이었다. 자신의 종교에 대해 알려준 249명 가운데 국교회파는 겨우 47명 — 이는 전국민적 비율보다는 분명히 훨씬 적은 수효이다 — 이었고, 각종의 감리교파가 51명, 구비국교파(조합교회파, 침례교파, 유니테리언파, 퀘어커교파)가 42명, 장로교파가 17명, 유태교인이 3명, 가톨릭이 18명, 불가지론자 또는 무신론자가 8명이었으며, 그 나머지는 특정 종파에 속하지 않는, 그렇지만 주로 비국교파로 기울어지는 기독교인들이었다. 그러나 노동당 국회의원들은 국교파가 비상하게 약했던 북부, 웨일즈 및 스코틀랜드 지방에서 주로 나왔기 때문에, 그것이 인구의 종교적 구성 비율을 그대로 정확하게 반영한 것은 결코 못 된다. 노동계에 있어서 항상 간부들은 일반 노동자들보다 더 이데올로기 — 종교적인 것이든 비종교적인 것이든 — 를 찾는 경향이 많았다는 믿음에는 어느 정도 이유가 있다. 그런 까닭에 19세기 말엽에 있어서의 영국의 세속주의나 중엽에 있어서의 프랑스의 실증주의는 비록 그 추종자의 수효는 적었지만 한동안 제 운동가와 직업별 노조 지도자들의 종교 비슷한 것이 되어 있었다. 그러나 아무튼 이 문제는 보류해 두어야 할 문제이다.

감리교수구파는 공업화의 최초의 단계의 산물이었다. 노동종파를 창출해 온 힘이 얼마나 오래 존속했는가 하는 것은, 그토록 깊은 생각하에 창설된 몇 개 안되는 노동종파 중의 하나인 존 트레버의 '노동교회(Labour Church)'[8] — 1891년에 맨체스터에 세워졌다 — 의 역사가 예증해주고 있다. 노동교회는 예상했던 대로 오래가지 못했다. 그것의 주된 역할은 북부의 노동자들로 하여금 자유주의적 급진주의로부터 독립노동당으로 옮겨가도록 조장하는 데에 있었던 바, 그 일을 완수하고 나서는 사라져버렸던 것이다. 다만 약간의 읍에서는 좌파의 갖가지 그룹에 의해 특정 파에 속하지 않는 중립적 사회주의를 위한 집회장소로 유용하게 쓰여졌었다. 그러나 노동교회에 관하여 흥미로운 점은 그것이 실패했다는 점이 아니라 그러한 종파가 19세기 말의 영국에 출현한 것이 아주 자연스러운 현상이었다는 점이다.

이 교회의 창설자 존 트레버는 자신 및 교회의 발전과정에 대해 자기 자서전 속에 장황하긴 하나 흥미있게 기술해 놓고 있다. 요약해 본다면, 그는 야심에 찬 하층 중산계급의 가정에서 태어났는데, 날 때부터, '지옥의 유황불' 을 극단적으로 의식하는 그런 침례교도들의 소(小)종파 — 이 파는 진정한 신앙인의 순수성을 확보하고 선택된 진실한 자를 저주받은 자로부터 분리시키기 위해 대집단을 소집단으로 자꾸 쪼개 나누는 경향을 가졌었다 — 를 믿었었다. 어렸을 때에는 신앙심이 돈독했었는데 1870년대 중반에 이르러 그것을 잃게 되었다. 회의의 한 시기를 보낸 뒤 그는 극단적으로 희석된 이신론의 형태로 신앙을 다시 찾았다. 1880년대를 지내면서 사회적 양심이 그의 신학적 혼란에 덧붙여졌다. 그는 윅스티드의 도움을 얻어 유니테리언파에서 자기 자리를 찾으려고 애써 보았지만 결국 모든 기성 종파에 실망하고 스스로 노동교회를 세웠던 것이다. 노동교회의 신학을 기술하기는 —

8) 이 특이한 운동에 대한 설명이 담겨 있는 것으로서 우리가 쉽게 찾아볼 수 있는 유일한 책자는 펠링(H. Pelling)의『Origins of the Labour Party』(1954)이다. 본서에서의 설명은 교회의 간행물 『Labour Prophet』(1892~1898)과 버밍햄 노동교회의 필사기록과 당대의 여러 전개물을 참조.

그러한 것이 거의 존재하지 않았기 때문에 — 어려운 일이다. 트레버 자신은 다음과 같이 믿고 있었다.

> 하나님은 노동운동 속에 계신다. 이것이 우리의 예언이다.……우리 시대의 가장 위대한 종교운동은 노동자의 해방을 위한 운동이다.……교회가 노동자들을 구원하는 것보다 오히려 노동자들이 교회를 구원하고 있다. 노동계급이 자신의 구제(이것은 곧 전 사회의 구제와 연결되는 것이다)를 확보하고자 한다면 양 정당으로부터 독립하는 것이 필요한 것처럼, 신앙 생활에 있어서 튼튼해지고자 한다면 노동계급은 자기 자신의 종교, 즉 특정 종파의 특유한 교리로부터 독립할 수 있게 해주는 스스로의 종교 — 설사 그것이 그리 '자유주의적' 인 것이 못 되는 것일지라도 — 를 가져야 한다는 것을 또한 깨달을 필요가 있다.

노동운동이 스스로의 종교를 갖기만 한다면 그것이 어떤 종교인가 하는 것은 크게 문제되지 않았다. '그러한 종교는 사제나 목사, 교의, 전통, 바이블 따위를 일체 갖지 않고 견고하게 홀로 서야 한다' 고 믿었던 트레버는 노동교회의 교리를 명확하게 규정지어 내놓지 않았다. 그러나 '노동교회협의회' 의 원칙에도 나와 있듯이, 그것은 '계급종교가 아니며, 시장적 노예제의 철폐를 위해 모든 계급의 구성원으로 하여금 한데 단결하게 하는 것' 이었다.

현실에 급속히 퍼진 교회들은 사실 트레버의 신학이나 계급종교를 거부하는 입장을 전혀 취하지 않았다. 그들 교회는 압도적으로, 프로테스탄트파 비국교도의 분위기 속에서 자란 그리고 자본주의에 대한 정치적·경제적 결별은 또한 반드시 종교적 결별을 수반하지 않을 수 없다는 것을 깨달은 노동자들로 이루어져 있었다. 브랫퍼드에서는 교회를 별도로 세우자는 이야기가 줄곧 있어 왔지만 그것이 실행에 옮겨진 것은 '읍내의 비국교파 지도자 수 명이 (사회주의자) 틸렛의 입후보에 대해 커다란 반감을 명백히 표명한 뒤' 였다. 플리머드 사람들은 이렇게 물었다. "(노동교회의 회중이) 다른 파에서 설교하는 복음에는 귀를 기울이지 않는 것이 무슨 까닭인가? 그것은 국교뿐이 아니라 비국교파들도 사람들에게, 하나님께서 당신의 뜻에 따라 주신 위치이니 자기의 위치에 만족해야 한다는 식으로 나사렛의 도수를 모독하고 중상하는 설교를 해왔기 때문이다." 전에 웨슬리파였다가 노동교회의 신도가 된, 도덕적 정열에 넘치는 재봉사 악크로이드는 이를 다음과 같이 분명하게 표현하고 있다.

노동자들은 기독교회가 (언론기관과 마찬가지로) 자본가들의 포로가 되어 있다고 느낀다. 목사는 설교를 하다가도 자신의 직무와 영혼을 팔아치울 사람(자본가를 말함 ; 역주)이 들어서면 당장에 달려가 그 길 안내를 해야 한다. 그런즉 우리가 보기에 교회 조직은 이미 자유경쟁적 자본주의 체제의 중요한 일원이 되어 버렸다. 따라서 그것들은 고용주들을 위해 운영되고 있으므로, 피고용자들은 주일에는 그들의 포근한 가정이 되고 그 영향력으로 인하여 그들의 개성에 존재하는 가장 훌륭하고 가장 고상한 것들이 모두 계발될 자기 자신의 교회, 자기 자신의 예배를 가져야 할 필요가 있다. 노동자들에게는 단결이 유일한 구원이다. 그러나 단결이 성공하기 위해서는 개성이 필요하다. 그러므로 그러한 개성을 형성시켜 주는 것으로서의 노동교회는 노동자들의 진정한 이익을 위해 불가결한 것이다.

비국교적인 분위기 속에서 성장한 사람들이 새로운 종파를 만듦에 있어 자기들의 전통적인 것을 본따는 것은 너무나 자연스러운 일이었을 것이니, 노동교회 역시 몸에 익숙한 비국교적 신앙 형식 — 설교, 찬송가, 악대, 아이들의 소풍 따위의 — 을 그대로 채용하였고 새로운 사회주의적 이데올로기를 귀에 익은 일상적인 말로써 표현하였다. 이들은 북부에서는 꽤 급속히 퍼지기도 했지만 언제까지나 2차적 현상으로서의 위치를 벗어나지 못했다. 내 생각으로는 1890년대 중반에 있어서의 그들의 총수는 대략 2,000명 정도였을 것이며 그 이전에는 좀 더 많았을 것이다. 그러나 교회에 나오는 사람들이 그 교회의 신도에 국한되어 있었던 것은 아닌 바, 1890년대 초를 보면 상당히 작은 교회인데도 수백 명이 모였다는 기록들이 있고 또 버밍엄 교회가 1892년에 100권의 찬송가집을 주문했다는 기록도 있다. 운동의 전성기에는 그러한 교회가 있는 곳이 24곳에 달했는데 그 중에 16곳은 랭커셔주와 웨스트 라이딩주에 있었다. 맨체스터와 브랫퍼드가 대략 300명 정도로서 최대였는데 맨체스터의 교회는 곧 쇠퇴해 버렸고, 핼리팩스, 리이즈, 하이드, 그리고 버밍엄이 100~130명 정도로 그 다음으로 컸다. 이들 중의 몇 개는 어떤 세속적인 노동자 단체(보통은 독립노동당)의 연장체(延長體)였는 바, 볼튼, 브랫쇼, 파안워드, 모올리 등지는 사실상 독립노동당의 현지 집행위원이 지배하고 있었으며 플리머드 교회는 가스업 노조의 지부에 지나지 않았다. 이들 교회의 대부분은, 기본적으로 세속적인 사회주의적 단체가 그 적극적 구성원들의 에너지를 흡수해 버림에 따라 차차 쇠퇴해 갔다. 왜냐하면 다른 사회주의적 조직이나 『클라리온(Clarion)』 — 그 편집인 블랫치퍼드는 자유사상의 선전가가 된다 — 의 선전 성과가 이데올로기적 차원에서조차 전통적인 노동종파의 그것을 압도해 버렸기 때문이다. 19세기 말에 이르면 교회는 이제 더 이상 중요한 운동체가 되지 못한다. 그들의 주된 상속자가 된 것은 독립노동당이었다. 그러나 비국교파적 색채가 당의 수사에 계속 붙어다니기는 했지만 독립노동당은 노동종파가 아니었으며 하나의 세속적 정당이었다. 그리하여 교회의 주요 역사적 관심이, 여러 가지 형태의 조직 가운데 하나로서 계발된 것은 북부의 노동자들이 정치적·이데올로기적으로 스스로를 자유당으로부터 분리시켜 가는 과정을 통해서였다.

III

노동종파주의가 영국에서 비상하게 발달했던 이우를 찾는 것은 그다지 어려운 일은 아니다. 그것은 사회개혁의 선구자가 이룬 업적이거나 아니면 그들이 받은 벌이었다. 왜냐하면 선구적 혁명가가 뒤에 온 혁명가들보다 반항적 요소를 더 많이 가지고 있다는 것은 역사의 아이러니이기 때문이다. 정치적인 노동운동의 이데올로기는 이전 부르조아 혁명기의 이데올로기에서 이어져 내려온 것이다. 사회주의 운동은 스스로의 독자적 이론을 발전시키기 전에 대부분 좌익적 쟈코뱅주의의 단계를 거쳤던 것이다. 그러나 오직 영국에서만은 세속적 이데올로기가 하층계급이나 중산계급에 닿기도 전에 부르조아 혁명이 성취되었다. 인권선언이 영국 사람들 사이에 자리잡은 것은 로마 시민의 토가(toga)나 18세기 말의 계몽주의적 글귀를 통해서가 아니라 구약성서에 나오는 예언자들의 망토와 번얀(Bunyan)의 성서에서 끌어온 말씀들을 통해서였다. 영국의 노동자들이 정치의 에이、비、씨(읽기의 에이、비、씨는 못배우더라도)를 배운 교과서는 성서와 『천로역정』 그리고 폭스(Foxe)의 『순교자들의 책』이었다. 따라서 평민들이 자신의 최초의 원망을 표현하기 위해 종교적 언어를 사용한 것은, 미국에서 연설가나 재판관들이 다른 데서는 쓰이지 않게 된 지가 오래된 18세기의 균형잡힌 문장을 계속해서 섞어 썼던 것만큼이나 자연스러운 일이었던 것이다. 그것은 어떤 국민을 특징짓는 것으로서 그 국민이 치른 큰 혁명보다 더 뚜렷한 것은 없기 때문이다.

더욱이 영국에서는 국교에 반대한 청교도들이 일으켰던 17세기 중엽의 혁명 — 비록 실패로 돌아가고 그럼으로써 그들의 종파주의의 사회적 기반이 대부분 파괴됐었지만 — 을 계기로 비국교도가 이미 공식적인 인정을 받고 있었다. 따라서 영국에서는 국가 및 집권자들의 입장과, 완전히 반대되는 것은 아닐지라도, 일치하지 않는 종교가 존재해 왔었다. 그리하여 부르조아 혁명기 및 초기 노동운동가의 거의 보편적인 현상이었던 혁명적 반성직자주의조차도 반드시 종파분립주의(宗派分立主義)나 또는 반(反)종교의 양상으로 전개될 필요가 없었다. 19세기에 있어 프랑스에서 볼테르주의적이었던 것은 영국에서는 비국교주의적인 것이었거니와, 피상적인 관찰자들은 그러한 사실로 말미암아 반성직자주의라는 양국의 정치적 현상 사이에 뚜렷한 유사성이 있다는 것을 간과해 왔다. 게다가 이 종파는 단순히 국교를 반대하는 집단임에 그치지 않고 실제적 문제들에 관한 선동을 포함한 갖가지 목적을 추구하는 융통성 있는 하나의 대중조직체였다. 아무도 그들에게 더 나은 것을 가르쳐주는 사람이 없었던 상황에서 초기의 산업노동자 집단이 자기들한테 아주 가까이 있는 그와 같은 형태의 종파를 선택했던 것은 너무나 자연스러운 일이었다.

아직 공업화되기 전에 런던, 셰필드, 노릿지 따위와 같은 도시의 장인이나 직인 집단들은 종래의 직인 결사로부터 그들 특유 형태의 직업별 조합주의를, 그리고 17세기의 종파주의의 유물로부터는 특유한 형태의 불가지론적 과격주의(Jacobinism)를 점차 발전시켜 왔었다. 그렇지 않으면 열정적이고 지성적인 엄격한 평등주의적 청교도주의를 굳게 신봉했었던 것인데, 이는 러더포드의『The Revolution in Tanner's Lane』에 나오는 코울만이란 사람 속에 잘 형상화되어 있다. 그는 감리교수구파나 신앙부흥파가 아닌 온건한 칼뱅주의자였으며 번얀과 밀턴을 탐독한 대단한 논객이자 공화주의자였다. 그 밖에 학식있고 전투적인 소집단들은 로치데일 협동조합을 창립했던 오웬주의자의 '이성적 협회' 같은 종파를 개발하기도 했다. 그러나 정치적·조합주의적 의식의 오랜 전통을 가진 이상과 같은 집단들 외에도 촌락에서 도회로 이주해 온 노동자의 무리와 농업 프롤레타리아, 그리고 급진주의적 정치의 세계로부터 멀리 떨어져 있었던 촌락의 공업 프롤레타리아나 반(半)프롤레타리아 집단 등이 있었는 바, 이들은 의

지할 데 없고 무지한 — 사실 공업화 이전의 그들의 선조들보다도 더 무식한 사람이 많았다 — 사람들이었다. 그들의 불만은 전(前)정치적인 것이었거니와 도시에서 온 급진주의자와 자유사상가들의 선전은 그들에게 아직 거의 영향을 미치지 못하고 있었다. 영국 북부의 광부들은 심지어 차티스트 운동의 리듬이 그들 특유의 불만의 리듬과 시기적으로 서로 일치했을 때조차도 대부분이 그 운동으로부터 멀리 떨어진 채로 남아 있었던 것이다. 프랑스 북부의 직공들은 1848년의 혁명과는 격절되어 있었다. 그들이 파업을 하고 폭동을 일으킨 것은 단순히 임금 문제나 또는 벨기에인 이주자들 때문이었으며 그들에게 공화주의가 당도한 것은 1851년이 지나서였다. 그러한 집단들은 보통 외부에서 온 사도들 — 이들은 그들이 따를 준비를 갖추었을 때 그들에게 길을 제시해 주었다 — 에 의해 전도를 받았던 것이고, 스스로 노동조직을 개발하려고는 하지 않았다. 그런즉 그들을 최초로 조직한 것은 1870년대 초기의 제1인터내셔날 사람들이나 1880년대 말기의 맑스주의적 사회주의자 혹은 (1929년의 가스토니아 방적공장에서처럼) 공산주의자들이었다. 그 결과 이들로부터 새로운 가르침을 받은 무리중에는 새로운 신앙에로 완전히 그리고 영구적으로 개종한 사람이 많았다. 공업화된 많은 촌락이나 광산 — 도시로부터 멀리 떨어져 있고 조직가들에 의해 오래 방치되어 온 — 에서 사회주의적 단체가 조직되고 사회주의자한테 던져진 투표수가 증가한 속도는 놀랄 정도로 빨랐다. 리제 지역을 보면 1886년에는 노동자들이 '사회주의를 혐오하고 있다' 고 보고되었는데, 1890년대 초에는 주민 중 80% — 베스드레강 유역에서는 90% — 가 사회주의자들에게 투표했던 것이다. 그러나 그러한 일이 일어날 수 있었던 곳은, 공업화가 너무 늦게 이루어짐으로 말미암아 그 배후 지역들이 이미 존재하여 활동 중인 '근대적 운동' 에 오래지 않아 흡수될 수 있었던 곳에서 뿐이었다. 산업주의가 발생한 것이 아주 오래된 영국에서는 흔히 '근대적' 단체가 지도력과 이데올로기와 정강을 제공해 주기 훨씬 전에도 어떤 형태로든 노동운동이 시작되어야 했었다.

그러한 상황에서 달리 더 나은 것이 없었던 까닭에 노동종파가 그 갭을 메워야 했던 것이다.[9] 그들은 극복해야 할 정치적 장애물을 거의 가지고 있지 않았다. 왜냐하면 그들의 정치적 접근방식이 세속적 노동운동 및 급진주의적 운동의 그것과 다르지 않았고 또 달랐던 곳에서도 머지않아 급진적 민주주의의 일반 패턴에 동화되었기 때문이다. 종파주의는 세속적 급진주의자 및 사회주의자들과 협동하거나 또는 그들로부터 배우는 것을 가로막지 않았으니, 코울만은 — 마치 거의 전부가 비국교도였던 남부 웨일즈의 광부들이 뉴우포트 폭동 때 자유사상가 윌리엄즈(Zephaniah Williams)를 추종했던 것처럼 — 동시대의 무신론자들과 거리낌없이 협동했었다. 동일한 대의를 위해 싸운 사람들은 함께 싸웠던 것인 바, 그러한 사실로 인하여 노동교회들이 항상 파쟁을 일삼던 정치적 노동운동의 모든 파당을 통합하려는 시도를 용이하게 할 수 있었다. 그리하여 노동종파는 좌익 운동의 일반적 조류에 쉽게 흡수되어 갔던 것이거니와 그들에게는 지대한 장점이 세 가지 있었다. 그 첫째는 노동자들의 사회적 항의에다 성경 말씀이라는 친숙하고 강력한 옷을 입혀 주었던 점이고, 둘째는 그러한 일을 함에 있어 교양이나 능력이 거의 없는 노동자라도 쉽게 접근할 수

---

9) '신학 공부를 시작한지 얼마 안 가서 나는 현재 사람들이 처해 있는 사회적 제 조건이란 것이 하나님의 의도는 아니라는 것을 깨닫게 되었다. 나의 부모님에게 가해진 엄청난 불의와 내가 소년 시절에 겪어야 했던 지긋지긋한 고생은 내 영혼에 뜨거운 인두로 각인되었다. 수없이 나는 우리 계급의 제 조건을 개선시키기 위해 뭔가를 꼭 하겠노라고 맹세했다' , — George Edwards, 『From Crow — Scaring to Westminster』(1957), p. 36. 노오퍽주 농업노동자 조합의 지도자였던 에드워즈가 감리교수구파에 귀의한 것은 1869년의 일로, 아아치(Joseph Arch)가 나타나자마자 그는 전투적 노조주의자가 되었다.

있는 방법들을 쓴 점이며, 셋째는 이미 보아온 바와 같이 그들에게 무한히 값진 학교 교육 및 경험을 제공해 주었다는 점이다.

그러나 거기에도 한계가 있었다. 사회학적으로 말한다면, 동일한 종류의 다른 모든 집단과 마찬가지로 그들은 노동자 계급이라는 하나의 계급을 위한 종파로서의 성격을 차차 상실하여 갔다. 종교란 한 계급의 공동체만이 아니라 계급에 관계없이 모든 진실한 신도들을 향해 열려 있는 것이라는 논리가 그러한 과정을 더욱 촉진해 주었다. 여러 읍에서 작고 영향력이 미미했던 노동종파들이 그러했던 것처럼 주기적인 집회에 의해 그 순수성을 유지해 가지 않는 한, 그들이 경제적으로 잘 사는 형제들의 양식을 생산하고 중산계급의 제 견해를 받아들여 간 것은 불가피한 추세였다. 이들은 신도나 국민의 구성비율에 있어서 차차 수위를 차지해갔던 것이다. 가장 단결된 공동체 — 예를 들어 광산촌처럼, 노동자들의 단결된 행동을 통해서가 아니면 사회적 상승이 사실상 불가능했던 — 만이 그러한 경향에서 부분적으로 벗어나 있었다. 그들은 모든 기독교 집단이 가지고 있는, 반항을 지지하면서 동시에 기성 정부를 도덕적으로 선한 것으로서 받아들이라는(사도 바울에 의한) 신학상의 이율배반 때문에 고통을 겪어야 했다. 기독교의 가르침이 가진 애매성은 적절한 주석이나 궤변으로써 감쪽같이 감출 수 없는 바는 아니지만 상호모순 없는 사회혁명적 교의를 세우는 데에는 장애요소로 남는다. 마지막으로 그들은 또 그 가르침의 단편적 성격 때문에 고통을 겪어야 했는 바, 왜냐하면 우리가 지금까지 보아온 바와 같이 이들 종파에서는 — 그 행동주의적 제 형태에 있어서 — 정치적·사회적 행동을 위한 포괄적 강령 같은 것은 거의 만들어 내지 않았고 주로 다른 데서 궁리해 낸 제 강령에다 효과적인 표현의 옷을 입히는 데 그쳤던 때문이다. 노동종파에서 배출한 이론가로서 중요한 인물은 하나도 없다. 그들에게서 나온 급진적 혹은 사회주의적 이론은 실은 합리화·쟈코뱅주의화된, 18세기에 출현한 '구비국교도들' (Old Dissenter, 유니테리언파, 퀘이커파, 그리고 아마 조합교회파의 일부도 포함하여)' 에게서 나온 것으로서, 합리주의와 쟈코뱅주의의 주된 전통을 그대로 계승한 것이었다. 노동계급적 기독교 사회주의로서 중요한 것은 하나도 없었고 다만 세속적 사상가드에 의해 안출되고 낯익은 성서적 용어로 번역된 표준형의 사회주의가 있었을 뿐이다.

그러므로 노동종파가 영국의 노동운동에 기여한 바는 그 숫자적 중요성으로 인하여 사람들이 기대할 수 있었던 정도에 훨씬 못 미치는 것이었다. 그들이 실제로 기여한 것이라곤 조직 및 선전 상에 있어서의 약간의 방책과 일부 광부 집단, 농업 노동자 집단 내에 있어서의 약간의 귀중한 선구적 작업이라는 범위를 크게 벗어나지 않는다 할 수 있을 정도이다. 이미 살펴 본 바와 같이 이들은 19세기 말에 이르면 그 중요성을 상실하게 된다. 다만 앞 절에서 기술한 바와 같이, 이미 매우 강력해져 있었던 영국 노동운동의 온건 개혁주의적 경향을 더욱 강화시키는 데 일조를 한 하나의 전통으로서의 역할을 제외하고는 그들의 노동운동 간부 훈련소로서의 구실은 오래도록 계속되었는바, 헐(Hull)의 아크로이드가 정확하게 본 것처럼, 이것이 그들의 주된 실제적 기능이었다. 그들 간부들이 반드시 온건했던 것만은 결코 아니었다. 우리가 이미 본 것처럼, 웨일즈의 광부 호오너 같은 타고난 혁명가도 그러한 종파적 분위기에서 배출되었던 것이다. 그러나 그러한 기능조차도 차차 쇠퇴해 갔다. 1880년대 이래는 맑스주의적 조직이, 그리고 1900년대 초 이래는 성인 교육 운동체들이, 한두 개의 특별한 집단을 차치하면, 그러한 기능의 대부분을 떠맡아 갔다. 비록 서남 웨일즈 지방이나 또는 몇몇 궁벽한 농촌 지역 같은 곳에서는 아직도 그 정신이 살아 있기는 하지만, 노동종파주의는 이제 완전히 시들어 버렸다고 할 수 있다. 그들은 아마 초기 노동운동의 급진적·민주주의적 계급에서 가장 적합했을 뿐이었고, 노동계급의 급진주의와 더불어 쇠퇴해 갔던 것이다.

제 9 장　사회운동과 의례

I

모든 인간의 조직에는 의식적(儀式的)이거나 의례적(儀禮的)인 측면이 있다. 그러나 근대의 사회운동은 놀랍게도 신중하게 고안된 의례를 갖고 있지 않다. 공식적으로 성원을 결속시키는 것은 형식이 아니라 내용이다. 부두 노동자나 의사는 소속한 조합이나 직능집단의 회원증을 취득할 때 특별한 형식적인 절차를 밟지 않고도 자신이 어떠한 행동이나 행위에 헌신해야 될 것인가를 잘 알고 있다. 그들은 자연스럽게 동료들과의 연대에 노력할 것이다. 장래에 훌륭한 공산당원이 될 사람이라면 일련의 엄격하고도 필수적인 행위나 의무에 헌신한다. 그리고 최소한 그 중의 몇몇은 종교 조직에서나 볼 수 있는 헌신적 활동을 하기도 할 것이다. 그러나 그들이 치르는 의식은 고작해야 순수하게 실용적인 목적으로 발급되며, 정기적으로 직인을 찍는 증명서를 받는 것뿐이다. 그러나 이것으로 노동조합이나 정당에서 의례가 완전히 소멸되는 것이 아님은 분명하다. 그 설립자나 지도자가 의례에 관한 계획을 전혀 갖고 있지 않을 때라도 의례는 자연발생하는 경향이 있다. 그것은 단지 인간이 그들 간의 상호관계를 의례화하고 정형화하는 것을 좋아하기 때문이다. 노동운동에 있어서 시위의 본래의 목적은 노동자들의 단결된 힘을 적에게 시위하거나, 그 시위로써 그들의 후원자를 격려하는 것으로 매우 실용적인 것이다. 그러나 시위는 또한 성취하려는 실제적인 목표 못지않게 많은 참가자들에게 '하나됨'의 경험을 겪게 하는 유대의 의식이 되고 있다. 여기서 일련의 의례 용구나 장치, 즉 깃발, 대중 합창 등이 출현한다.

노동운동과는 달리 그 자발적 발전이 합리주의의 구애를 그다지 받지 않는 조직에 있어서 의례를 꾸미고자 하는 충동은 열대의 덤불처럼 무성할 것이다. 미국의 정당 대회는 아마도 그 가장 두드러진 실례일 것이다. 그러나 인간이 자신의 행위에 의례적 의의를 부여한다는 사실, 그래서 몇몇 공산당에서의 연례적인 당원증 교부가 단순한 새 신분증의 취득 이상의 엄숙한 순간이 되고 있다는 사실은 부차적인 중요성 밖에 지니지 못한다. 왜냐하면 공산당원을 결속시키는 것은 그들이 가입한 정당의 내용이기 때문이다. 마찬가지로 미국 민주당원들을 결속시키는 것은 4년마다 열리는 정당대회에서 일어나는 익살맞은 행동이 아니다.

유럽의 원초적 사회운동에 있어서 형식은 보다 더 중요한 역할을 했다. 물론 그것은 당시의 운동 성원들이 형식과 내용 간의 명백한 근대적 구분을 하지 못했기 때문이기도 하다. 형식과 내용은 그 어느 것도 다른 한 쪽 없이는 완전하게 존재할 수 없다. 중세를 연구하는 학자들이라면 그런 현상에 매우 익숙할 것이다. 신하들은 왕에게 충성할 의무가 있다. 그러나 만약 왕이 어떤 형식적인 의무를 완수하지 못했을 경우, 예를 들면 왕이 머리에 기름을 뿌리는 관유식(灌油式)과 대관식을 치루지 않았다면 왕의 권위와 신하들의 의무는 더욱 많은 말썽의 소지를 안게 되는 것이다. 오직 대장간 직인만이 대장간 직인들의 모임에 가입할 수 있다. 그러나 만약 지정된 장소와 시간에 적당하고 적절한 형식을 거쳐 가입하지 않았거나, 또는 올바른 대답이나 반응을 보이지 않았을 때 그는 진정한 회원이 아니며, 그의 권리는 거부될 수 있고, 또 그 스스로도 의무를 거부할 수 있다. 오늘날에도 올바른 의례 방식대로 그리고 올바른 의례의 순간에 세례를 받지 않거나 결혼을 했다면 그 사람은 종교 공동체의 성원이 되는 데 많은 장애에 부딪친다.

이러한 과도한 형식주의는 최소한 법체계, 특히 관습법의 전통에 기초한 법체계에 침투하고 있는 한에 있어서는 합리적으로 정당화될 수 있고, 또 그렇게 되어 왔다. 판결 집행 상의 의례적 부정확성으로 인해 범인에게 내려진 유죄 판결이 폐기되는 한이 있더라도 기술적 절차를 엄격하게 준수해야만 법에 의한 통치가 보장된다고 주장되기도 한다. 또 문맹 사회나 혹은 군대와 같이 아둔한 인물들에 의해 운영되는 조직에서는 엄격하게 고정된 전통적 절차에서 조금만 벗어나더라도 관례로부터 크게 일탈하거나 아니면 큰 혼란이나 혼돈에 빠질 수 있다는 의견도 있다. 그러나 사실 상식적인 선에서 봤을 때 의례준수에 있어서의 엄격한 정확성에 대한 수많은 주장은 합리적이지 못하다. 유대인들이 의학적인 이점 때문에 할례(割禮)를 행한다는 주장이 있으나, 유대인 부모들이 수천 년 동안 자식들에게 할례를 행한 것은 그런 이유에서가 아니다.

원초적 사회운동의 이러한 형식주의에서는 몇 가지 요소들이 추려질 수 있다. 첫째는 성원을 결속시키는 '입회식(initiation)'의 중요성이다. 사회운동과 같은 자발적 모임에서 입회식은 의식적인 선택을 할 수 있는 남녀(즉 사춘기를 넘어선)가 수행하는 의식의 형태로 진행된다. 그 한 예로 16세기의 혁명적 종파에서는 유아세례를 부정하고 성인이 됐을 때의 재세례를 강조했다. 입회식은 그 의례의 고유한 방식에 의해 성원을 조직에 보다 밀접하게 결속시키는 기능을 한다. 심지어 강도와 같이 사회적으로 소외된 자들의 의형제 결의에서는 일상적 금기를 파괴하는 것으로써 입회식을 치르기도 한다. 또 보다 일반적인 경우에는 입회 후보에게 그가 내딛는 걸음의 중요성을 인상 깊게 심어주기 위해 또는 그가 충성을 어겼을 때 받을 제제를 깊이 느끼도록 하기 위해 특히 엄숙하고 주술적인 분위기를 의도적으로 조성하기도 한다. 후보는 여러 가지 방식으로 시험받기도 한다. 실제의 의례는 악수와 같은 의례 행위를 정점으로 끝이 나지만, 보통 입회자가 개인적인 선택에 의해 엄숙한 선서나 맹세를 하는 절차가 포함되기도 한다.

둘째, '주기적인 회합의 의식'이 있다. 이것은 성원들 간의 일치감을 재확인하는 의식으로, 집회、행렬、공동예배 등에 의해 진행한다.

셋째, 소위 '실용적 의례'라고 불리는 것이 있다. 이는 성원들이 그 역할을 효율적으로 수행하는 데 도움을 주는데, 비밀스러운 형식의 인지 신호가 있다. 프리메이슨(Freemason), 즉 비밀공제조합원 간의 독특한 악수 방식이나 암호 등이 그것이다.

마지막으로 가장 중요하고도 광범위하게 보여지는 요소는 '상징의 사용'이다. 원초적 조직에서 상징은 형식과 내용이 통일된 것이다. 근대의 운동에서 익숙하게 볼 수 있는 뱃지, 깃발, 상징적 초상 등의 상징은 원시 조직에서 사용한 상징의 희미한 퇴화의 흔적이다. 오늘날 사회주의자나 공산주의자에게 적기(赤旗), 붉은 별, 망치와 낫(이것은 내가 생각건대, 노동자와 농민의 단결을 상징하는 듯하다)은 그들 운동은 집약적 표현, 즉 그 강령, 야심, 업적, 집합적 존재, 정서적 힘의 표현으로써 그 모든 것을 불러일으킬 수 있는 것임에 틀림없다.

그러나 원초적 운동에서, 예를 들면 중세의 고딕 성당에서처럼 상징과 비유로 가득 찬 전 우주는 각 부분이 전체 이데올로기와 운동의 특수한 부분에 상응하며 존재하는 것일는지도 모른다. 19세기 영국 노동조합에서 사용된 정교한 풍자적 깃발이나 편지지 윗부분에 인쇄된 단체명은 다소간 이러한 상징의 희미한 흔적일 것이다. 프리메이슨에서 사용한 상징은 기성 종교의 틀에서 벗어난 우주의 상징으로는 가장 잘 알려져 있으며 또한 가장 영향력 있는 것이기도 하다. 과거에 그러한 상징의 우주를 정교하게 구성하느라고 잘못 허비된 재능의 양은 실로 엄청난 것이다. 더구나 그 우주의 각 부분은 조직 내의 다른 계급의 성원에게는 다른 의미로 보일 수밖에 없었던 것이다. 또 그 대부분은 사회운동으로서의 조직의 기능과 거의 아무런 관계도 없는 것들이었다. 왜냐하면 이런 류의 상징들은 과거에 있어서나 현재에 있어서나 어떤 순간에는 구체적인 것이며 제한된 것이기 때문이다. 따라서 과거의 조직과 전통으로부터 물려받은 대부분의 상징은 주로 일종의 정서적 효과를 위한 장치로 남아 있다. 그러한 상징은 사회운동에서 본래 만들어졌을 때의 정교한 목적대로 사용되고 있지 못한 것이다.

II

그러면 19세기 사회운동 중 어떤 조직에서 이러한 종류의 원초적 관념을 발견할 수 있을 것인가? 첫째로 성원 간의 결속이 유달리 강조되었던 조직에서 발견된다. 그러한 조직의 혁명 목표는 극히 야심적이며 또한 모든 행사에는 철저하게 비밀이 요구되었다. 둘째로 보다 오래된 단체나 전통에서 유래되어 원초적 과거와 예외적으로 살아 있는 관련을 맺고 있는 조직에서 발견된다. 달리 말하자면 한편으로는 혁명적 비밀결사에서, 다른 한편에서는 노동조합이나 특히 독립적인 숙련 장인 조합에서 유래된 공제조합에서 발견된다고 할 수 있다. 소위 '메이슨적(masonic)' 이라고 불릴 수 있는 단체군은 이 두 유형 사이의 중간에 위치한다. 물론 다른 가능성이 배제되는 것은 아니다.

초기의 노동조합 조직이나 공제조합, 심지어는 작업장의 노동자들에게 일반화되었던 관습이나 모임 등에서 원초적 관념의 수많은 흔적이 발견된다. 그러나 실제로 이러한 모임의 대부분은 술 마시는 것으로 끝이 났기 때문에 별다른 기록이 없다. 영국의 경우 대부분의 기록은 술을 안 마시는 영국인들에게 음주의 여러 가지 해로움을 알리는

데 열성적이었던 존 던롭 같은 금주주의 옹호자들이 남겨 놓은 것이다(그러나 그 기록들에는 음주와 관련되지 않은 부분에 대해서는 상세하게 기록되어 있지 않다).

'입회식'에 관해서 살펴보자. 입회식은 대개 조합에의 입회식(도제가 직인이 된 경우), 조직에의 입회식(직인이 동업직인조합compagnonage이나 결사의 성원이 될 경우. 이는 첫 번째 입회식에 이은 자연스런 결과인 경우가 많다), 혹은 새로운 직업이나 직장을 택했을 때의 입회식(직인이 낯선 다른 도시에 도착했을 때) 등이 있다. 그러한 '시작'의 의례화는 19세기 상반기 영국에서는 보편적인 현상이었다. 마차 만드는 직인들 사이에서 새로 들어온 직인은 입회 의식을 치루어야 했다. 그리고 그가 행하는 새로운 작업은 축복받았다. 새로운 직인은 의식적으로 그의 발판을 구축해야 했다. 작업장의 한 부서에서 다른 부서로 옮길 때, 아내가 처음 작업장을 방문할 때, 그리고 결혼과 출산 시에는 기념식이 베풀어졌다. 고용주가 새로운 직인을 고용했을 때는 모든 직인에게 저녁 식사를 대접했다. 겨울이 시작되면 소풍을 가거나 축제가 벌어졌다. 새 마차가 완성되어 전해줄 때 마부는 선물을 받았다. 직장에 가장 최근에 들어온 직인은 보안관이 되며, 의식을 거쳐 몇 명의 부하도 거느리게 된다. 항상 그렇지는 않지만 착복식도 있었다. 그 외 여러 가지 의식이 있었지만, 이 모든 의식은 모든 직업에서 아주 표준화되어 있었다.

어떤 시작을 기념하는 의식, 혹은 사람의 삶에서 어떤 형식적인 변화가 있을 때 그를 기념하는 의식이 이와 같이 광범위하게 시행되고 있었음을 염두에 둔다면 특수한 집단의 입회의식에 포함된 정교한 절차를 보다 쉽게 이해할 수 있을 것이다. 그러한 특수한 입회 의식에서는 다른 집단과의 차이점이 유달리 명시되거나, 입회 후보를 상상할 수 있는 가장 강력한 끈으로 집단에 결속시키는 절차를 밟게 된다. 입회 의식은 경외심을 불러일으키는 분위기, 후보의 시험, 후보에게 단체의 신비를 교육하는 일 등으로 구성되며, 어떤 형식이든 가장 엄숙한 선언(보통은 맹세)과 단체에의 가입을 상징하는 어떤 의식으로 정점에 달한다.

이런 종류의 의례 중에서 가장 정교한 것은 프랑스의 꽁빠뇨나쥬(compagnonage, 동업직인조합)인 것으로 보인다. 그 조합의 의례는 결사의 의례를 연구하는 학자들에게 점점 더 익숙해진 한 유형에 따르고 있다. 이 꽁빠뇨나쥬는 본래 건축업자들 사이에서 형성된 것으로 보이며 초기의 프리메이슨과 많은 공통점을 갖고 있다. 그러나 이 조합은 특수 조합 형태를 띠고 있을 뿐만 아니라 다양한 직종을 포함하는 공제조합의 성격도 갖고 있다는 점에서 매우 특이하다. 이 조합에는 본래 라이벌 관계에 있는 두 개의 공제조합이 있었던 것으로 보인다. 수비즈 집안(Enfants du Pere Soubise, 본래 목수 조합이었으나 후에 다른 건축 직종도 포함)과 작끄 집안(Enfants du Maitre Jacques, 본래 석공 목수 그리고 소목수, 자물쇠 제조공의 조합이었으며 후에 여러 직종을 포함)이 그것이다. 이 외에 스스로 오랜 전통을 갖고 있다고 주장하는 살로몽 집안(Enfants de Salamon)이 있으나 이 조합은 최근에야 형성된 것으로 보이며 19세기에 이르러서도 충분히 발달하지 못했고, 주로 여러 종류의 건축업자들의 모임이었던 것 같다.

이런 단체들의 은밀한 입회 의례는 실제로 매우 주목할 만한 의식을 포함하고 있다. 후보자는 먼저 작업 능력 시험을 거쳐야 한다. 이는 직업에 관한 그의 지식을 증명하기 위한 절차였을 것이다. 실제 의식은 초저녁에 일찍 시작되지만 중요 의식은 자정이 되어야 진행할 수 있다. 자정이 되기 전에 후보자는 여러 가지 의례적인 목적을 위하여 마련된 입회식용 방으로 세 번 들어갔다 나온다. 방에 들어가서는 형제가 될 회원들에게 둘러싸여 세 명의 간부 앞에 서게 된다. 진행자가 막대기를 세 번 똑똑 두들겨 그를 회원들에게 소개한다. 방은 하얀 천개로 장식되어 있고 제단이 설치되어 있다. 제단에는 십자가와 여섯 개의 횃불이 놓여 있다(독자들은 이 물건들의 상징적 의미를 과소평가할지도 모른다). 제단에는 끝에 빨간 리본이 달려 있는 단도가 놓여 있는데, 이는 형제들의 비밀을 누설하느니 차라리 피를 택하겠다는 결의를 상징한다. 앞으로 살펴보겠지만 '식탁보'는 제단 위에 놓여 있는데, 주기적인 회합의 의식에서 대단히 중요한 역할을 한다. 식탁보의 한편에는 곧 형제가 될 사람들이 가져다 놓은 리본이 있고 다른 한편에는 후보자가 선택한 회원명과 그를 세례할 때 쓰일 포도주 병이 놓여 있다. 회원명은 후보의 출신 지역과 그의 도덕적 특성이나 개성을 의례적으로 엮어서 만들어진다. 후보자는 이윽고 의례적인 질문 · 응답에 들어가고 싶다는 의사를 표명한다. 그 때부터 눈가리개를 씌우고 그에 대한 테스트가 시작된다.

테스트에서 후보는 갖가지 굴욕과 조롱을 당하며 고통스럽고 증오스러운 시련을 당하게 된다(수비즈 집안 목수들의 테스트는 특히 야만적이다). 그리고 그의 가족과 종교를 버리고, 형제를 위해 기꺼이 죄를 범하거나 살인을 할 수 있는가를 묻는 도덕적 테스트도 실시된다. 이 테스트는 너무나 박진감 있게 펼쳐지기 때문에 눈을 가린 후보자는 얼마 동안 실제 자신이 누군가를 칼로 찔렀다는 착각에 빠지기도 한다. 이 테스트를 통과하면 형제들의 비밀을 영원히 지키겠다는 맹세를 한다.

> 내 목이 잘리더라도, 내 몸이 불타버리고, 그 재가 바람에 날아가 버리더라도 비밀을 결코 누설하지 않겠습니다. 이 맹세를 어긴 자의 가슴에 칼을 꽂을 것을 맹세하며, 만약 나 자신이 그러할 때 똑같은 형벌을 달게 받겠습니다.

때때로 피를 흘리는 테스트도 있다. 후보자는 손가락에 피를 내어 그것으로 혈서를 쓴다. 혹은 최소한 한 방울의 피를 떨어뜨리고 그것으로 혈서를 쓰는 시늉을 내기도 한다. 때로 불로 지지는 테스트도 있다. 후보자의 왼쪽 젖가슴에 촛불을 문질러 불을 끄는 것이 그것이다.

맹세는 세 번 반복된다. 이어 후보자는 그의 회원명을 받게 되며 그 때부터 섬길 대부와 대모 그리고 사제[1]를 선택한다. 그리고 포도주로 세례를 받는다.

지금까지 입회식에 관한 설명 중에서 누락된 요소는 결사의 일반적 성격에 관한 설교이다. 그러나 그것은 은밀한 인지 신호 등과는 전혀 별개의 요소이다. 독일 직인들의 입회식에서 다른 요소들은 형식적이고 성글게 보존되어 있지만 이 설교의 요소만은 아주 완고하게 지켜지고 있다. 그리하여 19세기 말엽 쯤 되면 인쇄 직인들 사이에서 세례란 배 위에서 선을 긋는 정도의 장난스런 의례에 불과하게 되었다. 소목수들 사이에서는 테스트는 매우 소란스러운 절차가 되어버렸고 새로운 이름의 수여는 꽤 단순한 일이 되어버렸다. 또 비밀 신호 역시 그다지 복잡하지 않았다. 그러나 설교(Hobel Predigt)만은 어떤 형태로든 퇴화된 여타 의례보다도 오래 남아 있었고, 다른 직인 조합에서도 대부분 이 설교가 행해지고 있다는 보고가 있다.

이러한 설교는 연설과 교리문답이 혼합되어 있었다. 그러나 그러한 설교는 그 기초를 이루는 이전의 테스트 의례를 거의 잊어버렸기 때문에 종종 변질되어 버렸고 또 설교에 첨가된 직인들에 대한 실제적인 충고도 자주 반쯤은 장난스러운 것이 되어버렸다. 그 중 나은 것조차도 그림 형제의 동화에 나오는 어떤 이야기를 읽는 것 같은 느낌을 주었으며, 최악의 경우에는 — 의심할 여지없이 만취한 스폰서가 설교를 할 때 — 그들이 즐겨 이용하는 개신교의 설교 방식을 서툴게 흉내 내어 사람들을 지루하게 만들었다. 독일의 통메장들은 마을을 떠

1) 19세기가 되면 사제는 단지 증인이라고 불렸다. 그러나 17세기 중엽의 보고서를 보면 — 1655년 꽁빠뇨나쥬 입회식에 대해 공식적으로 신학적 유죄선고가 내려지기 직전 — 그는 신입회원에게 사제로 보였음을 알 수 있다.

날 때 세 개의 깃털을 불어서 좌우로 각각 하나씩, 그리고 머리 앞쪽으로 똑바로 하나를 날려야 했다고 한다. 그는 그 중 가운데 깃털을 따라가야 했다. 그러면 한 연못에 당도하게 되는데, 연못에서는 여러 마리의 개구리가 앉아서 '나쁘다, 나쁘다, 나쁘다' 라고 말하고 있을 것이다. 그러나 경고에도 불구하고 그는 계속 가야만 한다. 추측건대 이것은 단순한 개구리와의 조우 이상의 어떤 심각한 의례적 조우를 반영하고 있을 것이다. 이어서 그는 회전하는 물레방아와 만나게 되는데, 물레방아는 '돌아가라, 돌아가라' (독일어에서 이것은 의성음일 것이다)고 말한다. 그리고는 계속 세 개의 문을 통과하고 세 마리의 갈가마귀를 만나고, 이어 방앗간 주인, 농부, 그들의 아내 등을 만나게 된다. 각 경우마다 그는 그가 무엇을 하려 하는지 질문을 받고, 이어 그가 무엇을 해야 하는지 충고를 받는다.

프리메이슨의 출현은 그 자체가 직인조합에서 행해지는 유사한 여러 의례의 진원지였으며, 장인 결사들이 프리메이슨의 영향하에 놓이게 되는 경향은 자연스럽게 증대되었다. 최소한 영국에서는 전(前)산업적 꽁빠뇨나쥬가 대륙만큼 전문화된 일련의 단체로 거의 발달하지 않았기 때문에 메이슨적인 색채가 특히 두드러졌다. 그러한 경향은 실제적으로 메이슨적 원리에 입각하여 설립되지 않았다는 비밀공제조합(Oddfellows)의 경우에도 마찬가지였다. 초기 노동 조직의 맹세의식들은 몇몇 경우에 프리메이슨의 영향을 받았음이 명백하다. 양털 벗기는 직인들의 입회식은 그 점을 분명히 하여 준다. 영국에서는 입회식은 대체로 프랑스의 입회식보다는 덜 끔찍하였다. 완전히 합법적이고 해가 없는 비밀공제조합에서 행한 보다 기괴하고 거친 입회식조차도 꽁빠뇨나쥬 회원 후보의 테스트에 비하면 별 것이 아니다.

회원 후보들은 조합 지부의 한 방으로 인도된 다음 조심스레 눈을 가린다. 안팎의 안내자들이 사라진 다음 그는 순간 엄습하는 엄숙하고도 죽음과 같은 정적 속에서 기이하고 신비로운 경외감에 사로잡힌다. 거대한 쇠사슬이 덜커덩거리는 소리와 남자들의 중얼거리는 소리에 귀가 곤두서며 두려움을 느낀다. 이 단계에서 나뭇가지에 걸려 곤두박질을 치거나 커다란 물통 속에 머리를 처박지 않는다면 눈을 가렸던 가리개가 떨어진다. 그의 시각이 되살아나는 순간 제일 먼저 눈에 띄는 것은 그의 심장을 겨누고 있는 날카로운 칼이다. 그러나 감시자의 칼에서 눈을 돌리자마자 십중팔구 그의 눈은 오래된 시체의 거대한 투명화에 가 닿는다. 그 소름끼치는 미소는 그의 몸속에 흐르는 따스한 피를 온통 얼어 붙이기에 충분하다. 방의 각 부분은 성스럽거나 속된 것의 상징으로 가득 차 있는데, 그 의미를 설명할 수 있는 사람은 그다지 많지 않다.

19세기 영국 정부가 이러한 입회식이나 은밀한 맹세가 필연적으로 파괴적인 성격을 띠고 있다고 믿은 것이 오류였는지 잠깐 살펴보는 것도 가치 있는 일이다. 의례로 맺어진 결사의 성원들이 그들의 비밀을 감추던 적대자는 단순히 부르죠아만도 아니었고, 또 정부도 아니었다. 프랑스에서 그 적대자는 일반적으로 라이벌 꽁빠뇨나쥬의 성원들이었다. 그들은 영원한 전쟁 상태에 있었다. 영국의 공제조합에서는 단체 내에 있지 않은 사람 모두가 그 대상이었는데, 단체의 회원자격은 주로 비밀을 갖고 있느냐 갖고 있지 않느냐에 의해 규정되었다. 계급적 특성으로 뭉친 노동 조직이 고용자나 당국을 싫어하는 행위를 적극적으로 하는 한 입회식과 맹세는 특히 고용주와 정부에 대항하여 성원을 결속해준다. 그리하여 처음에는 합법적인 결사와 그렇지 않은 비밀결사 간의 구분이 없었다. 단지 그 성원이 의례적으로 결사에의 연대를 증명할 동지적 활동이 어떤 것인가에 따른 구별이 있었을 뿐이다. 그러한 활동 중의 어떤 것은 법에 저촉되지 않는 것이나 반면에 그렇지 않은 행위도 있었다.

다음 '주기적인 회합의 의례'에 관한 흔적은 영국보다 대륙에 더 많이 보존되어 있다. 영국에서는 19세기 정도에는 그러한 의례가 거의 퇴화해버렸고, 단지 직인 조합의 비품 중의 중심적인 것, 즉 조합의 기록이나 다른 도구들이 간수되던 상자나 성궤 등이 잔존하고 있을 뿐이다. 에이레의 목수들 간에 행해지던 회합의 의례는 약간의 흔적이 남아 있다. 거기에서는 '직장의 아버지'가 모임을 주재하는데 모임이 시작되었음을 알리기 위해 고정된 어떤 비품(대개 소리가 날만한 도구)을 세 번 두들겨 소리를 낸다. 또 인쇄공들 사이에서는 '인쇄수의 아버지'가 성원들을 그 주위에 모아 놓고 작업장의 큰 돌 앞에서 정의의 실현을 서약하기도 한다. 독일 대장장이들의 경우는 이보다 비교적 복잡하다. 그들은 '직인의 원'을 그어 놓고 — 이는 구명대나 자동차 바퀴와 유사한 도형이나, 그 바깥쪽 원은 열려 있다 — 두 원 사이에 모든 참가자들의 이름을 적고 원을 닫는다. 이는 매 회합마다 모든 형제들이 다 참석하였음을 강조하기 위한 것이다. 회비가 걷힌 다음 다른 원이 또 그려지며 분필 — 보통 상자 안에 보관된 — 이 그 안에 놓여진다.

프랑스 꽁빠뇨나쥬의 의식 절차는 보다 정교하다. 어떤 도시든 꽁빠뇨나쥬에서는 매주 일요일 오후 2시가 되면 정족수가 찼을 때 회합의 신성한 맹세를 한다. 단 파리에서는 한 달에 2번 모이는 것이 허용되었는데 그것은 파리에서는 신경 쓸 일이 많았기 때문일 것이다. 그러한 회합의 의례에서 요구되는 것은 매우 가짓수도 많고 엄격하였는데, 그것은 더 훌륭한 일거리를 갖지 않았던 결사의 진화 과정에서의 한 단계를 특정지우는 것으로 짐작된다. 꽁빠뇨나쥬의 성원들은 옷도 규정에 따라 입어야 했다. 그들은 코트의 왼쪽 세 번째 단추를 잠그고 장식은 달지 않아야 했는데, 그 이유는 그것이 형제들의 관습이기 때문이다. 냅킨은 정확히 정돈되어 '마을의 일인자', 즉 제일 연로한 직인 앞에 놓여졌다. 냅킨에는 중앙에 포도주 병이, 그리고 의장의 좌우에는 두 개의 유리잔이 놓여졌다. 오른쪽 잔에는 술이 반쯤 차 있었고 빵 덩어리의 가장 위쪽 껍질에서 도려낸 동그란 조각 — 이것은 빠삐

용(pavillon)이라고 불렸다 — 이 들어 있었다. 왼쪽 잔 즉 '우애의 잔'은 비어 있었다. 두 잔 사이에는 그 끝이 빵에 꽂힌 칼 한 자루가 있었다. 다른 빵조각은 — 역시 위쪽 껍질에서 도려낸 네모난 조각 — 냅킨의 각 모퉁이에 놓여졌다.

모든 동업조합은 특수하고도 비밀스런 정기 집회 외에도 일반적인 공개 의식을 열었다. 적어도 천주교 국가에서 이런 행사들은 통상 종교적이었다. 이들 나라에서는 각 조합이 받들고 있는 성인의 날 — 목공들에게는 성 요셉(St. Joseph), 소목공들에게는 성 안네(St. Anne), 편자공들에게는 여름에 대장장이들에게는 겨울에 의미가 있는 성 엘리기우스(St. Eligius), 자물쇠공들에게는 성 베드로(St. Peter), 제화공들에게는 성 크리스핀(St. Crispin) 등등 — 과 각종 공휴일이나 축제일에 여러 종류의 행진이 있었다. 정해진 날에 벌어지는 이런 종류의 연례적인 행진이나 의식은 영국에서는 보편적인 것으로 남아 있고, 마을 공제조합의 규율은 그에 관한 상세한 조항을 많이 담고 있다. 그러한 행사가 옛 성자들의 의미를 어느 정도 반영하고 있는지는 지방의 호고가(好古家)들이 추적해볼 만한 의문이다. 그러나 프랑스에서는 19세기가 진전되면서 공개적인 종교 의식이 그다지 강조되지 않았다.

'실용적 의례'는 보다 합리적인 기반을 갖고 있었다. 이는 보통 은밀한 인지 신호를 지칭하는 것인데, 악수, 암호, 손짓, 응답손짓, 또는 여행 시의 암호 등으로 이루어져 있다. 조합의 초기 단계에서는 회원의 대부분이 문맹이었고, 그렇지 않은 경우에도 보안 유지를 위하여 기록 문서의 보관을 금지시켰기 때문에 — 꽁빠뇨나쥬에서는 해마다 문서를 불태워 그 재를 술에 타서 마셨다 — 문자가 아닌 다른 신호에 의존하지 않을 수 없었다. 다른 이유가 아니더라도 언제든지 비회원이 조합의 편의 시설을 남용할지도 모른다는 위험으로 하여 정식 회원을 식별하기 위한 체계는 필수적인 것이었다. 영국의 직인 조합의 기록은 지방 분회의 대접을 요구하는 가짜회원들과의 싸움으로 가득 차 있다.

모든 단체가 직인들의 이동을 가정하고 있었다는 점에 유의할 필요가 있다. 따라서 한 촌락의 회원은 외지에서 온 인물을 식별할 수 있는 믿을 만한 신호를 갖고 있어야 했다. 보통 행해진 '인지 의례' 는 실용적인 것에서 환상적인 것까지, 간단한 것에서 설명하는데 3장의 종이가 필요할 정도로 복잡한 꽁빠뇨나쥬의 의례까지, 그리고 단조로운 것에서 다채롭고 시적인 것에 이르기까지 무척이나 다양하다. 그러나 여기에서 그것들을 상세하게 기록할 필요는 없다. 또 어떤 조직의 상징, 기장, 교의에 대해 많은 것을 이야기할 필요도 없다. 회원들은 그러한 의례에 의해 교화되었고 만족해했다. 비회원들은 깊은 인상을 받았고 재미있다고 여겼다. 보다 규모가 큰 사회운동이라면 정서적 설득력을 지닌 수많은 수단이나 장치를 고안하고 그것을 전수했다. 필요할 때면 그 중에서 알맞은 수단을 택할 수 있었다. 단 한 가지 특별히 언급하고 넘어가야 할 것이 있다. 즉 회원은 누구나 할 것 없이 어떤 위계의 순서를 차곡차곡 밟아야 한다는 관례가 그것이다. 그 관례는 틀림없이 고대 직인들의 전통에서 유래한 것이다. 또 그 위계는 도제, 직인, 주인의 3단계일 경우가 많으나 때로 더 복잡하게 세분되어 있기도 하다.

어떤 형태로든 의례가 보편적이기는 하였지만 노동계급의 조직 중에서 고도의 의례를 수행하는 조직은 생각보다 훨씬 드물었다. 물론 공제조합이나 준 메이슨적 조직과 같이 정치적·경제적 집단행동을 일차적 목표로 삼지 않는 집단이나 전통적 조합의 장인들 사이에서는 예외였다. 노동조합과 유사한 기능을 가진 직인들의 결사가 성행한 곳에서 고도의 의례를 수행하는 조직이 발생하는 경향이 있긴 했으나 전(前)산업사회의 직인조합에서 그러한 조직은 보편적인 것이 아니었다. 프랑스에서는 1791년에 27개의 노동조합만이 꽁빠뇨나쥬에 속해 있었다. 그것도 양털 깎는 직인 — 영국의 경우는 양털 벗기는 직인 — 처럼 특수한 직종의 조합을 예외로 하면 섬유노동자와 같이 보다 프롤레타리아에 근접한 집단 사이에서는 명백히 세력이 약했다. 그러한 구식의 조직에서 탈퇴한 근대의 사회운동에서는 적의 공격에 대비한 안전책이라는 보다 실용적인 목적 때문에 의례를 수행하는 경향이 있었다. 비정치적으로 의례를 수행한 수많은 공제조합이나 그와 유사한 친목단체들을 별도로 한다면 특별히 고도의 의례를 수행한 조직이 그다지 많지 않았던 것은 이러한 이유 때문이었다.

19세기의 기류는 비정치적인 조직이 아니라면 의례에 관해 그다지 호의적이지 않았다. 영국의 노동조합 사이에서는 은밀한 맹세와 같은 의례는 아주 급속히 사라져가고 있었다. 1830년대 경에는 적대적인 관찰자들이 추정한 것보다도 훨씬 드문 현상이 되었다. 전통적 직인조합에서도 의례는 쇠퇴해갔는데, 그것은 아마도 도시화의 영향 탓이었을 것이다. 19세기 말이 되면 파리의 꽁빠뇨나쥬는 마차제조직인과 같이 중소 도시에서 충원한 직인들 사이에서나 강력했다는 보고도 있다. 꽁빠뇨나쥬는 1830년 이래 세력이 커진 합리주의자들의 대량 이탈로 인해 크게 타격을 입었다. 그것은 조합의 특권을 독점하려는 기존회원들의 시도에 반발한 젊은 직인들 사이에서 진작된 상식에 대한 요구였다. 모든 의무에 반기를 든 자들이 모여 공개적인 직인들의 단체를 조직하였다. 또한 이러한 단체를 지지, 고무하는 자들은 오늘날 정당성을 잃은 — 중세에서나 정당성을 지녔던 — 관습들을 제거했다. 19세기 말이 되면 노동조합 — 모두 해야 10,000명도 안 되는 소규모 조직 — 보다는 꽁빠뇨나쥬로 조직되었던 직인들의 약 40%가 공개 조직의 성원이 되었다. 요컨대 의례를 중시하는 노동 조직은 급속히 소멸되어가고 있었다.

III

의례를 수행하는 결사나 단체의 의미가 이 정도에 불과하다면 더 이상 길게 논의할 필요가 없다. 그러나 1789년과 1848년 사이에는 세계 역사는 아닐지라도 사회운동의 역사에서 중요한 의미를 지니는 의례 조직이 크게 발전했다. 세 번에 걸친 프랑스혁명의 과정에서 혁명적 비밀결사는 서구사회를 변화시키는 데 있어서 가장 중요한 조직 형태였다. 그리고 그러한 조직에서 수행하는 의례는 혁명단체보다는 차라리 이탈리아의 오페라를 연상시킬 정도로 요란했다. 유사한 결사 조직들은 어디에서든 정치적으로 중요한 역할을 해왔으며 그 중 몇몇은 아직도 중요하다. 이 때문에 그들이 치른 의례의 여러 측면은 단순한 호고적(好古的) 관심 이상의 중요성을 지닌다.

여기서 비밀결사의 약사(略史)를 개관하고자 하는 것은 아니다. 그것은 매우 복잡하고 어려운 주제로서 나에게는 그런 자격이 없다. 그러나 그러한 결사 모두가 하나의 단일한 부류에 속하는 경향이 있음은 틀림없다. 그것은 그것들이 18세기의 메이슨적 집단의 흐름 위에 있으면서 서로를 모방했다는 점, 그리고 그것들이 망명자들이 모이는 국제적 피난처에서 — 제네바, 브뤼셀, 파리, 런던 — 이루어진 음모가들의 세계라는 점으로 미루어보아 그렇다. 보통 음모가들의 세계는 그 거칠고 끊임없는 의견 대립에도 불구하고 소규모의 결속된, 그리고 어느 정도 협동적인 세계이다. 망명자들이 개인적인 골칫거리를 해결하는 '명예 법정(Court of Honour)', 그리고 라이벌 관계에 있는 혁명조직에 탐지된 경찰 스파이에 관해 정보를 제공하는 관행과 같은 비공식적 제도가 이를 암시한다.

프리메이슨, 혹은 메이슨과 유사한 단체가 혁명운동과 어떤 관계에 있었는지는 특히 역사에 대해 편집병적 견해에 빠진 이들에 의해 많은 논의가 있었다. 그러나 이 문제는 엄격한 역사학자가 열광적으로 맞부딪칠 성질의 문제는 아니다. 18세기의 메이슨은 고정된 교의와 계획을 지닌 단일 조직이라기보다 여러 단체가 혼성된 조직이었다. 이것을 정의하자면 공통된 유형의 조직과 의례를 공유하였고 '계몽' 의 가치에 대해 공통된 믿음을 가졌던 복합 단체라는 정도의 언급을 할 수밖에 없다. 따라서 메이슨이 몽매한 음모 집단이라는 이론은 더 이상 설득력을 갖지 못한다. 오히려 미국혁명이나 프랑스혁명에서 발현되었던 이념에 대해 메이슨(혹은 메이슨적 모델에 따라 형성된 단체들)이 보여준 공감은 그들의 많은 부분을 혁명적으로 전환시켰다. 또 메이슨적 조직은 그 지부(支部)나 상부 집단이 정치적 중심 단체나 압력단체로 전환하는 것을 용이하게 하였고, 혁명조직의 성원을 배양하거나 보호하였으며 때로는 혁명조직의 침투 대상이 되기도 하였다. 메이슨은 미국과 프랑스의 혁명에서 두드러진 역할을 하였다. 에이레에서는 많은 지부가 1789년에 통일에이레인민연합(United Irishmen)과 관련되어 있었다. 당국은 두 단체 사이에 밀접한 유기적 관련이 있다고 추정하였다.

혁명운동이 좌절한 이후처럼 어떤 조직도 존재하지 않을 때 메이슨의 지부는 반항자들의 피난처가 되곤 했다. 그리하여 1834년 이후 프랑스의 각 주에서는 공화주의자들이 프리메이슨 본부(Grand Orient)에 혐오감을 느끼며 메이슨의 지부에 은둔하였다. 혁명운동이 재현되거나 확대될 때면 메이슨은 보다 전문화된 혁명조직에 활력을 제공하였으나, 반드시 자신의 의례나 상징에 변화가 있었던 것은 아니다.

이러한 혁명조직은 메이슨과 특별한 관계에 있었다. 그들은 메이슨에서 탈퇴하면서 — 많은 연관을 유지하지만 — 메이슨을 성원 보충의 근거지로 활용하였고 한편 메이슨 지부를 자신의 운동에 가담시키기도 하였다. 그리하여 메이슨적 환경에서 성장했던 바이스하우프트(Weishaupt)의 일류미나티(Illuminats)일파는 많은 메이슨 단체를 그들의 혁명 이념에 동조하게 만들었으며, 그로써 나폴레옹 시대와 왕정복고 시대에 비밀결사의 지속을 가능하게 하였다. 그러나 그 대부분은 스스로를 메이슨과 구별하려는 경향을 보이는데, 필라델피(Filadelfi, 오히려 비밀결사를 양성하는 유명한 곳이 되었고 꽁빠뇨나쥬에도 침투한), 투겐트분트(Tugendbund), 아델피(Adelfi), 카르보나리(Carbonari) 등이 있다. 19세기 초에 나폴레옹은 메이슨을 정부의 통제 하에 두려고 했으나 그것은 오히려 이전부터의 강력한 정치적 반발을 촉진시켰을 뿐이다. 1789년에서 1830년 사이의 끈질긴 혁명가와 음모가들의 대부분은 메이슨적 기반을 갖고 있었으며 조직적으로도 메이슨의 방식과 많은 점에서 상통하였다. 이는 그 시대의 전형적인 음모가 필립 부오나로티(Philip Buonarotti : 1761~1837)에게도 틀림없이 적용된다. 부오나로티에 관해서는 최근 많은 것이 알려지고 있다.

비밀결사 단체의 이와 같이 공통된 배경과 환경에 비추어 볼 때 그들이 끈질기게 국제적인 거대 음모의 모의처가 되었던 경향, 개별적인 단체나 지부의 상위에 위치하여 전체를 조정하는 지도체계를 구성하던 경향, 그리고 통상적인 것보다 훨씬 고도의 의례를 수행하였던 점 등이 설명될 수 있을 것이다. 이러한 경향은 후에 사회주의 운동이 보다 강력한 국제주의적 전통을 확립하는 데 기여했을 것이다. 그것은 곧 하나의 국제적 통할 조직이 모든 운동을 지도하고 조정해야 한다는 믿음이었으나 잡다한 반항 집단으로 구성된 국제 조직의 꿈은 곧 포기되었다.[2)]

부오나로티는 그의 전성시대에 메이슨단이나 바뵈프주의

2) 제 1차 인턴(1864~1873)이 이러한 이념을 대표한다(블랑키스트만은 전혀 독자적이었다). 그러나 마르크스주의자, 마치니주의자, 푸르동주의자, 바쿠닌주의자, 그리고 여타 수많은 혁명가와 좌익이 함께 행동할 때의 어려움은 이겨내기 힘든 것임이 증명되었다. 그 이래 모든 국제주의 운동은 몇몇 특수한 경우를 제외하면 이데올로기에 있어서 배타적이었다.

(Babouvism) 그리고 카르보나리주의에 정력적으로 개입했을 뿐만 아니라 은밀한 거대 음모 조직 중에서 가장 잘 알려진 '숭고하고 완전한 주인(Sublime Perfect Masters)' — 이는 1818년 아델피와 필라델피가 합병된 결과라고 한다 — 이라는 조직도 지배했었다. 3개의 등급으로 구성된 그 조직에서 최고의 등급은 파리의 '숭고한 선출자(Sublime elect)' 였다. 또 지부로 영입한 여러 단체들의 등급을 정하기 위한 협정도 있었다. 그 조직은 이탈리아의 카르보나리, 프랑스의 몇몇 메이슨단, 독일의 투겐트분트, 그리고 러시아의 12월단(Decembrist societies) 등과 연관되어 있었다고 한다. 아마도 이 조직은 몇 년 후 부오나로티가 적극 활약했던 '범민주 숯장이당(Universal Democratic Charbonnerie, 왕정복고 시대에 숯장이들이 조직한 비밀결사 ; 역주)' 과 동일한 단체였을 것이다. 이러한 종류의 단체 중에 보다 메이슨적이면서 지브롤터에 본부를 두고 있던 단체는 다킨박사(Dr. Dakin)의 관찰처럼 1820년대 중반 오트만의 지배에서 벗어나려는 그리스의 독립투쟁(Philhellenic movement)에 가담하여 다양한 스파이 활동(cloah — and — dagger pursuits)을 전개했다. 그러나 결국 보다 광범위하고 덜 비의적인 국제적 운동이 이러한 국제적 반항의 에너지를 흡수하여 변형시켰다. 오직 바쿠닌 같은 원초적이고 낭만적인 혁명가만이 이런 종류의 '비밀 동맹' 의 설립을 추구하였을 뿐이다. 그러한 동맹이 그 전성기에 얼마만한 영향력을 행사했는가는 더 살펴보아야 할 문제임에 틀림없다.

고전적인 비밀결사는 뚜렷한 위계를 지닌 엘리트 집단이었으며, 놀랄 만큼 다양하게 입회식이나 의례에 필요한 장치, 상징체계, 의례 전문용어, 사인, 암호, 맹세 등을 갖추고 있었다. 후보는 엄격하게 선출되며 입회 허가가 난 후로는 일련의 등급을 따라 점진적으로 그 지위를 높여간다. 지위가 높아질수록 보다 많은 비밀 지식을 얻게 되며 동시에 많은 책임을 안게 된다. 운이 좋다면 조직의 가장 중심에 합류하게 된다(혹은 선출된다). 마르크스는 이런 종류의 비의적인 조직을 몹시 싫어하여 그것을 미신적 권위주의라고 묘사했는데, 그 표현은 적절한 듯하다.

실제적인 비밀결사의 정치적 기능은 두 가지였다. 첫째, 신입회원은 동시에 회원자격이 없는 여러 조직에 참여하면서 결사의 구미에 맞는 방향으로 그 조직들에 영향력을 행사하게 된다. 비밀결사가 항상 그 정책과 특별히 일치하는 보다 명백한 운동을 통해 활동하는 것은 아니며, 페비안 식의 구절을 이용하자면 모든 적당한 단체에 침투하였다. 둘째, 반란의 기미가 있는 상황에서는 헌신적인 소그룹의 회원들로 하여금 대중을 규합하여 봉기를 일으키거나 그 외 다른 방법으로 권력을 장악하도록 하는 것을 목적으로 삼는다. 반란의 조건이 성숙될 때까지 비밀결사는 개별적 테러나, 아니면 혁명에 필요한 여러 적당한 활약을 하곤 한다. 그러한 비밀결사의 활약 중에 가장 잘 알려진 사례는 제일 오래 살아남은 에이레 공화 결사(Irish Republican Brotherhood)의 활동이다. 그 결사는 훼니안(Fenians, A. D. 2~3세기에 에이레를 수호한 전설적인 전사 집단의 한 사람이었으나 후에 영국의 에이레 지배를 종식시키기 위해 조직된 비밀결사의 성원을 가리키는 말로 전의됨 ; 역주)으로 더 잘 알려져 있으며, 1850년대까지도 활약했다.[3)]

혁명적 비밀결사는 당국에 의해 여러 가지 이유로 탄압받았기 때문에 안전을 유지하기 위하여 여러 가지 조치를 취하지 않을 수 없었다. 이때 메이슨이나 여타 장인조합의 전통을 이은 단체들이 안전 유지를 위하여 의례를 채택해야만 했던 것은 지극히 당연한 일이었다. 살펴본 대로 실용적 목적을 위한 의례의 경우도 있었고 지하활동을 하는 조직의 위계질서를 위해 의례가 채택된 경우도 있었다. 후자의 경우

3) 이에 관한 훌륭한 자료는 거의 없는 것 같다. IRB에서 행해진 맹세가 대륙의 맹세와 비슷하다는 점이 자주 지적되었으나 그 정확한 계통은 아직 밝혀져 있지 않다.

한 그룹의 성원은 다른 그룹의 성원을 알지 못했고 서열이 낮은 성원은 직속상관 외에는 그 정체를 알지 못했다.

그러나 고전적인 비밀결사의 단원들이 비밀 유지에 상치되는 화려하고 환상적인 의상을 착용했다는 사실을 염두에 둔다면 오늘날 이해되는 비합법성의 필요라는 개념으로는 그러한 사실을 별로 해명할 수 없음이 명백하다. 경찰 스파이인 드 라 오데(De la Hodde)는 프랑스의 비밀결사는 그 성원이 프롤레타리아일 때만 순수하게 비밀단체라고 논평한 적이 있다. 물론 여기서 프롤레타리아란 경찰의 입장에서 본 것으로 가난한 자들과는 거리가 먼 화려하고 정교한 설비로 가득 찬 지부의 집회소가 아니라 대폿집 뒷방에서 모임을 갖는 무명의 인물들이란 뜻이다. 기록에 남아 있는 카르보나리의 장황하고 정교한 의례는 경찰을 초대하는 것과 다름이 없었다.

자신의 이데올로기나 프로그램을 지시하는 이름을 찾기에 고심하는 후일의 혁명조직과는 달리 비밀결사의 환상적인 용어는 전혀 실용적인 것이 못된다. 아풀리아에서 활약하는 비밀결사의 목록은 아마추어에게는 오페라 가사를 연상시킬 뿐이며, 진지한 반역의 기미는 전혀 엿볼 수가 없다. 다양한 종류의 카르보나리, 최고의 주인(Supreme Masters), 완전한 메이슨(Perfect Masons), 필라델피, 에덴주의자(Edennisti), 헬레니스트(Hellenists), 유럽주의자(Eurpean Patriots), 결단의 사나이(The Men of Decision), 단검의 사나이(The Men of the Dagger), 셔츠 없는 사람들(the Shirtless Ones), 이름 없는 사람들(the Unnamed Ones), 일류미나티(Illuminati), 하얀 순례(White Pilgrims), 3색(Three Colours), 4색(Four Colours), 일곱 개의 편지(Seven Letters), 여덟 개의 편지(Eight Letters), 다섯 개의 종파(Sect of Five), 세례자 성 요한(St. John the Baptist), 연옥의 존귀한 영혼의 모임(Society of the Venerable Souls in Purgatory), 양파(The Onion), 중앙의 묘소(The Central Tomb), 계절회(the Society cf Seosons), 훌륭한 콘스탄티누스(the Bella Constantina) 등을 살펴보면 그 점이 명확해진다. 가장 진지했던 직업 혁명가 블랑키(Blanqui)는 계절회에 침투했었는데, 이 계절회의 기본 단위는 주(週)였다. 주 단위는 6명의 남자와 일요일이라 불리는 지도자로 구성되었고, 4개의 주는 칠월이 지도하는 월(月) 단위로 결합되었다. 3개의 달은 다시 봄이 지도하는 '계절' 로 묶이는데, 4개의 계절, 즉 1년은 놀랍게도 그 어디에도 속하지 않는 혁명 요원에 의해 지도되었다 비밀결사가 치르던 의례의 과정이 비합법적 선동의 실천적 요구와는 다른 별도의 사회학적 기능을 지녔음은 명백하다. 비밀결사는 정치적 단체였을 뿐만 아니라 일종의 종파적인 성격도 지녔던 것이다.

Ⅳ

과도한 의례 수행의 원인을 살펴보기에 앞서 간략하게 의례 수행 단체들의 쇠퇴를 살펴보자. 하나의 단일한, 혹은 최소한 이론적으로는 통일된 부류에 속하던 비밀결사의 전성시대는 1830년의 혁명과 더불어 끝났다. 수많은 음모가 횡행하던 1830~1848년 사이에는 본래의 카르보나리적 유형을 부분적으로나마 견지할 수 있었으나 민족적, 사회적 전문 집단이 흥기함에 따라 비밀결사의 결속력은 급격히 약화되었다. 그러나 서유럽 이외의 지역에서 혁명적 비밀결사는 여전히 중요한 역할을 하고 있었다. 혹은 그 영향을 받은 나라들의 역사에서는 1789~1848의 기간에 상응하는 어떤 것으로든 그 중요성을 더해갔다. 그 가장 분명한 사례는 20세기의 아시아, 예를 들면 벵갈의 테러 운동에서 찾아진다. 그 운동은 그 의례에 관한 한 서유럽의 전통과 연관된 것은 거의 없었으며 그 영감을 힌두의 종교전통에서 빌어왔다. 특히 칼리(Kali)여신의 숭배를 강조하였으며, 혁명의 지지를 '근대 도시에 오염되어 있지 않으며 아직 인간의 발길이 닿지 않은, 그리고 높고 맑은 공기가 가득하며 고요와 정력이 충만된' 곳에 사원을 건립해야 한다는 주장, 그리고 인동의 해방이라는 당면 과제가 성취된 후 그 일부가 사원으로 되돌아 갈 신봉자들의 새로운 조직을 이루어야 한다는 주장과 결합시켰다.4)

그러나 거의 모든 혁명 단체에서는 일반적으로 의례가 쇠퇴하고 있었다. 특히 가장 결정적으로 혁명적이었던 몇몇 집단에서 그렇게 하였듯이 노동운동과 사회주의 운동으로 그 중심이 이동된 단체에서는 더욱 분명한 경향이었다. 벵갈의 테러주의자들은 1930년대에 거의 공산주의로 전향하였다. 그리고 에이레에 공산주의가 존재할 수 있었던 것은 에이레공화군(Irish Republican Army)에서 좌익이 갈라져 나온 결과인 것으로 보인다. 결국 의례가 쇠퇴함에 따라 자동적으로 비밀결사의 주장이 그 설득력을 잃게 된 것이다.

이러한 쇠퇴의 경향은 여러 가지 방법으로 살펴볼 수 있다. 일례로 블랑키의 계절회가 처음 좌절한 후에 보다 정상적인 명칭(혁명요원, 단장, 회원)으로 재조직되었던 것은 의미심장하다. 후기 블랑키스트나 러시아 나로드니크(Narodnik) 대부분이 수행하던 의례는 비록 정치적으로 잘못되었다 할지라도 비합법적 투쟁을 하는 완고한 직업 혁명가 단체에서나 이루어질 수 있었던 것 이상의 의미는 없다. 물론 이런 애매한 문제에 대해 어떤 확언을 한다는 것은 매우 힘든 일이지만. 그러나 의례를 수행하던 조직이 실제적으로 쇠퇴했다는 분명한 증거는 매우 의미있는 것이다. 왜냐하면 그것은 마르크시즘의 기원과 관련되어 있기 때문이다.

1834년 프랑스에서 합법적 혁명 활동이 다시 좌절했을 때 '탈법자

---

4) 혁명주의와 의례적 청결 사이의 연관은 강력하게 남아 있다. 테러리스트인 수리아 센은 그의 결혼 첫날밤에 성인이 임재했기 때문에 신부와 동침하지 않았다.

동맹(League of Outlaws)' 이 발족되었다. 이 동맹은 지금까지 알려진 한 어떤 특수한 의례의 측면도 없었던 광대한 독일 이주민 조직인 독일대중결사의 붕괴 이후 탄생한 것이다(그러나 명심해야 할 것은 독일 이주민의 대부분이 꽁빠뇨나쥬의 전통에 깊이 물들어 있는 이동이 잦은 직인들이었다는 것이다). 동맹은 보통의 피라미드 구조로 조직되어 있었고 카르보나리의 영향을 받은 듯한 명칭들을 사용하고 있었다. 상위 두 계급과 하위 두 계급 사이에는 분명한 격차가 있었다. 하위의 계급에는 의례적인 입회식이 있기도 했으나, 이미 의례는 점차 그 중요성을 상실해 가고 있었다. 그리하여 파리에서 입회후보들이 눈가리개를 하고 있을 때 독일인 단체들은 그러한 관행을 집어치웠다. 인지 신호나 암호는 자연스럽게 활용되었다. 그것은 아마도 꽁빠뇨나쥬나 메이슨의 전통에서 빌려온 의례적 문답이거나, 아니면 '시민적 도덕' 과 같은 간단한 이데올로기적 단어들이었다. 맹세도 있기는 했지만 몇몇 관찰자들은 그것이 종교적 형태가 아니었기 때문에 엄숙한 선언 이상의 것은 아니지 않았는가 의심하고 있다.

이 탈법자들은 결국 '정의동맹(League of the Just)' 을 탄생시켰다. 이어 이 동맹은 마르크스와 엥겔스의 지도 아래 저 유명한 공산당선언(Manifasto)이 쓰여진 '공산주의자 동맹(League of the Communists)' 으로 변신했다. 공산주의자는 더 이상 구래의 비밀결사가 아니었다. 비밀결사를 특히 싫어하며 그 어떤 것에의 가입도 거부했던 마르크스는 동맹의 회칙에서 모든 미신적 권위주의를 제거할 것을 날카롭게 요구하였다. 민주적이면서 중앙집권적인 이 새로운 단체는 모든 간부를 선출했고 경우에 따라서는 해임할 수도 있었다. 그 실제적인 목적으로 보아 이 동맹은 완전히 근대적인 혁명조직이었다. 이리하여 여기서 탈법자들의 유사 카르보나리주의자가 조직적으로 완벽한 합리주의로 이행한 사례를 보게 된다. 이행의 전 과정은 1834년에서 1846년 사이에 완료되었다.

고도의 의례를 수행했던 비밀결사들은 왜 몰락하고 말았는가? 가장 단순하게 설명하자면 그들은 의례가 불필요하고, 심지어는 활동에 방해가 된다는 것을 발견했기 때문이다. 의례는 성원의 밀접한 유대 및 비밀 유지라는 두 가지의 실제적 기능을 지녔으나, 이제는 그 기능의 필요성이 사라져버린 것이다. 셰익스피어의 브루투스는 오래 전에 이야기했다.

> 아니 맹세는 필요 없네 : 사람들이 우수어린 얼굴,
> 우리 정신의 고통, 시대의 폐풍 —
> 만약 이것으로도 동기가 부족하다면 늦기 전에 그만 두세
> 그리고 모두 이제부터 집에 돌아가 늘어지게 잠이나 자세……
> 우리의 대의명분이 아니라면 우리를 열정에 들뜨게 할 자극이 다 무슨 소용 있겠는가?

강력하고 헌신적인 사람은 어떤 경우에도 비밀을 지킨다. 그러나 연약한 사람은 아무리 맹세를 많이 해도 배반하기 마련이다. 사람들을 결속시키는 것은 맹세가 아니라 대의명분이다. 조심스럽게 말하자면 맹세란 많은 고전적 비밀결사에 있어서도 엄숙한 선언 정도로 변화했던 것 같다. 그리고 때때로 보아왔던 의례적인 금기 파괴의 요소도 사라졌다. 실제적인 의례는 비밀 유지에 유용하다. 그러나 음모 단체에서 보여지는 것과 같은 보안 규약에 힘을 주는 것은 '상식' 일 뿐이다. 의례를 통해 규약을 배우는 것은 실제로 규약의 효율적 활용에 방해가 될 수도 있는 것이다. 따라서 1900년대 초기에 인도의 테러주의자들이 러시아에서 빌려온 지하 활동 수칙은 매우 실제적이고 검소했으며, 바와니 만디르(Bhawani Mandir) 같은 출판물에서 엿보이던 종교적 이념은 곧 퇴색하고 맹세와 서약만이 잔존해 있었다. 이러한 사실은 그다지 놀라운 일이 못된다.

그럼에도 불구하고 의례의 쇠퇴에 관한 지금까지의 순수하게 기능적인 설명만으로는 모든 것이 다 해명되지 않는다. 다른 설명이 더 제시되어야 할 것이다.

드 라 오데 씨의 말을 빌자면 고전적인 의례 수행 비밀결사는 거의 직업 없는 지식인과 여타 무능한 중상류 계급의 인물들로 구성되어 있었다. 또 비밀결사는 또 다른 낙오 집단, 즉 군하사관들 — 환상적 의상과 의식을 매우 좋아하는 — 에게 크게 인기가 있었다. 이런 사람들이 추종하던 혁명이란 어느 정도 그 혁명의 덕을 볼 사람들에게 외부로부터 부과되는 인위적인 것이었다. 그와 같은 대중은 다음에 어떤 역할을 해야 할 지 계획하지 않았다.[5] 그러나 그들은 동료 시민 대중이 아직 그렇지 못할 때에 이미 민족주의자였다. 도시 카르보나리와 마찌니주의자들이 이탈리아 농민 대중과 고립되어 있었던 것은 유명한 일이다. 또한 그들은 잠재적 혁명 대중이 전통 종교에 구속받고 있을 때에 이미 합리주의자였다(물론 조직 상에 있어서가 아니라 이념적으로). 신중한 보수주의자나 휘그당원 대부분 사이에 자유 사상이 널리 퍼져 있었다는 것은 차라리 역설적이다. 인식 자체가 모호하기는 하였지만 인간의 압제로부터의 해방은 어떤 특수 계급이나 단체의 이해에 따라 이루어진 것은 아니다. 그러한 운동이 어떤 계급 등을 대표한다고 간주한다고 하더라도 그것은 그들이 의식적으로 그렇게 했기 때문은 아니다.

---

5) 이러한 견해는 당연히 여러 조건에 따라 가변성이 있다. 특히 여러 비밀결사의 지부들은 서로 다른 정책을 갖고 있었으며 그 결과도 상이했다. 남부 이탈리아의 결사들을 생각하게 되면 전문가들의 머리에는 이러한 일반화에 대한 예외들이 많이 떠오를 것이다. 그러나 그것의 일반적 효용은 의심의 여지가 없다. 그러한 비밀결사들의 혁명적 전망은 본질적으로 고전적 혁명당의 선언문에 다름 아니다. 사실 이베리아 반도에서는 전통적인 군부 쿠데타는 주로 하사관들의 비밀결사에 지반을 두고 있으며, 여전히 이러한 유형을 반영하고 있다.

고전적 비밀결사의 전략 전술은 스스로 선출한 엘리트 집단의 그것이다. 그것은 불활성(不活性)이지만 고마움을 아는 대중에게 혁명을 유도하거나, 혹은 더블린의 부활절 봉기에서처럼 스스로의 모범과 고립된 주도권에 의해 수동적 대중을 활성화시키는 것이었다. 따라서 고립 속에서 활약하는 사람들에게 의례는 그들의 정서적 동일성과 응집력을 상징한다는 점에서 편리할 뿐만 아니라 없어서는 안 될 것이었다. 하나의 단체는 여타 대중과 실질적으로든 가상적으로든 분리될수록 스스로 그러한 관습을 창조하는 것으로 보인다.

그러나 1830년대의 가장 중요한 진전은 — 최소한 혁명운동의 한 영역에서일지라도 — 중간 계급의 몰락과 노동계급 운동가들이 발생, 그리고 프롤레타리아 혁명 이론의 발생이었다. 블랑키스트들은 이 점을 잘 보여준다. 드 라 오데가 1834년에 기록한 것에 의하면 그들의 입회식에서의 문답은 매우 분명한 것이었다.

정부란 무엇인가? — 정부란 착취자, 귀족, 은행가, 독점 자본가, 거대 재산가 등 소수에 불과한 모든 인간 착취자들의 이익을 위해 행동하는 반역자들로 구성되어 있다.

인민이란 무엇인가? — 그것은 운명적으로 노예 계급일 수밖에 없는 노동시민 전체이다.

부유한 자들의 정부 아래서 프롤레타리아의 신세는 무엇인가? — 농노나 노예의 신세.

사회혁명이 필요한가 아니면 단지 정치적 혁명이 필요한가? — 사회 혁명.

그리고 얼마 후 결사의 구성은 변화했다. '부르죠아의 최하층에서 행해지고 있는 인원 구성은 대중의 최하층 구성 부분과 대응되는 것이었다.' [6] 정의동맹 역시 탈법자(독일인 장인이나 직인을 그렇게 묘사할 수 있다면)에서 노동계급이 분리된 것이었다. 재봉사, 인쇄공, 제화공이 그 동맹을 지배했다.

일반적으로 교육을 못 받고 정치적으로 성숙되지 않은 사람일수록 비밀 서약이나 의식의 조잡한 측면에 끌리는 경향이 있음에 비추어 볼 때 그러한 성원 구성의 변화가 의례의 수행을 강화시키는 것이 아닌가 하는 주장이 있음직하다. 사실 — 최소한 블랑키스트의 조직에서라도 — 입회식 문답은 중간계급의 가족들의 결사가 프롤레타리아 중심의 계절회로 바뀌면서 더욱 날카롭고 선명해졌다. 그러나 살펴본 것처럼 문답이란 완전히 합리적인 정치 문서일 뿐이다. 비밀 조직의 양상에 있어 그와 같이 약간의 예외가 있다 하더라도 조직구성의 프롤레타리아화가 의례의 쇠퇴를 촉진시켰다는 사실에는 변화가 없다. 프롤레타리아는 더 이상 의례를 그렇게 많이 필요로 하지 않았던 것이다. 프롤레타리아 혁명가들에게는(혹은 자신을 프롤레타리아와 동일시하려는 지식인) 낭만적인 방식이 필요 없었던 것이다. 그는 혁명적 정의에 따라 역사와 프롤레타리아의 흐름 속에서 그리고 그와 더불어 유영하고 있었다. 노동자라면 그와 다른 노동자들이 — 계급의식이 있는 — 사회 상황에 대응하는 분명한 전략이라고 느낀 것을 보다 효과적인 방법으로 수행할 뿐이다. 운동에 속하지 않거나 그에 동조하

---

6) 드 라 오데의 『La Naissance de la Republique en Fevrire 1848』(Bruxelles, 1850)에는 1839년 후 계절회의 혁명 요원으로 캐비닛제조공, 도금사, 구리제조공과 자신 즉 언론인(이미 살펴본 대로 경찰 스파이지만)의 4가지 직업이 소개되어 있다. 1848년 2월의 임시정부에 참여한 노동자 알베르(Albert)는 계절회의 변신인 신계절회를 거쳐 정부에 들어왔다. 공산주의 혁명결사의 주요한 전사로는 이발사, 재단사, 기술자, 그리고 석공 등이 있었다. 비국교도결사의 지도자 중에는 두 명의 재단사, 전직 군인, 밀짚모자 제조업자뿐만 아니라 포도상과 의사도 있었다. 블랑키주의가 지식인 특히 학생에게 크게 영향을 미쳤다고 해도 블랑키주의가 1820년대 비밀결사보다 더 하층민에 친숙했다는 점을 잊어서는 안 된다.

지 않으면서 계급의식 있는 노동자란 불가능할 것이기에. 지식인이라면 개인적으로는 계급이 낮아질지라도 노동자들에 동조하면서 자신이 자연스러운 집단의 일부임을 느끼게 된다. 엘리트 집단은 이제 자기 충족적인 전투 단위일 수 없으며, 레닌의 표현을 빌자면 거대한 군대의 전위가 된 것이다. 전위는 의도적으로 창조되어야 할지 모르지만, 군대는 이미 거기 있었다. 역사는 그 군대를 예리하게 강화해왔으며 그 승리를 보장한다. 마르크스가 비밀결사에 반대했던 것은 마치니 같은 사람들처럼 설익은 아마추어적 정치 행위를 하는 것에 대해 자연스럽고 납득할 만한 혐오감을 갖고 있었기 때문만은 아니다. 그는 그가 추진하는 운동에 대해 수많은 대중들이 유사 메이슨적인 음모 단체의 경우보다 훨씬 강력한 정서적 헌신을 바치기를 원하고 있었던 것이다.

현재의 지식으로 이런 가정을 더 추적하는 것은 어리석은 일일 것이다. 지난 150여년 간 전세계에 걸쳐 발생한 혁명적 비밀결사들에 관해 보다 많은 진지한 연구가 선행되어야 한다. 그런 연후에야 전체 현상에 관해 일단의 논의가 가능해질 것이다. 사회해방운동과 구별되는 민족해방운동과의 관련, 여러 지역의 전통과의 연관 및 서구 전통과의 관련, 그리고 앞에서 다루었던 원초적 운동과의 관계 등이 더 연구되어야 할 사항이다. 여기서 지금까지 말한 것들은 직접적, 간접적 과정을 통해 결국 근대의 노동운동이나 사회주의 운동으로 흡수된 비밀결사에 대해서도 적용될 수 있다. 그러나 다른 단체나 유사한 단체에도 반드시 그렇게 적용할 수 있다는 말은 아니다.

그들이 근대적 운동으로 흡수된 과정은 아주 쉽게 증명될 수 있다. 비밀결사의 성원이었던 많은 개개인들은 진지한 혁명가였던 한 의례가 없는 운동으로 자리를 옮겼으며, 그 속에서 지도적인 위치를 차지했다. 그것은 정의동맹의 원래 성원들의 운명을 살펴보거나 아니면 여러 기록이 남아 있는 블랑키스트 단체들을 추적해보면 쉽게 알 수 있다. 그들이 개척했던 음모단 형태의 조직들은 의례의 껍질을 벗어던진 채, 적극적인 헌신과 위험한 비합법적 행위가 요구되는 상황에서는 언제나 훌륭한 역할을 해내었다. 마르크스주의자들은 의례를 싫어하여 신중하고 극단적인 구체성과 심지어 스파이 활동에서조차 검소한 행동방식의 분위기를 이루기 위해 많은 노력을 기울였다. 그들의 일반적 명칭에서도 보여지듯이 참가자들은 극단적인 긴장의 보상으로 종종의 낭만주의에 빠지는 경향이 있기도 하다. 그러나 레닌의 볼셰비키는 부오나로티주의자나 나로드니크 전통의 작업 경험과 방법론에서 많은 것을 원용하고 있음에 틀림없다.

비밀결사의 특성에 맞는 활동 영역이 제공되는 제한된 상황을 제외하면 정치는 더 이상 음모에 의해 이루어지지 않게 되었다. 따라서 이전의 비밀결사가 퇴락하는 것은 당연했다. 사실 비밀결사의 문제들은 거의 다 시간이 해결해주었다. 비밀결사는 '원초적' 이었다. 그들은 혁명조직 초기의 미숙한 형태를 대표하고 있으며 분명한 정치적 전략, 전술, 전망의 결핍을 여러 가지 방도로 보상해야만 했다. 이 단계를 넘어 혁명운동이 더 진전됨에 따라 비밀결사는 불필요하게 되었고, 때로는 코뮌 이후의 블랑키스트처럼 목적 수행을 위해 의회 내의 활동 속에서 소멸되어 버렸다. 그러나 그들은 원초적 속성은 대개 우연한 것이었다. 즉 고립된 엘리트적 활동의 특수한 형태와 이데올로기와 조직적 수단의 역사적으로 주어진 특수한 공급 형태가 결합된 것이다. 본서에서 논의된 여타 원초적 운동과 달리 비밀결사의 역사는 근대적 사회운동의 전사(前史)에 속한다기보다는, 초기 단계이기는 하지만 그 역사에 속한다.

부록 : 민중의 목소리

(1) **비적 파스칼레 탄테두**(Pasquale Tanteddu)**의 편지**(사르디니아, 1954)
(2) **빈자를 돕는 의적 바르다렐리**(Vardarelli) (아풀리아, 1817)
(3) **부르봉 비적에 대한 심문**(남부 이탈리아, 1860년대 초엽)
(4) **한 농촌 여성이 꿈꾸는 선한 사회**(피아나 데이 그레시, 1893)
(5) **도시에 오염되지 않은 농민 자치 지역**(우크라이나, 1918)
(6) **짜르의 뜻**(우크라이나, 1902, 1905)
(7) **제화공 지오반니 로페즈와의 대화**(칼라브리아, 1955)

여기 수록된 자료는 본문의 모든 측면을 조명하기 위한 것이 아니라, 본서에서 논의된 원초적 반항을 실감 있게 느끼고 생각해보려는 독자들에게 도움을 주기 위한 것이다. 나는 그러한 사례 문서를 찾으려고 어떤 조직적인 시도도 하지 않았다. 단지 주제에 관한 혹은 주제와 관련된 일상적인 독서의 과정에서 훑어보았던 손쉬운 자료들을 수록했을 뿐이다. 단 한 가지 자료는 한 시간 동안 대화를 나누면서 적어 놓은 인터뷰 기록이다.

이 자료들은 운동의 상황을 파악하는 데 유용할 것이며, 본문의 주장과 관련하여 독자 스스로 그 가치를 판단해보는 것이 좋을 것이다. 자료들은 본문의 주장을 여러 가지 측면에서 예증해주고 있다. 자료 (1), (4), (5)~(7)은 더 정밀한 연구의 가치가 있을 것이다. 자료 (1)은 로빈훗 유형의 행동, 그리고 빈자의 복수를 해주는 개별적 투사의 자기 중심주의와 화려함을 보여주고 있다. 자료 (3)은 '교회와 왕' 에 대한 믿음과 그 주술성을 보여주고 있다. 자료 (4)는 여러 가지 측면에서 가장 귀중한 자료인데, 농민 혁명가의 이상을 명백하게 보여주고 있다. 자료 (5)는 그 이상이 어떻게 응용되었는가를 서술하고 있다. 자료 (6)에서는 정의로운 왕에 대한 믿음과 오랫동안 기다려온 자유 보장의 '새로운 법' 혹은 '황금 편지의 선언' 에 대한 천년왕국주의자들의 소망을 읽을 수 있다. 그로써 원초적 혁명가들의 파괴성이 설명될 수 있을 것이다. 자료 (7)에서는 성서에 대한 사회적 해석, 반성직자주의, 평등에 대한 진지한 감정, 그리고 형제애와 같은 깊은 신앙심의 특수한 결합을 볼 수 있다.

[1] 비적 파스칼레 탄테두의 편지

■출전 — F. Cagnetta, 「Inchiesta su Orgosolo」in 『Nuovi Argomenti』(Sept.~Oct., 1954), pp. 209~211. 파스칼레 탄테두는 1926년 오르고솔로에서 태어났다. 그는 1949년 이후 탈법자가 되었다. 그는 1953년에 빌라그란데와 '사 베룰라' 의 살인죄로 카글리아리의 아시제 법원에서 결석 재판을 받았다. 그는 경관 6명 살해, 경관 9명에 대한 살인 미수, 2건의 절도, 범죄 단체의 조직 등으로 고소되었다. 그는 경찰 첩보원으로 알려진 니콜로와 타라스에 대한 살인혐의에 대해서는 일시적으로 무죄 선고를 받은 적이 있는데, 1954년에 구금에 대한 보상금으로 5백만 리라를 받았다. 이 편지는 1954년 8월 8일 로마에 도착했다. 여러 촌락에서 많은 사회학적 현장 답사를 해온 카그네타 박사는 탄테두가 오르고솔로에서 매우 인기 높은 비적이라고 말하고 있다. 그는 지울리아노와 달리 빈민들에게 해를 끼치지 않았으며, 지배자의 주구 노릇을 결코 하지 않았다고 일반적으로 알려져 있다. 편지에 나오는 마리오 스켈바는 당시 이탈리아 내무상이었으며, 후에 수상이 된 인물이다. 살바토레 지울리아노는 유명한 시칠리아의 비적이다. 영어로 번역하는 과정에서는 본래 문서의 애매함과 투

박함을 살리기 위해 노력했다. ■

친애하는 카그네타씨!

신문사가 잘못 보도한 우리의 비극적 상황에 대해 조사하기 위해 당신이 오르고솔로에 왔었다는 소식을 들었습니다. 내가 다른 사람들이 써준 이 편지를 당신에게 보내는 것은 스파이나 그와 비슷한 말썽꾼들을 피해야 하므로 당신과 개인적으로 인터뷰할 수 없기 때문입니다. 나는 내 이름조차 적을 수 없습니다. 그러나 신문에 여러 번 인쇄된 모든 것이 전부 거짓말임을 밝히기 위해 당신에게 이 편지를 띄웁니다. 나는 그렇게 우스꽝스러운 신문을 본 적이 없습니다. 그 거짓말들은 내가 무식한 범죄자라는 것으로 득을 보려는 많은 게으름뱅이들의 입에서 입으로 전해지고 있습니다. 무엇보다 당신에게 바라는 것은 내가 지금 말하고자 하는 것을 훌륭한 문장으로 정확하게 여러 사람에게 알려줬으면 하는 것입니다.

먼저 제일 첫 번째 박해부터 얘기해보겠습니다. 내가 맨 처음 형을 선고받은 것은 싸움 때문이었습니다. 그 때 나는 열여섯 살 먹은 양치기 소년이었습니다. 울타리에서 친구들과 함께 있을 때 친구 중의 한 명이 힘자랑을 하며 방 가운데서 내 다리를 질질 끌었습니다. 나는 아직도 그 까닭을 알지 못합니다. 아무튼 그때 나는 손에 우연히 칼을 들게 되었고 그를 위협하여 밖으로 나가려고 했습니다. 그가 움직였고, 칼끝은 그의 등을 찌르고 말았습니다. 나는 체포되었고 감옥에서 6개월 있은 후 카글리아리의 소년 법원에서 무죄 선고를 받았습니다.

1945년에는 말 몇 마리를 훔쳤다는 혐의로 고소되었는데, 경찰의 심한 고문을 받고 내 이름과 몇몇 친구의 이름을 대지 않을 수 없었습니다.

1947년에 누오로 법원에서 심리가 진행 중일 때 갑자기 경찰이 나를 밀었습니다. 그는 내가 너무 소란스럽다고 말했습니다. 나는 내가 얼마나 얌전하게 있는가를 역설했습니다. 그러나 경찰은 내가 말하고 있을 때 나를 덮쳤습니다. 나는 그를 밀어냈고 그는 난간에서 떨어졌습니다. 여러 명의 경찰이 내 목을 잡았고 나는 곧 지하실에 끌려갔습니다. 나는 폭행과 난동죄로 고소되었고 감옥에서 4개월 지낸 후에 14개월의 형을 선고받았습니다.

복역한 후에 나는 내게 속한 양떼들을 돌보며 지냈고, 또 큰형 피에트로와 함께 빌린 정원을 관리하며 소일했습니다. 큰형은 이전에 파르티잔이었습니다. 그는 부자들이 가난한 우리들을 얼마나 착취하고 억압하고 있는지 그 진상을 알고 있었습니다. 단지 그런 이유 때문에 지주와 우리 지방의 스파이들은 그를 마치 짐승처럼 거칠게 대했습니다. 1949년에 나와 큰형은 그런 이유 때문에 감옥으로 끌려가게 되었습니다. 우리는 우리가 죄가 없다는 것을 알기 때문에 도망치려고 하였습니다. 그러나 누구든 일단 사냥의 표적이 되기만 하면 부자들의 지원을 받은 지방 사법관들은 그들에게 뒤집어씌운 죄를 확정지으려 합니다. 그 중 가장 악독했던 자는 로도입니다. 그는 2~3년 동안 오르고솔로에서 성스런 종교재판을 담당하며 막강한 영향력을 행사했습니다. 그는 그의 멍에로부터 탈주하려는 모든 사람을 감옥에 보냈고, 전과가 있는 사람들을 감옥에 보내겠다고 위협하였으며, 그들에게 협조하도록 매수하기도 하였습니다. 그들은 수많은 범죄 음모를 꾸몄으며 결국 저 유명한 '사 베롤라'의 대학살이 일어났습니다. 그 과정에서 누오로 지방의 주요 재판관들인 로도, 리치우, 세라의 미치광이 음모를 전혀 모르던 불쌍한 경찰들만 목숨을 잃었습니다. 그리고 탄테두 형제가 다른 살인죄와 더불어 그 혐의를 뒤집어쓰고 구속되었습니다. 그 동안 로도가 나에게 열 번이나 뒤집어씌운 혐의는 법정에서 취하되었지만 이 마지막 것은 그렇지 못했습니다. 그것은 불의와 무질서에 목말라하는 지방사법관의 충실한 주구이며 사르디니아 역사에도 기록되어 있는 악명 높은 메레우 세바스티아노의 고발

탓이었습니다. 나는 중노동 형을 받았으며 세바스티아노는 시칠리아의 암살자 마리오 스켈바로부터 선도상(善導賞)을 받았습니다. 그 상은 노동자를 살해했던 친구 지울리아노를 배반, 살해한 루카스 형제가 받았던 것과 같습니다. 수많은 선량한 시민에게 죄를 뒤집어씌웠던 이 파렴치한 정보원은 한 스냅 사진을 보고 나를 식별할 수 있다고 말했습니다. 그 사진은 어렸을 때 여럿이 함께 찍은 것이었습니다. 또 그 당시 나는 지독한 열병에 시달린 뒤라 몹시 수척해져 있었기 때문에 오르고솔로의 누구도 나를 알아볼 수 없을 정도였습니다. 나는 그렇게 불확실한 증거를 재판관이 믿으려한 사실에 놀랐습니다. 그래서 나는 상급 법원에 상고하여 나의 무죄를 호소했습니다.

결국 빌라그란데와 사 베룰라의 사건에 관한 나의 무죄가 증명되었습니다. 그러나 나는 그동안 그렇게 악독하게 나에게 퍼부어진 행위에 대한 보상을 바라지도 않았습니다.

이 지방이 알려지지 않은 테러와 분쟁에 휩싸이게 된 것은 경찰들이 악랄하고 범죄적인 방법을 사용하여 추악한 행위를 하고 있기 때문입니다. 그리고 그들은 그 모든 죄를 나에게 뒤집어씌우려고 합니다.

사실 더러운 계략을 꾸미는 것 외에는 아무것도 할 줄 모르는 이 소위 경찰은 가능한 모든 수단을 동원하여 나를 추적하고 있습니다. 그들은 나를 체포할 수 없자 나의 가족들을 구금하고 있습니다. 그들은 나의 남동생과 여동생 그리고 늙고 병든 불쌍한 아버님을 체포하여 내가 스스로 포기하도록 유도하려 합니다. 나의 남동생은 지금까지 그 누구에게서도 비난받아 본 적이 없이 가축을 돌보고 있는 착한 청년이고, 누이는 불쌍한 어머니가 돌아가신 후 혼자 집에 있을 뿐이었습니다.

아마도 그들은 내가 그런 일을 당하면 곧 순한 양이 되어 자수하리라 기대했던 모양입니다. 그러나 나는 범인이 아닙니다.

내가 범인이었다면 나에 대한 가해를 보자마자 매일 최소한 열 명의 경찰이나 스켈바가 파견한 저 우스꽝스러운 패거리 몇 명을 살해했을 겁니다. 사실 우리 지방에는 경찰, 사제, 스파이가 아니라 농업 개발, 농업 기술, 트랙터가 필요합니다. 내가 범인이 아니라는 것은 이런 사실을 살펴보아도 분명합니다. 그리고 내가 죽을 운명이 아니라면 그네들이 아무리 나를 추적하더라도 결코 나를 붙잡지 못할 것입니다.

나는 이러한 탈법 생활을 싫어합니다. 그러나 나는 고된 노예선의 항해를 계속하기보다는 차라리 빨리 죽고 싶습니다. 그들이 나에게 총을 쏘면 내 머리는 무서운 통증에 시달립니다. 그때 나는 확실히 죽은 듯한 느낌을 받습니다.

나의 유일한 희망은 감옥과 경찰의 현상금, 실업, 노동자의 착취가 사라진 세상을 보는 것이며 박해받은 우리 고장이 고요한 평화와 시민적 진보의 삶을 누리는 것을 보는 것입니다.

파스칼레 탄테두 근배

2 빈자를 돕는 의적 바르다렐리

■출전 — A. Lucarelli, Il Brigantaggio Politico del Mezzogiorno■

a) 안드리아의 판사 드 마이테스가 트라니 고등법원에 보낸 보고서(1817)

말 등의 바르다렐리는 출발하면서 토지관리인을 불러 영지의 모든 노동자들에게 3~4 파운드의 빵을 나누어주라고 명령했다. 그러나 창고에는 그만한 분량의 빵이 없었기 때문에 백여 명의 노동자에게 즉시 빵을 나누어주는 것은 불가능했다. 바르다렐리는 토지관리인에게 가능한 한 빨리 그의 명령을 수행하라고 말했다. 그리고 만약 그가 다시 돌아왔을 때 빵을 받지 못한 노동자가 한 명이라도 있다면 토지관리인을 죽일 것이라고 위협했다. 그는 다른 곳에서 이미 2명의 토지 관리인을 죽였다.

b) 아텔라 시장에게 보낸 경고장

나 바르다렐리는 당신에게 명령한다. 아텔라의 모든 지주들을 불러 모아서 가난한 사람들이 이삭을 주울 수 있도록 허용하라고 알리도록 하라. 만약 그렇지 을 경우 그들의 등에 따뜻한 피가 흐를 것이다. 나는 말한 것을 실천하는 사람이다.

말 등의 벼락 군대 사령관 바르다렐리

c) 호지아 시장에게

시장 나으리, 당신은 친절하게도 가난한 사람들이 이삭을 주울 수 있도록 가축에게 이삭을 먹이는 일을 중단하라는 나의 명령을 모든 지주에게 전달했소. 만약 그들이 나의 명령을 못들은 척한다면 나는 그들이 가진 모든 것을 불태워버릴 것이오. 당신이 그만큼 수고한 것에 정중하게 감사드리오. 그러나 다짐해두건대, 나앓의 명령이 제대로 수행되지 않는다면 나는 당신에게 책임을 물을 것이오.

1817년 6월 30일, 바르다렐리

[3] 한 부르봉 비적에 대한 심문

■출전 — Maffei, Brigand Life in Italy, Ⅱ, 173~176.■

판사 : 너와 너의 동료들은 이 재판을 받으면서 왜 죄를 인정하지 않는가? 너희들은 전체 대중의 증오를 받고 있으며, 수시로 생명의 위협을 받지 않았는가? 스투르노 마을 주민들은 주변 비적 숫자에 대한 과장된 보고로 공포에 싸여 있었지만 빅토르 엠마뉴엘의 군이 투

입되자 그의 이름과 통일 이탈리아의 이름으로 축복받으면서 순식간에 두 명의 불한당을 제거했다는 것을 너는 알고 있지 않는가?

비적 : 우리는 신앙을 위해 싸우고 있었소.

판사 : 신앙이란 무엇을 의미하는가?

비적 : 우리 종교에 대한 성스러운 신앙.

판사 : 그렇지만 너와 너의 동료들이 저질렀고 또 보통 비적질의 특징이랄 수 있는 강도, 방화, 살인, 잔혹행위, 그리고 온갖 종류의 불경스럽고 야만적인 행위는 우리 종교가 비난하고 있는 것임을 잘 알 텐데.

비적 : 우리는 신앙을 위해 싸웠소. 교황도 우리를 축복했소. 로마에서 온 문서를 잃어버리지만 않았다면 우리가 신앙을 위해 싸웠다는 것을 당신도 믿게 되었을 것이오.

판사 : 문서는 어떤 종류의 것이었는가?

비적 : 그것은 로마에서 온 인쇄된 문서였소.

판사 : 그 내용은?

비적 : 거기에는 '교황과 프란시스 2세를 위해 싸우는 것은 죄가 되지 않는다'고 적혀 있었소.

판사 : 그 외 기억나는 다른 내용은 없는가?

비적 : 거기에는 또 진짜 비적은 프란시스 2세의 왕국에서 이탈한 피예드몽 사람이라고 적혀 있었소. 그들은 파문당했고 우리들은 교황의 축복을 받았소.

판사 : 그 문서는 누구의 이름으로 쓰여졌는가? 또 서명자는 누군가?

비적 : 문서는 프란시스 2세의 이름으로 된 위임장이었소. 서명자는 어떤 장군이었소. 그는 이름 말고 다른 호칭을 갖고 있었는데 기억이 나지 않소. 또 문서에는 인장이 찍힌 리본 한 개가 달려 있었소.

판사 : 그 리본과 인장은 어떤 색이었는가? 또 인장에는 무엇이 새

겨져 있었는가?

비적 : 리본은 린네르처럼 하얀 색이었소. 인장에다 프란시스 2세라고 인각되어 있었고 또 로마에 관해 언급한 글자가 있었는데, 역시 하얀 색이었소.

판사 : 교황이 그러한 불의를 축복했으리라고는 상상조차 할 수 없다. 또 설령 프란시스 2세가 인도에 어긋나는 수단으로 그의 권위를 회복하려 했을지라도 그러한 살인, 강탈, 방화 등을 명령하여 그의 위엄을 실추시켰으리라고는 생각되지 않는다. 따라서 너의 주장은 잘못된 것임에 틀림없다.

비적 : 당신이 데리고 온 저격대에 내가 총맞았을 때 나는 내가 교황에게서 온 그 문서를 갖고 있다고 말했소. 그 문서에 쓰여져 있는 모든 것은 내가 말한 것과 전혀 틀리지 않소. 만약 내 친구가 나처럼 체포된다면 그때 당신은 내가 거짓말하고 있지 않다는 것을 믿게 될 것이오.

판사 : 네가 가슴에 프란시스 2세의 왕관 조각을 목걸이처럼 걸고 다니는 것은 이상스런 일이 아니다. 그것은 네가 살인하고 말썽을 일으키고 도둑질을 할 때 그것이 모두 그를 위해 투쟁하고 있는 것이라고 믿었기 때문이다. 그러나 네가 그렇게 사악한 일을 저지를 때 저 더러운 모습의 카르미네 성모 마리아상을 네 가슴에 달아 성모 마리아를, 불경스런 말이 아니라면, 네 죄의 공범자로 그리고 목격자로 삼았다는 것은 정녕 경악할 만한 일이다. 그로 보아 나는 너의 종교가 악마 자신의 종교 — 악마들이 종교를 갖고 있다면 — 보다 더욱 불경스러운 것이라고 믿을 수밖에 없다. 그것은 하느님께 대한 가장 불경한 지옥의 조소가 아닌가?

비적 : 나와 나의 동료들은 성모를 우리들의 수호자로 여겼소. 만약 내가 그 축복의 위임장을 지니고 있었다면 결국 배반당하지 않았을 것이오.

처형 시간이 됐다는 말을 듣고 그 비적은 '나는 나의 모든 고백을 확신한다. 나의 고백을 들은 자는 나를 인정할 것이다' 라고 말했다고 한다.

4 선한 사회

■출전 — Adolfo Rossi, Lagitazione in Sicilia (Milan, 1894), 69ff. 여기서 말하고 있는 사람은 피아나 데이 그레시 출신의 농촌 여성이다. 1893년 농민 봉기 때 북부의 한 기자가 이 여성과 한 인터뷰 기록. ■

『우리는 우리가 일할 때 다른 모든 사람도 일하는 것을 바란다. 그렇게 되면 더 이상 부유한 자도 가난한 자도 없어질 것이다. 모든 사람은 자신과 자녀가 먹을 만큼의 빵을 가져야 한다. 우리 모두는 평등해야 한다. 나는 다섯 명의 아이를 두고 있는데, 방은 조그마한 것 하나 밖에 없다. 우리는 거기서 먹고 자고 그 밖의 모든 것을 다 해야만 한다. 반면에 많은 영주들은 열 개 내지 열두 개의 방이 있는 훌륭한 성을 갖고 있다.』

— 그러면 당신의 땅과 집도 나누기를 원합니까?

『아니오. 모든 것을 공동 소유로 하고 생산한 것을 정당하게 분배하면 그것으로 충분한 것이오.』

— 당신이 이러한 집산주의를 택하더라도 교활한 사기꾼들은 제 역할을 다하지 않을지도 모릅니다. 당신은 그것이 두렵지 않습니까?

『아니오. 우리에게는 형제애가 있소. 만약 누군가가 형제답게 행동하지 않는다면 그는 처벌받을 것이오.』

— 당신은 사제를 신뢰합니까?

『예수는 진실한 사회주의자이며, 바로 농민연합이 요구하고 있는 것이 이루어지기를 원했소. 그러나 사제들은 예수의 뜻을 제대로 대변하지 못하고 있소. 특히 고리대금업을 하는 사제는 더욱 그렇소. 농민연합이 설립되었을 때 사제들은 그에 반대했소. 그리고 그들은 고백실에서 사회주의자들을 파문시켰다고 말했소. 그러나 우리들은 그들이 잘못하고 있다고 말했으며, 6월에는 그들이 농민연합에 걸어온 시비에 대해 항의했소. 우리는 누구도 성체배수 행진에 참가하지 않았소. 그것은 실로 처음 발생한 일이었소.』

— 당신은 유죄판결을 받은 사람들을 농민연합에 포함시킬 것입니까?

『그렇소. 그러나 그들은 수천 명 중 서너 명에 불과하오. 우리는 그들을 받아들여 더 나은 사람으로 만들 것이오. 그들은 단지 가난하기 때문에 약간의 곡식을 훔쳤을 뿐이오. 우리 의장은 '농민연합의 목적은 모든 사람이 더 이상 죄를 범하지 않는 조건을 조성하는 것이다' 라고 말씀하셨소. 우리들 중의 몇몇 전과자들은 그들이 여전히 사람들 속에 함께일 수 있음을 느끼고 그들의 죄에도 불구하고 형제로서 받아들인 우리에게 감사할 것이오. 그들은 이제 다시는 죄를 짓지 않기 위해 노력할 것이오. 사회는 농민연합이 그들을 받아들인 것에 고마워해야 할 것이오. 우리는 예수와 같이 자비롭게 행동할 것이오.』

5 도시에 오염되지 않은 농민 자치 지역

■출전 — Nestor Makhno, La R volution Russe en Ukraine, Mars 1917~Avril 1918 (Paris 1927), 297~299. 이 자치 지역은 아조프해 북쪽 드네프르강과 돈강 사이의 남부 우크라이나에 있는 네스토르 마크노의 수도 굴라이 — 폴리예에 설립된 여러 코뮌 중의 하나이다. 마크노(본 발췌문은 그의 회고록에서 취한 것이다)는 전쟁 지도자로서의 놀라운 재능을 지닌 한 촌락 무정부주의자다. 그의 농민군은 볼셰비키나 백군 어디에

도 속하지 않은 채(전자와 협력하여 후자를 공격하기는 했지만) 우크라이나 내전에서 중요한 역할을 하였다. 마크노는 아주 정확하게 농민 무정부주의의 특성을 보여준다. 그의 흥미진진한 회고록은 1권 외에는 모두 러시아어로 되어 있다. 마크노 무리의 역사는 애석하게도 그것을 이상화하고 화려하게 장식하려는 옹호자나 그를 나쁘게 평하는 반대자에 의해서만 쓰여졌다. 그에 대한 탁월한 설명은 여전히 1922년 초판의 P. Arscinov의 저서인데, 러시아어·독일어·프랑스어로 구해볼 수 있다. 최근에 이탈리아어로 번역되었다. 책명은 『Storia del Movimento Makhnovista 1918~1921』(Napoli, 1954). ■

어떤 자치 지역이든 무정부주의자인 농민이 몇명 있었으나, 대부분은 무정부주의자가 아니었다. 그러나 그들은 공공 생활에서 무정부주의적 유대로써 일을 했다. 이는 도시의 오염된 정치에 영향을 받지 않고 자연스런 단순함을 유지한 노동자(toiler)들이 아니라면 불가능한 일이었다. 왜냐하면 도시는 스스로 무정부주의자임을 자처하는 동지들 속의 많은 사람 역시 벗어날 수 없는 거짓과 배반의 달콤함에 빠져 있기 때문이다.

자치 지역은 농민·노동자의 10가구로 이루어져 있고 인구는 모두 100~200명 혹은 300명 정도이다. 농촌자치지역협의회의 결정에 따라 각 자치 지역은 그 성원이 경작할 수 있을 만큼 소정의 토지를 분배받는다. 토지는 자치 지역에서 금방 도착할 수 있는 곳에 위치했는데, 이전에 귀족이나 대지주(pomeshchiki)의 소유였던 땅이다. 또 이들은 이 옛날의 영지에서 가축과 농기구도 접수했다.

자치 지역의 자유 노동자들은 자유롭고 흥겨운 노래를 부르며 일하기 시작했다. 그 노래들은 혁명 정신과 그 혁명을 위해 목숨 바친 혹은 불의를 물리치고 승리의 횃불을 높이 들 수 있게끔 위대한 정의의 이상을 위해 투쟁한 노동자들의 정신을 반영하고 있다. 그들은 씨 뿌리고 정원을 가꾸었으나 예전과 달리 결코 노동하지 않던 자들로부터 이제 막 빼앗은 토지를 옛날 지주들에게 결코 돌려줄 수 없다는 확고한 신념과 결의에 가득 차 있었다.

자치 촌락에 인접해 있는 소 촌락의 주민들은 아직 부분적으로 정치의식이 부족하였고 부농(kulaks)에의 예속에서 완전히 해방되지 못했다. 그래서 그들은 자치주의자들에게 반감을 품었고, 심지어는 자치주의자들이 귀족이나 지주에게서 빼앗은 모든 것을 되돌려 주자고 하기조차 했다. 그들은 이것을 자신들도 나누어갖기를 원했다. 그들은 '자유로운 자치주의자들은 후에 원한다면 언제든지 우리에게서 되살 수 있다' 고 말했다. 그러나 이 경향은 전 부락회의(skhod)에서 절대 다수의 노동자들이 결정한 일이다. 그들은 농촌 자치 촌락에서 새로운 사회생활의 행복한 싹을 보았던 것이다. 혁명의 승리와 창조의 행진이 절정에 달하면서 전국에 혹은 최소한 우리 지역의 소촌락에서라도 유사한 사회의 조직을 고무·진작시키는 작업이 계속되었다.

6 짜르의 뜻

1) 폴타바 1902년

■1905년에 발생한 폴타바 구베르니야의 농민 소요에 대한 회고록 『Istoricheski Vyestnik』(April 1908). R. Labry의 『Autour du Monjik』(Paris, 1923)에서 전재.■

우리 마을 전체가 C의 재산에 대한 약탈에 참가했다. 그것은 순식간에 이루어졌으며 정오가 되어서 불이 났다. 농민들은 즐거움으로 충만되어 노래 부르면서 집으로 돌아갔다. 그 때 우리는 식탁에 앉아 있었다. 그러나 우리는 세시 쯤 약탈당하리라는 소식을 접하고는 수프 한 숟갈 들 수도 없었다. 토지 관리인이 농민들의 당도를 알리고 운명의 순간이 다가왔다.

"너희들은 왜 왔느냐?" 고 나는 물었다.

"옥수수를 요구하러. 우리에게 옥수수를 주시오!" 여러 명이 동시에 외쳤다.

"그렇다면 너희들은 약탈하러 온 것이냐?"

"당신이 그리 생각한다면 약탈이겠지요." 지금까지 말이 없던 한 젊은 청년이 말했다.

나는 오랫동안 내가 그들을 어떻게 다루어왔는가를 환기시키고 싶었다.

"그러나, 우리가 그렇게 할 수 있겠소?"

여러 목소리가 일제히 대답했다.

"이것은 우리의 이름이 아니라 짜르의 이름으로 이루어지는 것이오."

"그것은 짜르의 명령이오." 군중 속에서 한 사람이 말했다.

"한 장군이 짜르의 명령을 여러 지역에 전했소." 다른 사람이 말을 이었다.

나는 소요가 시작될 때 농민들 사이에 끈질긴 소문이 돌고 있음을 알았다. 그 소문은 짜르의 투사인 한 장군이 황금의 편지에 쓰여진 한 성명을 대중에게 공포하기 위해 페테르스부르그에서 출발했다는 것이었다. 또 그 부하들이 소위 칙령을 대중에게 발표하기 위하여 촌락을 돌아다니고 있다는 이야기도 있었다. 농민들은 그의 이해와 맞아떨어지는 소문은 무조건 믿으려는 경향이 있었다. 그리하여 소위 장군에 대한 이 소문은 농민들에게 받아들여졌다. 그 장군을 봤다는 사람은 이웃 중의 누구도 없었다. 단지 이러저러한 사람들이 그를 봤다고 했다. 그러나 그러한 막연한 소문만으로도 모든 사람이 그 의심스러운 인물들의 의심스런 임무가 사실임을 믿기에 충분했다.

"아무튼, 당신이 당신의 농민들에게 무엇인가 나누어주지 않는다면, 낯선 사람들이 그것을 대신하게 될 것이오. 그네들은 당신이 약탈당하고 있다는 것을 안다면 찾아오지 않을 것이오. 우리는 결코 당신을 해칠 생각이 없소만, 다른 사람들이라면, 그들이 무슨 행동을 할지 누가 알 수 있겠소?" 내 이웃의 말이다.

2) 체르니고프, 1905

폭력이 절정에 이르고 이윽고 운동이 끝난 후 농민들이 관리를 대하는 태도는 완전히 바뀌어 있었다. 농민들은 어디서든 특히 그 임무상 각 지역을 순회해야 하는 행정관이나 법관의 대리인의 면전에서 자기 주장을 당당하게 표명하였다. 경찰은 몇몇 희귀한 예외를 제외하면 약탈의 순간 결코 마을에 모습을 드러내지 않았다. 농민들과 사법 관계 공무원 사이의 우호적 관계는 고로드나주 fp츠키 마을의 사건에서 극명하게 나타난다. 그 마을에서는 지주 엔코의 농장에 대한 약탈과 유태인 대량 학살이 동시에 발생하였다. 농장의 약탈 중에 폭도들은 엔코 소유의 여러 집 중 한 집에서 살고 있는 지방 사법관의 거처에도 접근했으나 전혀 건드리지 않고 내버려두었다. 군중 속에서 여러 사람이 외쳤다. '판사는 우리와 처지가 비슷하다. 그는 단지 한 조각의 빵을 위해 일한다.' 그의 거처는 전혀 약탈당하지 않았다.

이 공격에 참가한 수많은 사람들은 그들의 행동이 최소한 범죄가 아니라고 주장했다. 그들의 말대로 그것은 그들의 당연한 권리였다. 그들은 그들의 행동으로 지주의 토지를 그들의 소유로 하고 있다고 믿었다. 그것은 그들이 부여받은 권리의 자연스런 결과였다. 이로써 그들이 지주의 사유지에서 오렌지 밭과 꽃밭, 그리그 그림과 가구를 격렬하게 파괴한 이유가 설명된다. 그것들은 농민에게 아무런 소용이 없는 것이다. 한마디로 삶의 필수품이 아니라 안락과 사치의 상징으로 여겨진 모든 것이 파괴되었다. 반면 그들은 가축을 살육하지 않았으며, 옥수수 밭을 파괴하지 않으려고 주의를 기울였다.

많은 농민들은 황제의 선언이 그들에게 지주, 유대인의 재화를 약탈할 수 있는 권한을 주었다고 믿었다. 이러한 환상은 고르드나주의 쿠시에이 마을에서의 아주 충격적인 행동에서 명확하게 나타난다. 10월 26일과 27일 몇몇 농민들은 유대인을 학살하고 얻은 약간의 전리품을 갖고 도브리안카 마을에서 쿠시에이 마을로 들어왔다. 이 사건 이후 마을의 모든 사람은 그들이 원하는 곳에서 원하는 것을 얻을 수 있게 해준 새로운 법에 대해 확신을 갖고 이야기하고 있었다. 이 새로운 법의 존재는 큰 확신으로 주장되었고, 체르니고프의 교외에서 작업하고 돌아온 두 농부에 의해 확인되었다. 그들은 키에프 구베르니야와 다른 주에서 일어난 지주、유대인에 대한 학살이 이 법에 조금도 어긋나지 않는다고 말했다.

당국의 명령에 대항한 약탈자들의 태도는 예비심문과 실제 재판에서 밝혀진 다음과 같은 사례로 증명된다. 레프키의 학살 후 경찰은 즉각 70명의 농부를 참가 혐의로 체포하여 체르니고프 감옥에 수감했다. 단 두 명의 비무장 지역 호송원이 죄수들을 약 33km 정도되는 레프키에서 체르니고프로 호송하도록 파견되었다. 그러나 그들은 같은 지역의 농민이었고 더군다나 학살에 직접 가담했던 인물들이었다. 로이첸스키에서 한밤중에 행렬이 멈췄을 때 2명의 죄수들이 아직 집에 볼 일이 있다고 호송원에게 말하고 그날 밤으로 fp프키에 돌아갔다. 그들은 학살에 반대했던 대가로 농민 표도르 레드키의 집을 불사르고 그것을 지도자에게 보고했다. 그리고는 호송 대열에 뒤처지지 않으려고 마차를 타고 대열을 따라잡았다. 감옥에서 모든 죄수가 이를 증언했다.

7 제화공 지오반니 로페즈와의 대화

■칼라브리아성 산 지오반니 인 피오레에 있는 로페즈씨의 상점에서 1955년 9월 홉스봄이 기록. 지오반니 로페즈는 산 지오반니 인 피오레의

제화공이며 나이는 약 50세 정도. ■

나는 1908년에 태어났다. 나는 한창 시절에 많은 직업을 두루 거쳤다. 양치기, 날품팔이, 교회지기, 머슴, 제화공 등. 그것들은 일일이 열거할 수 없을 정도다. 나의 아버지는 내가 생후 7~8개월 됐을 때 돌아가셨다. 우리는 무척 가난했다. 정말 가난했다. 나는 6살에 양치기 소년이었고, 대체적으로 말하자면, 모든 이의 종이고 노예였다. 그때 사제가 나를 거두어 교회지기를 시켰고 몇 년 동안 거기에서 머물렀다. 그들은 내게 기술을 배우는 것이 좋겠다고 말했다. 그래서 나는 받아줄 좋은 사람을 찾아서 그에게 구두 만드는 기술을 배우면서 괜찮은 임금도 받았다. 나는 내가 제 자리를 잡았다고 생각했다. 주님은 내게 말씀하셨다. '너는 네 얼굴의 땀으로써 빵을 먹을 수 있으리라. 결코 사제와 같이 하얀 손으로는 그럴 수 없노라. 그것이 제화공이 더 좋은 이유이니라.' 그러나 나는 아직 라틴어를 약간 해독할 수 있으며, 사제들과 대화할 수도 있다.

나는 군에 입대한 적이 있다. 그러나 그 뒤로는 죽 이곳 산 지오반니에 있었다. 나는 단지 어린아이였으나 지금은 결혼하여 자식이 둘이 있다. 아들은 훌륭한 가게를 갖고 있는 목수이며, 전기 모터도 갖고 있다. 딸은 요번 크리스마스에 결혼할 예정이다. 그 때가 되면 나는 마누라와만 같이 살게 될 것이다. 나의 부모는 모두 사회주의자였다. 그 당시에는 공산당이 없었다. 나는 여전히 공산당 당원증과 몇몇 사진을 갖고 있으며, 파시즘 하에서는 그것을 감추었다. 물론 나는 사회주의자이다. 주님은 말씀하셨다. '성전에서 환전상들을 쫓아내라.' 나는 사제들의 말은 좋아하지만 그들의 행동은 좋아하지 않는다. 당신이 지금 여기 구두 밑창이 가죽이라고 말하고 내가 그 구두의 상표를 보면 나는 당신이 거짓말쟁이인지 아닌지를 알아낼 수 있다. 성서는 사회주의의 이념과 일치한다. 성서에는 포도밭의 우화가 있다. 주님은 말씀하셨다. '내 당신에게와 마찬가지로 이이에게 줄 것이다.' 그것은 평등이 있어야 함을 증명한다. 비가 내리고 있다면 나는 그 비는 모두를 위해 내리는 것이라고 얘기한다. 그러나 그 비가 부유한 자이거나 관리일지도 모를 너를 위해서가 아니라 노동자나 제화공인 나를 위해 내리는 것이라면 나는 그에 반대할 것이다. 내가 나 자신에 대해 불만이 없다는 것을 명심하기 바란다. 나는 훌륭한 제화공이다. 나는 지방의 경찰이나 도로인부를 위해서도 구두를 만든다. 정부가 나에게 그 일을 시키는 것은 내가 사회주의자이기 때문이 아니라 훌륭한 제화공이기 때문이다.

우리 산 지오반니 읍은 모든 것이 갖춰진 훌륭한 고장이다. 우리 고장에는 제분소가 4개나 있고 20 내지 25년 전에 발전소를 가졌다. 그리고 지난 6월에는 텔레비전도 볼 수 있게 되었다. 우리 고장에는 운동이 활발하며 좋은 사람이 많다. 우리 시장은 훌륭한 사람이며 건축노동자이다. 우리는 노예와 같이 지내기도 했지만 지금은 자유롭다. 내 벽에는 스탈린 토글리아티 등 많은 사람의 사진이 걸려 있다. 나는 그 사진을 신문에서 오려냈다. 파시즘 하에서 나는 그 사진을 감춰두었다. 자유는 참 위대한 것이다. 나는 모든 사람과 친밀하게 지낸다. 심지어 이전에 파시스트였으며 지금은 세상 눈치를 보며 살고 있는 사람들과도 잘 지낸다. 나는 그들에게 악의를 품고 있지 않다. 왜냐하면 우리 사회주의자들은 단지 모든 사람의 평화와 행복을 바라기 때문이다. 전쟁에는 좋은 것이 없기 때문에 우리는 평화를 바란다. 내가 사제들과 논쟁하는 이유는 그들이 평화가 아니라 내가 싫어하는 무기에 대해 말하기 때문이다. 나는 모든 사람과 평화롭게 지낸다. 그러나 도둑놈과 강도만은 싫다. 나는 그들의 손을 잘라버리라고 말한다.

역자 후기

저자 E. J. 홉스봄은 이미 그 저서가 여러 권 번역되어 있어서 비교적 잘 알려진 인물이다. 그는 1917년 알렉산드리아에서 태어나, 1939년 케임브리지대학에서 박사학위를 받았고 현재 런던대학에서 역사학 담당 강사로 재직하고 있다. 그의 주 전공은 노동사와 사회경제사라고 할 수 있으며 그에 관한 많은 저서와 논문을 발표했다. 최소 6개국어 이상의 자유로운 구사와 인접 학문의 연구 성과와 방법론의 효율적인 활용, 그리고 현란할 정도의 박학다식이 그 저술의 가치를 한껏 드높이고 있다. 또한 그는 학자일 뿐만 아니라 1936년 영국 정당에 입당하여 활약한 실천가이기도 하다.

이 책은 1959년에 『Social Bandits and Primitive Rebels』(Free Press of Glencoe)로 초판 발행되었다. 번역에 참조한 책은 『Primitive Rebels』(W. W. Norton & Company, Inc., N.Y., 1965)이다. 1971년 일본 중앙공론사(中央公論社) 발행의 『반항(反抗)의 원초형태(原初形態)』(靑木保譯)는 1, 2, 3장과 7장을 생략한 번역이나 주해(註解)에서 많은 도움을 받았다.

본서의 내용 및 구성에 관해서는 서론에 충분히 언급되어 있기에 재론의 필요가 없으나 읽는 이에게 도움이 되었으면 하여 몇 마디 군소리를 덧붙이고자 한다. 2장은 산업화 이전 농경 지역에서 광범위하게 발견되는 원초적 사회반란, 특히 사회적 비적행위(Social Banditry)에 관한 일반화의 시도이다. 또 본서에서의 논의는 유럽 지역에 국한되어 있기 때문에 보다 보편적인 현상으로서의 의적행위에 대해 알고 싶다면 1969년에 저자가 단행본으로 출간한 『Bandits』(Weidenfeld and Nicolson, London)을 참조하기 바란다. 이 책은 우리나라에서도 『의적의 사회사』(황의방 역, 한길사, 1978)로 번역되어 있다. 3장 「마피아」에서는 저널리즘에 의하여 단순히 미국 내의 이탈리아계 범죄조직으로만 알고 있던 마피아가 사회적 비적 현상의 역사적 진화 선상에 위치해 있다는 점, 그리고 그것이 어떻게 지배 기구에의 기생 및 그에 대한 반란이라는 양면적 관계에 놓이게 되었는가 하는 점, 또 이탈리아인의 미국 이민과 관련된 범죄조직화의 과정 등을 알 수 있을 것이다.

4장에서 6장에 이르는 천년왕국운동에 관한 분석은 본서의 핵심이라고 할 수 있다. 여기에서는 지배 기구의 폭압에 의해 굴종과 노예적 상황을 강요받아온 농민들의 가슴 속에 냉동되어 있던 혁명성이 근대의 이데올로기와 만나면서 어떻게 폭발되는지가 생생하게 묘사되어 있다. 이것은 특히 19세기 중엽 이후 유럽 일원의 자본주의적 체계가 성숙되고, 한편 그 내적 모순이 제3세계에 대한 제국주의적 침탈에 의해 은폐되면서 세계자본주의의 틀이 형성될 때, 바로 그 유럽의 한 구석, 저 후미진 변방의 소외된 농민들이 반자반제(反資反帝)의 새로운 이데올로기 및 그 전략 전술과 만나면서 그 내부에 연면히 흐르던 천년왕국(Millenium)의 꿈을 실현시키기 위해 어떻게 투쟁했는가에 대한 분석이다. 따라서 N. 콘(Cohn)의 중세 천년왕국운동에 관한 분석과는 시기적으로 차이가 나며 또 제3세계의 자문화 전통이 제국주의의 침략에 어떠한 반응을 보였는가에 대한 P. 워슬리(Worsley)나 R. 린톤(Linton), W. 뮐만(M hlmann), V. 란테르나리(Lanternari) 등의 천년왕국론적 분석과는 그 대상지역이 다르다고 할 수 있다. 이는 유럽의 노동사와 사회경제사에 대한 저자의 탁월한 식견과 무시되고 은폐된 역사(hidden and neglected history)에 대한 남다른 안목이 빚어낸 역작이라고 볼 수 있다.

7장 「도시폭동」 또한 도시 산업노동자들의 정규적인 노동운동과 달리, 비산업 도시의 하층민들이 주도한 숨겨진 역사에 대한 분석이다. 여기서는 소위 룸펜의 혁명성과 반혁명성이라는 양면적 속성에 관한 탁견을 발견할 수 있으리라고 보며, 경우는 다르지만 아직도 무한한 혁명적 폭발의 에너지를 지닌 제3세계의 도시빈민과 룸펜에 대한 냉정한 분석에 도움을 줄 수 있으리라고 본다. 8장 「노동종파」는 산업노동자들이 탈기독교적 집단으로서 출현한 유럽 대륙과 달리 전통 종교의 이념에서 볼 수 있는 사회 개혁의 정신과 프롤레타리아 조직이 혼합되어 발생한 영국 특유의 현상에 대한 분석이다. 비록 교회와 노동계급의 관계에 대한 역사적이고 총체적인 분석은 아니지만 혁명적 의식의 교회가 노동계급의 이해와 열망을 어느 정도 대변해줄 수 있는지 그 가능성과 한계에 대한 독특한 분석이다. 9장 「사회운동과 의례」는 사회운동에 있어 그 내용과 형식의 관계에 관한 단초적 분석과 아울러 19세기 초엽의 여러 운동에서 볼 수 있는 의례주의(ritualism)에 대한, 그리고 그 의례주의 쇠퇴의 필연성에 대한 분석으로 이루어져 있다. 마지막으로 부록에는 본문과 관련된 1차 자료가 실려 있다. 보다 생생한 운동 당사자들의 진실한 목소리와 호흡을 느낄 수 있으리라 생각되며 아울러 그 초역사적 항거의 진실성과 역사적 한계를 함께 살필 수 있을 것이다.

번역 과정에 있어서 원문의 어려움 탓도 있겠으나 무엇보다도 역자의 능력 부족, 특히 서양사에 대한 전반적인 지식의 부족으로 미흡함을 여러 번 느꼈다. 읽는 이의 이해를 바라며 맥락을 꿰뚫어 보는 날카로움으로 그 부족함이 메워지기를 기대한다.

1984. 8.

역자

색 인

ㄱ

ㄷ

ㄹ

ㅁ

ㅂ

ㅅ

ㅇ

ㅈ

ㅊ

ㅋ

ㅌ

ㅍ

ㅎ